国家社科基金丛书
GUOJIA SHEKE JIJIN CONGSHU

国家考古遗址公园功能及其实现机制研究

Research on Function of National Archaeological Park
and Its Realization Mechanism

王京传 著

人民出版社

目 录

图 目 录

序

　　建设国家考古遗址公园是新世纪之初我国文化遗产保护模式创新的重要举措。对当前现实需求来说,这是践行习近平总书记"让收藏在禁宫里的文物、陈列在广阔大地上的遗产、书写在古籍里的文字都活起来"重要指示的实际行动。从这个意义上来讲,研究国家考古遗址公园问题,实际就是探索如何具体贯彻落实习近平总书记重要指示,探索中国特色的文化遗产保护利用之路。因此,王京传教授的这部著作《国家考古遗址公园功能及其实现机制研究》,选题的现实指向性强,成果的社会应用价值高,对解决我国文物事业中存在的"文物合理利用不足"等问题具有较高的借鉴价值。

　　近年来,我国国家考古遗址公园建设实践较为丰富,但是学术研究成果较为缺乏。王京传教授的著作基于国内实践和国外经验,借鉴国际公约和国内法律法规,融合国际理念和中国创新,在国家考古遗址公园学术研究方面具有填补空白的意义。本著作对国家考古遗址公园功能及其实现机制问题的研究,不仅是我国国家考古遗址公园建设实践不断推进及其所面临之理论体系完善与实践路径优化的现实之需,更是我国文化遗产保护模式创新的需要,文化遗产让生活更美好目标实现的要求,体现了学术研究对国家重大文化战略的学术响应。

　　王京传教授这部关于国家考古遗址公园研究的专著,除了绪论和结语外,国家遗址公园分解为"国家公园"和"遗址公园"两个方面:国家公园强调了公园属于主权国家的国家所有、国家建设、国家管理和全体国民分享的权益属性,从而将集体和个人所有但提供非盈利的公共服务的公园区别开来;遗址公园则限定了公园的性质和范围,它既不是森林公园、地质公园等自然遗产的公园,也不是那些物质遗存保存完好甚至传统还在延续的文化遗产公园。探究公园的概念和定义,分辨私园与公园、地方公园与国家公园、遗址公园与名胜公园的联系与区别,都是研究国家遗址公园首先需要思考的问题。

其次是国家考古遗址公园的顶层制度设计问题。遗址是历史上人们聚集生产和生活的聚落及其从事某种专业活动场所废弃后的遗留。古人建设他们生息和生产的村落、城市、寺庙、工场等,都是选择某个地理区位适中、资源条件优越的地方,因而古代的遗址的地表以上往往就是现代人们的农地和宅地,遗址保护与当地社会发展存在矛盾冲突,这与自然遗产地建立的国家公园有很大的不同。研究我国的土地制度和城乡政策,探究土地法、物权法、森林法等之间的关系,寻求在国家与集体、团体与个人利益之间达成折衷和平衡,这是实现国家考古遗址公园功能的重要环节。这也需要通过广泛的调查,开展深入的研究,组织各方辩论,从而为国家考古遗址公园的建设夯实基础。

最后是国家考古遗址公园的规划设计和管理运营的问题。我们目前的国家考古遗址公园设计者,只是在遗址保护控制规划的基础上(实际上这些保护控制规划也绝大多数是无法实施的纸上"图景"),对遗址重点部位进行的展示设计和景观设计,许多遗址经过这种设计和建设,在某种程度上已经成为主题公园而非遗址公园。如何在能够真正控制住遗址范围及其相关区域的产业开发强度的前提条件下,在真正理解遗址的历史背景和空间格局的基础上,通过适度的规划设计、道路建设、重点标识和植物种植(尤其是大农业基础上的单一作物种植),使得埋藏在地下的遗址范围边界、脉络格局、功能分区、重要建筑等能够呈现在地表,并能够为当地社会和经济服务,为外地游人访古和怀旧之用。诸如此类,也都需要系统研究,并给出实施和实现的办法。

希望王京传教授著作出版能够起到带动和引导作用,期待这一领域未来会出现越来越多的高水平的研究成果。

孙　华

2021 年 4 月 15 日于北京大学

绪　　论

国家考古遗址公园是国际文化遗产保护理念和中国大遗址保护实践相结合的产物,是我国国家层面对重要考古遗址保护模式的新探索。其要实现的是,使文化遗产保护与当地经济社会发展协同,使文化遗产保护成果惠及公众。① 目前,我国国家考古遗址公园建设已有十余年的时间,已有三批共 36 家得到国家正式建设、67 家获得国家立项建设。但是,整体来看我国国家考古遗址公园建设的理论体系还需要进一步健全,相应之实践路径还需要继续优化。尤其是对国家考古遗址公园功能及其实现机制还没有形成全面的认识,更缺少完整的实践框架。在上述背景下,本书将结合文化遗产保护领域国际公约、其他国家法律法规和我国法律法规,以我国正式建设的三批国家考古遗址公园为基础,探索新时代我国国家考古遗址公园的功能定位、功能体系及其实现机制,构建基于国际公约遵守与中国特色创新相融合的国家考古遗址公园功能理论体系和实践路径。

一、选题背景

本书针对国家考古遗址公园功能及其实现机制问题进行研究,主要是基

---

① 王京传:《国家考古遗址公园功能定位的几点思考》,《中国旅游报》2014 年 12 月 29 日。

于我国文化遗产保护模式创新的需要、文化遗产让生活更美好目标实现的要求、加强文物合理利用要求的推动，以及当前实践所要求之理论体系完善与实践路径优化的现实之需。

1. 我国大遗址保护理念确立，及其所推动之文化遗产保护模式创新的需要

20 世纪 90 年代，我国快速城镇化过程中，遗址保护面临的形势日益严峻。在这种背景下，我国开始进一步探索由局部保护向整体保护转变的新型遗址保护模式。1995 年 8 月，全国文物工作会议第一次提出大遗址保护概念；1997 年 3 月，国务院《关于加强和改善文物工作的通知》提出把古文化遗址特别是大型遗址的保护纳入当地城乡建设和土地利用规划，提出了我国大遗址保护理念及其所要实现的整体性保护思想；[1]2000 年 11 月，国家文物局制定《"大遗址"保护"十五"计划》，提出针对秦始皇陵、大明宫等 50 处大遗址保护实施重点实验项目；[2]2001 年 12 月，《文物事业"十五"发展规划和 2015 年远景目标纲要》提出实施大型古代文化遗址保护工程，将大遗址保护与考古列入"十五"期间文物事业重点加强的基础工作，明确了大遗址保护的工作思路；[3]2005 年 8 月，财政部、国家文物局印发《大遗址保护专项经费管理办法》，确立大遗址概念内涵，设立大遗址保护专项支持资金。[4] 此后"十一五"、"十二五"和"十三五"都专门制定大遗址保护规划，全面推进了大遗址保护工程。

---

① 国务院：《关于加强和改善文物工作的通知》，国家文物局编：《中国文化遗产事业法规文件汇编(上)》，文物出版社 2009 年版，第 316—319 页。

② 中国文化遗产研究院：《大遗址保护行动跟踪研究(上编)》，文物出版社 2016 年版，第 134 页；田林：《大遗址遗迹保护问题研究》，天津大学 2004 年博士学位论文。

③ 国家文物局：《文物事业"十五"发展规划和 2015 年远景目标纲要》，国家文物局编：《中国文化遗产事业法规文件汇编(下)》，文物出版社 2009 年版，第 410—421 页。

④ 财政部、国家文物局：《大遗址保护专项经费管理办法》，http://www.mofcom.gov.cn/article/bh/200510/20051000522824.shtml，2020 年 2 月 2 日。

　　大遗址保护理念所体现的是考古遗址整体保护思想，是文化遗产保护国际公约《威尼斯宪章》、《西安宣言》（国际古迹遗址理事会）之中国实践。《威尼斯宪章》强调历史古迹不仅包括单个建筑物，而且包括能够见证一种独特文明、某种有意义的发展或一个历史事件的城市或乡村环境，古迹保护包含着对一定规模环境的保护；①国际古迹遗址理事会《西安宣言》提出要保护和延续遗产建筑物或遗址及其周边环境的有意义的存在。② 2008年10月，《大遗址保护西安共识》重申坚持整体保护是开创大遗址保护新局面的重要保证。③ 大遗址保护的对象是由遗址本体和遗址所依托环境共同构成的一种特定的构成体系，保护整体性是大遗址保护的根本。④ 2009年6月，大遗址保护良渚论坛提出，我国大遗址保护理念已经实现了从补丁式的局部保护到着眼于遗址规模和格局的全面保护，从单纯的本体保护到涵盖遗址背景环境的综合性保护的转变；⑤《关于建设考古遗址公园的良渚共识》进一步提出，考古遗址公园是中国大遗址保护实践与国际文化遗产保护理念相结合的产物，符合现阶段大遗址保护的实际需要，具有鲜明的中国文化遗产保护特色。⑥ 可见，以重要考古遗址及其背景环境为主体进行建设的国家考古遗址公园，正是我国借鉴国外经验、结合中国国情，通过对遗址本体与周边环境、文化生态的整体保护化解矛盾而让城市发展与文物保护双赢，⑦所探索创新之大遗址保护理念的重要实践模式，

---

　　①　第二届历史古迹建筑师及技师国际会议：《关于古迹遗址保护与修复的国际宪章（威尼斯宪章）》，联合国教科文组织世界遗产中心、国际古迹遗址理事会、国际文物保护与修复研究中心、中国国家文物局编：《国际文化遗产保护文件选编》，文物出版社2007年版，第52—54页。

　　②　国际古迹遗址理事会：《西安宣言——关于古建筑、古遗址和历史区域周边环境的保护》，《文物工作》2005年第12期。

　　③　中国大遗址保护高峰论坛：《大遗址保护西安共识》，《中国文物报》2008年10月24日。

　　④　徐新民：《保护整体性是大遗址保护的根本》，《中国文化遗产》2005年第3期。

　　⑤　邓国芳、费云江：《让大遗址如公园般美丽绚烂》，《杭州日报》2019年6月13日。

　　⑥　论坛全体代表：《关于建设考古遗址公园的良渚共识》，安磊编：《国家考古遗址公园实用手册》，文物出版社2015年版，第215页。

　　⑦　单霁翔：《考古遗址公园：让城市发展与文物保护两全其美》，《经济日报》2012年3月29日。

体现了新时代国家层面对考古遗址整体性保护的中国理念和中国路径。

2. 我国文化遗产保护与经济社会发展协调思想形成，及其所追求文化遗产让生活更美好目标实现的要求

20世纪90年代中期，我国大遗址保护长期以来所采取的以回填保护和现状保护为主要手段之封闭式保护模式日益受到挑战：一方面是遗址保护的公众参与缺失，各种形式的破坏层出不穷；另一方面遗址区的经济社会发展受到限制，遗址的价值不被社会认可。① 1995年8月，全国文物工作会议在"保护为主，抢救第一"方针基础上提出了"有效保护，合理利用，加强管理"原则。在此基础上，1997年3月国务院《关于加强和改善文物工作的通知》提出，要"本着既有利于文物保护，又有利于经济建设和提高人民群众生活水平的原则"，把文物作为地方优势加以利用，"扶持既有利于遗址保护又能提高当地群众生活水平的产业，从根本上改变古文化遗址保护的被动局面"；②2001年12月《文物事业"十五"发展规划和2015年远景目标纲要》强调，要实现社会效益和经济效益的最佳结合，妥善处理好文物保护与经济建设关系。③ 可见，我国正在改变文化遗产保护与当地经济社会发展之间的脱节问题，着力构建文化遗产保护与经济社会协调发展的新机制。2006年6月，《国家"十一五"文物事业发展规划》提出要以促进经济社会发展为主要目标，充分发挥文物事业的积极作用，寻求促进经济社会发展的新着力点，使广大人民群众成为文物事业的受惠者、共享者；④2008年10月，国家文物局和陕西省政府共同主办

---

① 王京传：《大遗址旅游：保护与开发的协同实现》，《社会科学家》2009年第1期。

② 国务院：《关于加强和改善文物工作的通知》，国家文物局编：《中国文化遗产事业法规文件汇编（上）》，文物出版社2009年版，第316—319页。

③ 国家文物局：《文物事业"十五"发展规划和2015年远景目标纲要》，国家文物局编：《中国文化遗产事业法规文件汇编（下）》，文物出版社2009年版，第410—421页。

④ 国家文物局：《国家"十一五"文物事业发展规划》，http://www.zj.gov.cn/art/2011/7/25/art_5495_271254.html，2016年10月22日。

的"大遗址保护高峰论坛"所形成的《大遗址保护西安共识》，提出促进区域经济协调发展与确保民众共享保护成果是大遗址保护的出发点和根本落脚点。① 这意味着我国文化遗产保护与经济社会发展协调思想已经明确，文化遗产保护融入城市建设的理念得到应用，文化遗产保护成果注重惠及公众之思想得到实践。

2010 年 8 月，时任国家文物局局长单霁翔在人民日报和人民网主办的"文化讲坛"活动中所做的"文化遗产：让我们生活更加美好"主题演讲，进一步强调新时期文化遗产应该是城市中最美好的东西、价值最大的地方，文化遗产事业应成为经济社会发展的重要力量。② 2011 年 6 月，我国第 6 个文化遗产日主题为"文化遗产与美好生活"；2016 年 6 月，我国第 11 个文化遗产日主题为"让文化遗产融入现代生活"，"保护文化遗产，创造美好生活"是其主题口号之一。2018 年 10 月，中共中央办公厅、国务院办公厅印发的《关于加强文物保护利用改革的若干意见》提出，文物保护利用要切实增强中华优秀传统文化的生命力影响力，不断满足人民日益增长的美好生活需要。③ 可见，当前我国文化遗产与公众的距离不断被拉近，文化遗产保护与公众生活的关系日益密切，让生活更美好成为新时期文化遗产保护的价值追求。

正如《关于建设考古遗址公园的良渚共识》所提出的，考古遗址公园建设能够有效缓解文化遗产保护与城市化进程之间的矛盾，优化土地资源的利用，带动相关产业发展，扩展和丰富城市文化内涵。④ 可见，我国国家考古遗址公

---

①　中国大遗址保护高峰论坛：《大遗址保护西安共识》，《中国文物报》2008 年 10 月 24 日。

②　单霁翔：《文化遗产保护突出世代传承性与公众参与性》，http://culture.people.com.cn/GB/87423/12321318.html，2019 年 6 月 17 日。

③　中共中央办公厅、国务院办公厅：《关于加强文物保护利用改革的若干意见》，http://www.gov.cn/zhengce/2018-10/08/content_5328558.htm，2019 年 3 月 1 日。

④　论坛全体代表：《关于建设考古遗址公园的良渚共识》，安磊编：《国家考古遗址公园实用手册》，文物出版社 2015 年版，第 215 页。

园建设正是旨在同时实现城市建设、经济发展与群众利益的多赢,从而使大遗址保护"变包袱为财富"。① 国家考古遗址公园是具有科研、教育、游憩等功能,在考古遗址保护和展示方面具有全国性示范意义的特定公共空间。其展示层面的文化呈现、科研层面的文化挖掘、教育层面的文化学习、游憩层面的居民休闲、旅游层面的游客体验以及产业层面的关联带动等都能够从不同方面满足和提升人们的精神生活和物质生活,让文化遗产通过自身历史、艺术、科学、社会和文化价值的实现而与人们对美好生活的向往进行更广泛、更深入的对接。国家文物局局长刘玉珠在 2017 年国家考古遗址公园现场工作会讲话中要求,国家考古遗址公园要积极服务国家经济社会发展大局、全力满足人民群众日益增长的美好生活需要。②

3. 深入贯彻落实习近平总书记关于让文化遗产活起来和讲好中国故事的重要指示

2013 年 12 月 30 日,习近平总书记在中央政治局集体学习时的讲话中,提出要努力展示中华民族独特魅力,系统梳理传统文化资源,"让收藏在禁宫里的文物、陈列在广阔大地上的遗产、书写在古籍里的文字都活起来";③2014 年 3 月 27 日,习近平总书记在联合国教科文组织总部演讲中强调"让中华文明同世界各国人民创造的丰富多彩的文明一道,为人类提供正确的精神指引和强大的精神动力"。④ 以此为基础,2014 年 6 月 14 日,国家文化遗产日主题确定为"让文化遗产活起来",并将"保护文化遗产,讲好中国故事"作为主题口号。2016 年 3 月,《国务院关于进一步加强文物工作的指导意见》要求"切实做到在保护中发展、在发展中保护",使文物保护成果更多惠及人民群众,

---

① 李政:《大遗址保护变包袱为财富》,《中国文物报》2009 年 6 月 12 日。
② 文化部:《国家考古遗址公园现场工作会召开》,http://www.sohu.com/a/208325741_543931,2018 年 2 月 1 日。
③ 习近平:《"平语"近人——习近平谈文物工作》,《中国文物科学研究》2016 年第 2 期。
④ 习近平:《"平语"近人——习近平谈文物工作》,《中国文物科学研究》2016 年第 2 期。

文物资源发挥促进经济社会发展的作用。① 此后,文化部等四部门于 2016 年 5 月出台《关于推动文化文物单位文化创意产品开发的若干意见》,国家文物局于 2016 年 10 月出台《关于促进文物合理利用的若干意见》,全面推进文化文物单位馆藏文化资源为基础的文化创意产品开发,"多措并举,让文物活起来",深化对文物的合理利用。2017 年 2 月,《国家文物事业发展"十三五"规划》提出了"加强文物保护利用""让文物活起来"的目标,强调"坚持创造性转化和创新性发展,着力大力拓展文物合理适度利用的有效途径","努力走出一条符合国情的文物保护利用之路"。② 作为我国文化遗产保护惠及公众的模式探索和路径创新,国家考古遗址公园因其依托主体的重要性、功能定位的综合性、实现目标的示范性,而能够成为文化遗产价值追求综合实现、利用途径多元拓展的承担者。

2013 年 8 月 19 日,习近平总书记在全国宣传思想工作会议讲话中提出"讲好中国故事,传播好中国声音";2013 年 12 月 30 日,习近平总书记在中央政治局集体学习时的讲话中,再次强调要"讲好中国故事,传播好中国声音,阐释好中国特色";2017 年 10 月 18 日,习近平总书记在党的十九大报告中,又重申要"讲好中国故事,展现真实、立体、全面的中国,提高国家文化软实力"。③ 讲好中国故事的核心是阐释中国特色,其基本要求就是习近平总书记提出的"四个讲清楚"。中国特色根植于中国的历史传统和文化积淀,"四个讲清楚"专注于中华优秀传统文化的内涵阐释和价值转化。作为中华民族文明发展历程最原生态的、最具代表性的综合性物证,我国现存的 583 处大遗址

---

① 国务院:《关于进一步加强文物工作的指导意见》,http://www.gov.cn/zhengce/content/2016-03/08/content_5050721.htm,2017 年 11 月 3 日。

② 国家文物局:《国家文物事业发展"十三五"规划》,http://www.sach.gov.cn/art/2017/2/21/art_722_137348.html,2017 年 4 月 21 日。

③ 开可、李正穹:《国际话语权:习近平打造外宣旗舰　讲好中国故事》,http://news.youth.cn/wztt/201602/t20160224_7667316.htm,2017 年 11 月 3 日;习近平:《决胜全面建成小康社会 夺取新时代中国特色社会主义伟大胜利——在中国共产党第十九次全国代表大会上的报告》,http://news.cnr.cn/native/gd/20171027/t20171027_524003098.shtml,2017 年 11 月 3 日。

应是中国故事的最直接和最重要的依托。① 而自 2009 年开始,我国依托大遗址建设的国家考古遗址公园,也正是中国故事的最综合性载体和最多元化形式。基于考古遗址的公共资源属性和国家公园的公共产品性质,讲好中国故事既是其自身综合性功能实现之内在要求,又是其历史使命和社会责任所在。具体来看,以文化认同、国家认同为目标,国家考古遗址公园的考古发掘、保护与研究功能能够为中国故事提供素材和内容,阐释与展示功能能够搭建中国故事的载体,展示表达、教育传播、旅游增值、休闲转化、创意开发等功能则能够丰富和创新中国故事的表达方式。可以说,国家考古遗址公园是中国故事的内容来源、综合载体、表达方式的创新。我国国家考古遗址公园在新时代应当承担起讲好中国的历史故事、文化故事、社会故事、生活故事、发展故事,从而承载记忆、唤醒传承、关照现实、引领发展的新使命。

4. 我国国家考古遗址公园建设实践不断推进,及其所面临之理论体系完善与实践路径优化的现实之需

2009 年 12 月,国家文物局印发《国家考古遗址公园管理办法(试行)》和《国家考古遗址公园评定细则(试行)》;2010 年 6 月,我国启动第一批国家考古遗址公园申报工作,10 月公布第一批 12 个和立项建设的 23 个国家考古遗址公园;2013 年 12 月,国家文物局公布第二批 12 个和立项建设 31 个国家考古遗址公园;2017 年 12 月,国家文物局公布第三批 12 个和立项建设的 32 个国家考古遗址公园;2018 年 10 月,国家文物局发布《国家考古遗址公园发展报告》,对国家考古遗址公园的基本定位以及未来发展方向进行了更全面界定,提出了一些重要的新思路、新目标,这更直接要求根据国家战略新要求和社会需求新趋势来强化和深化国家考古遗址公园研究。

---

① 王京传:《国家考古遗址公园与讲好中国故事》,《中国文物报》2017 年 2 月 24 日。

在理论研究层面,我国对国家考古遗址公园之研究尚主要是基于解决各地建设实践中存在之现实问题而进行者,多为个案性研究,除遗址公园规划领域外,理论构建方面研究不足,缺少对中国国家考古遗址公园自身理论体系的构建。尤其是,国内研究没有很好地融合文化遗产管理的国际公约、国外法律法规和中国法律法规,结合《国家考古遗址公园管理办法(试行)》《国家考古遗址公园评定细则(试行)》《国家考古遗址公园评估导则》《国家考古遗址公园创建及运行管理指南(试行)》来构建我国国家考古遗址公园理论体系,而基于文化遗产管理理论、国家公园建设理论、文化空间理论等深入研究国家考古遗址公园功能定位及相应的功能体系是基础。

在实践路径层面,目前我国国家考古遗址公园建设实践与国家重大文化战略尚未实现有效对接。宏观层面其尚未被纳入"十三五"期间的国家文化公园建设、中华优秀传统文化传承工程等重大文化工程,建设主体还仅是文物部门,其他相关部门的参与不够;微观层面除建设遗址博物馆外,各地对遗址展示与利用方式创新以及公园后续利用的效益问题思路不够清晰。正如《国家考古遗址公园发展报告》中所提出的,目前我国国家考古遗址公园建设仍处于起步阶段,存在游离于城市建设发展而与区域发展协同不足,遗址展示手段较为单一、设计雷同、可视性差、价值阐释不足、效果不佳,考古工作和遗址保护、公园建设"两层皮"(考古研究滞后于公园建设发展需求,考古和研究成果对遗址展示利用的支撑作用不明显)等现象。[①] 这表明我国国家考古遗址公园建设还十分明显地存在《关于加强文物保护利用改革的若干意见》提出的"文物合理利用不足、传播传承不够,让文物活起来的方法途径亟需创新",和"依托文物资源讲好中国故事办法不多"等问题。这就要求国家考古遗址公园要依据新时代国家文化战略调整,按照《国家考古遗址公园建设报告》提出的"突出国家属性、坚持价值优先、弘扬优秀文化、促进融合发展"之基本定

---

① 国家文物局:《国家考古遗址公园发展报告》,http://www.gov.cn/fuwu/2018－10/12/content_5329798.htm,2018 年 10 月 16 日。

位,以中华优秀传统文化创造性转化和创新性发展为目标,优化功能定位,完善功能体系,提升功能实现机制,成为所在地公共文化服务供给的新亮点,成为能够代表中华文明发展历程和一体多样格局的国家文化地标和精神标识,逐步探索一条具有中国特色的文化遗产保护利用之路。

二、研究思路

按照"提出问题——分析问题——解决问题——实践应用"的总体思路(图1)逐步展开课题研究,基于理论与实践两个层面探索我国国家考古遗址公园的功能定位、功能体系及其实现机制。具体来看,通过研究背景分析提出本研究要解决的主要问题,引入文化遗产管理理论、国家公园建设理论等相关理论,界定国家考古遗址公园的功能定位;分析国家考古遗址公园要满足的公共需求和实现的公共利益之具体范畴,构建其功能体系。在此基础上,以国家考古遗址公园及其所承载的文化融于城市、社区和公众生活为导向,构建国家考古遗址公园的功能实现机制,并进一步结合实证研究提出能够应用于我国国家考古遗址公园建设实践的相关对策与建议。

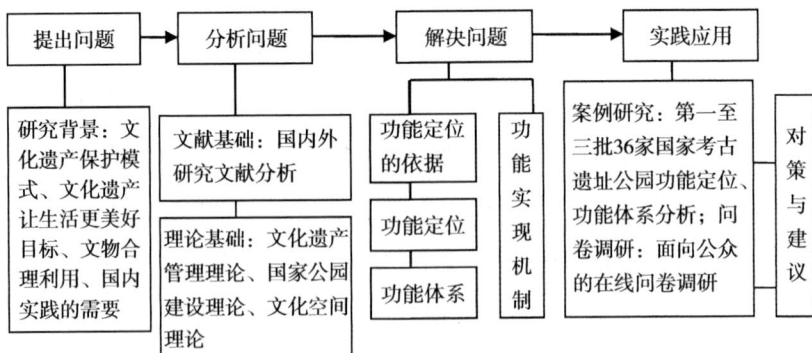

图1 研究思路

三、研究目标

探索国家考古遗址公园应有的功能定位,提出其功能体系,构建其功能的有效实现机制,为解决我国国家考古遗址公园建设中存在的矛盾和困境提供实践指南,推动国家考古遗址公园实现"有效发挥文化遗产保护在经济社会发展中的作用"之建设目标。

具体来看,本研究的主要目标有:基于国家战略层面分析我国国家考古遗址公园的建设历程与思想演进;提出国家考古遗址公园功能定位的依据,清晰界定国家考古遗址公园的功能定位和相应的功能体系,使国内理论与实践层面都能够形成对国家考古遗址公园功能问题的准确和全面认识;构建国家考古遗址公园的功能实现机制,阐释其每个维度的具体操作路径,建立能够直接用于实践的操作框架;通过实证研究,探寻实践层面各公园的功能定位和功能体系,了解公众对国家考古遗址公园功能的个人认知及其实现程度的实际感知,从而提出能够直接应用到当前国内实践的建议。

四、研究内容

面向我国国家考古遗址公园建设,探索考古遗址保护与利用协同实现的具体路径,着力研究国家考古遗址公园功能定位的依据及相应的功能定位、国家考古遗址公园的功能体系、国家考古遗址公园的功能实现机制等重要问题(图2)。

1.遗址公园相关研究文献综述。梳理国内外相关研究文献,厘清现有研究在遗址公园(考古遗址公园、国家考古遗址公园)研究特别是其功能定位、功能体系研究方面已经取得的共识,分析其中存在哪些尚需进一步研究解决的问题,确定本课题的研究指向。

国家考古遗址公园功能及其实现机制研究

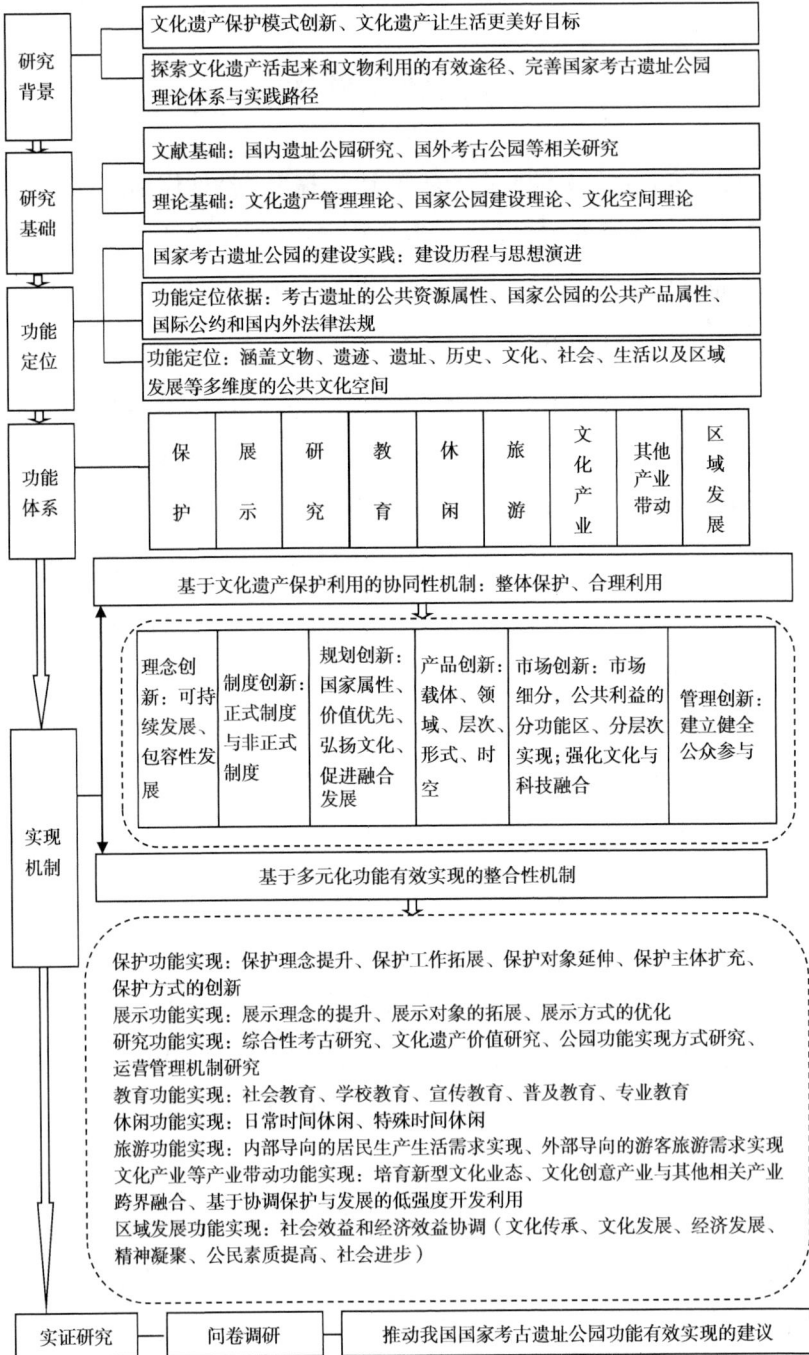

研究背景
- 文化遗产保护模式创新、文化遗产让生活更美好目标
- 探索文化遗产活起来和文物利用的有效途径、完善国家考古遗址公园理论体系与实践路径

研究基础
- 文献基础：国内遗址公园研究、国外考古公园等相关研究
- 理论基础：文化遗产管理理论、国家公园建设理论、文化空间理论

功能定位
- 国家考古遗址公园的建设实践：建设历程与思想演进
- 功能定位依据：考古遗址的公共资源属性、国家公园的公共产品属性、国际公约和国内外法律法规
- 功能定位：涵盖文物、遗迹、遗址、历史、文化、社会、生活以及区域发展等多维度的公共文化空间

功能体系
- 保护 | 展示 | 研究 | 教育 | 休闲 | 旅游 | 文化产业 | 其他产业带动 | 区域发展

实现机制

基于文化遗产保护利用的协同性机制：整体保护、合理利用

| 理念创新：可持续发展、包容性发展 | 制度创新：正式制度与非正式制度 | 规划创新：国家属性、价值优先、弘扬文化、促进融合发展 | 产品创新：载体、领域、层次、形式、时空 | 市场创新：市场细分，公共利益的分功能区、分层次实现；强化文化与科技融合 | 管理创新：建立健全公众参与 |

基于多元化功能有效实现的整合性机制

保护功能实现：保护理念提升、保护工作拓展、保护对象延伸、保护主体扩充、保护方式的创新
展示功能实现：展示理念的提升、展示对象的拓展、展示方式的优化
研究功能实现：综合性考古研究、文化遗产价值研究、公园功能实现方式研究、运营管理机制研究
教育功能实现：社会教育、学校教育、宣传教育、普及教育、专业教育
休闲功能实现：日常时间休闲、特殊时间休闲
旅游功能实现：内部导向的居民生产生活需求实现、外部导向的游客旅游需求实现
文化产业等产业带动功能实现：培育新型文化业态、文化创意产业与其他相关产业跨界融合、基于协调保护与发展的低强度开发利用
区域发展功能实现：社会效益和经济效益协调（文化传承、文化发展、经济发展、精神凝聚、公民素质提高、社会进步）

实证研究 — 问卷调研 — 推动我国国家考古遗址公园功能有效实现的建议

图2　研究内容

2. 国家考古遗址公园的建设实践。梳理国家考古遗址公园建设的基本过程,对第一至三批正式建设和立项建设的公园进行基本信息统计;分析我国国家考古遗址公园建设从思想渊源、思想确立、思想深化到思想创新的过程,揭示其对中国特色文化遗产保护利用思想探索和路径探索的重要价值。

3. 国家考古遗址公园的功能定位。根据《保护世界文化和自然公约》《国际古迹遗址保护与修复宪章》等国际公约以及国内外相关法律法规,借鉴国内外文化遗产管理理论、国家公园建设理论、文化空间理论等相关理论,提出国家考古遗址公园的公共文化空间功能定位。

4. 国家考古遗址公园的功能体系。基于前面提出的功能定位,结合我国现行法律法规的规定,对国家考古遗址公园的各项具体功能进行界定与阐释,构建国家考古遗址公园之综合性功能体系。

5. 国家考古遗址公园的功能实现机制。基于整体层面研究国家考古遗址公园如何突破单一功能而实现综合性功能,如何满足多元化利益相关者的利益诉求,从而使之成为满足公共文化需求的公共文化空间。

6. 国家考古遗址公园功能实现的实证研究。对我国正式评定的三批国家考古遗址公园进行案例研究,并面向公众开展问卷调研,了解目前我国国家考古遗址公园功能实现存在的问题,提出推动我国国家考古遗址公园更有效实现自身功能的建议。

五、研究方法

1. 文献资料法。对国内遗址公园研究、国外考古公园等相关研究文献进行综合梳理,探求理论研究中对国家考古遗址公园功能定位、功能体系的已有认识。

2. 案例研究法。对我国正式评定的国家考古遗址公园进行案例研究,对其项目建设和运营管理中实际提出的功能定位和功能体系进行综合分析,总结梳理当前各公园的功能实现情况及存在的问题。

3.问卷调研法以及相关的统计分析法。运用问卷调研法针对公众对国家考古遗址公园功能定位、功能体系的认知与感知情况进行调研,并运用SPSS25.0(统计产品与服务解决方案)软件对调研数据进行分析。

六、研究意义

学术意义方面,本研究能够厘清国家考古遗址公园的属性,即考古遗址性国家公园,而不是简单的遗址公园化;基于考古遗址与国家公园的特性,明确界定国家考古遗址公园的功能定位以及相应的功能体系;基于理念创新、制度创新、规划创新、产品创新等,构建国家考古遗址公园功能实现机制模型,从而解决本领域的关键理论问题和引领本领域学术研究的深化。

应用价值方面,首先,本研究通过界定国家考古遗址公园的功能定位,能够基于国外经验和国内现实需求,提出国家考古遗址公园建设的深层次依据以及将其纳入国家战略体系的必要性和可行性,推动国内外更全面、更深入地认识国家考古遗址公园。其次,本研究通过构建国家考古遗址公园的功能实现机制,能够提出考古遗址保护与利用协同实现的具体路径,提供解决考古遗址展示与利用方式创新、经济与社会效益协同实现等问题的有效途径,为优化我国国家考古遗址公园建设实践提供有效对策,为探索中国特色文化遗产保护利用之路提供新思路。

第一章　国家考古遗址公园功能及其
实现机制的研究基础

一、文献基础

我国第一个遗址公园是 20 世纪 80 年代初开始建设的圆明园遗址公园。其建设背景是当地农民生产生活对圆明园遗址破坏日益严重，遗址保护迫在眉睫。1980 年 10 月 18 日，宋庆龄等社会各界人士 1583 人，共同发布"保护整修利用圆明园遗址倡议书"；1981 年 10 月 18 日，北京市部分人大代表在《北京日报》"建议迅速建设圆明园遗址公园"；1983 年 7 月，国家批准的《北京城市建设总体规划方案》正式提出，将圆明园遗址及其周边近 6000 亩范围建设为遗址公园，以缓解遗址保护与公众生产生活需求之间的矛盾，实现对圆明园遗址的保护、整修和利用。① 此后，北京元大都城垣、杭州南宋故宫、西安唐代兴庆宫、北京清代近春园、洛阳东周王城等遗址在 20 世纪八九十年代相继启动遗址公园建设。2000 年 9 月，国家文物局批复《圆明园遗址公园规划》，遗址公园概念在我国得到更广泛的关注，遗址公园建设也在越来越多地域得到实践，北京明城墙、安阳殷墟、侯马晋国墓地、西安秦始皇陵和大明宫、

---

① 汪力之：《开创圆明园遗址保护、整修与利用的新局面——在中国圆明园学会成立大会上的讲话》，《〈圆明园〉学刊》1986 年第 4 期。

南京明故宫和明城墙、成都金沙和三星堆遗址、邯郸赵国故城、绥远故城等遗址公园陆续开始建设。2009 年 6 月,国家文物局在浙江良渚举办主题为"大遗址保护与考古遗址公园建设"的大遗址保护论坛;12 月,国家文物局出台《国家考古遗址公园管理办法(试行)》,考古遗址公园概念被正式提出并迅速得到实践。自此,我国对考古遗址公园特别是国家考古遗址公园的理论研究与实践探索日益得到重视。

通过 Science Direct 数据库、Google 学术、百度学术进行检索,基于英文文献所搜索到的国外依托考古遗址、历史地点等建立的公园类型主要有考古公园(Archaeological Park)、历史公园(Historical Park)、国家历史公园(National Historical Park)、遗产公园(Heritage Park)、国家遗产公园(National Heritage Park)。考古公园与我国的遗址公园、考古遗址公园相同,均为直接依托考古遗址进行建设,其在世界范围内建设起步较早、分布国家较广,且已有危地马拉的 Quirigua 考古公园(1981)、哥伦比亚的 San Agustín 考古公园和 Tierradentro 国家考古公园(1995)、印度的 Champaner-Pavagadh 考古公园(2004)等被列入世界文化遗产名录。历史公园在德国、美国、埃及、土耳其等国家已经有较长时间的建设历史,其中国家历史公园是美国于 20 世纪二三十年代所创立的一种国家公园新类型,目前已建成 50 多个,是新世纪以来美国国家公园体系中数量扩张最明显者,[①]其定位、功能、属性与我国国家考古遗址公园近同。遗产公园在美国、加拿大、希腊、英国等国家已经有较为丰富的建设实践,也已有部分国家建立了国家遗产公园,其既包括自然遗产类又包括文化遗产类,强调"活态公园(Living Park)"理念而不仅保护物质资源和景观特征,还鼓励传统生活方式、当地节庆、土特产品、强化社区认同,[②]本书仅涉及其中的

---

① 王京传:《美国国家历史公园建设及对中国的启示》,《北京社会科学》2018 年第 1 期。

② The Parrhasian Heritage Park,"Mission Statement",http://parrhasianheritagepark.org/en/, 2020-02-17;The Parrhasian Heritage Park,"Parrhasian Heritage Park Vision Plan",http://c84362. r62.cf2.rackcdn.com/assets/parrhasian/document/ParrhasianHeritagePark_VisionPlanEnglish030611. pdf,2020-02-17.

文化遗产类。

（一）国内遗址公园研究

基于我国遗址公园建设实践的不同发展阶段，相关理论研究也表现出明显的阶段性特征，大体可划分为 20 世纪 80 年代至 1999 年，2000 年至 2008 年、2009 年及以后三个阶段。20 世纪 80 年代至 1999 年，国内对遗址公园的研究主要表现为对实践的回应，着眼于实践情况介绍和个案建设路径的初步思考；2000 年开始，随着建设实践的快速增加，国内相关文献数量不断增加（2007 年相关文献数量已经达到 150 多篇），研究主题也逐渐由规划设计拓展到了模式探索、理念构建、功能思考、管理机制等；2009 年开始，考古遗址公园概念得到构建与认同，考古遗址公园特别是国家考古遗址公园成为国内本领域研究主题，相关文献数量多者年度超过 500 篇。具体来看，通过中国知网（CNKI）以"遗址公园"为主题进行文献（含期刊、会议、报纸、博硕学位论文）搜索，搜索结果如表 1。这些文献所属较为集中的学科为考古学、建筑科学与工程、旅游、文化，研究案例最关注西安大明宫（421 篇）和北京圆明园（390 篇）。进一步来看，上述文献很多为媒体报道、信息发布等非学术研究者。通过诸篇识别，其中属于研究性文献者共有 1560 篇，具体年度分布情况如表 2。这些文献的研究主题涉及遗址公园的实践思考、功能实现、规划设计、管理机制以及国外经验等，实现了对我国遗址公园建设的经验总结、理论构建和模式探索，有效推动了相应的实践路径优化。在关注依托古代遗址建设之遗址公园基础上，现有研究还涉及依托近现代以及当代遗址建设之遗址公园，如青岛一战遗址、桂林飞虎队指挥所旧址、西安大华沙场、北京首钢旧址、四川地震遗址等遗址公园。

表 1　CNKI"遗址公园"主题相关文献搜索结果年度分布表
（截至 2019 年 12 月 1 日）

1984	1985	1986	1987	1988	1989	1990	1991	1992	1993	1994	1995	1996	1997
3	3	10	1	3	1	3	0	10	0	2	2	3	2
1998	1999	2000	2001	2002	2003	2004	2005	2006	2007	2008	2009	2010	2011
3	7	17	18	43	80	55	88	80	156	250	298	509	485
2012	2013	2014	2015	2016	2017	2018	2019						
461	359	395	382	370	389	261	171						

表 2　CNKI"遗址公园"主题相关研究性文献搜索结果年度分布表
（截至 2019 年 12 月 1 日）

1984	1985	1986	1987	1988	1989	1990	1991	1992	1993	1994	1995	1996	1997
1	0	5	0	1	1	3	0	5	0	0	1	1	0
1998	1999	2000	2001	2002	2003	2004	2005	2006	2007	2008	2009	2010	2011
1	6	7	5	14	17	11	45	53	78	65	66	77	93
2012	2013	2014	2015	2016	2017	2018	2019						
193	162	222	205	203	181	138	137						

1. 遗址公园实践思考

遗址公园研究具有很明显的实践导向性,对相关建设实践的思考一直是现有研究关注的重点,相关经验总结、实践反思与理念构建推进和优化了我国遗址公园的建设实践进程。

1999 年以前,研究者关注对象主要是圆明园遗址公园,CNKI 检索到的 1983—1999 年 52 篇遗址公园研究文献中关于圆明园者多达 43 篇。何重义、曾昭奋基于长春园的复兴和西洋楼遗址整修对圆明园遗址公园建设提出初步构想：修筑围墙和园门，疏浚挖深水系，重建或部分重建狮子林、如园、万花阵等景观；①汪之力在回顾圆明园遗址公园建设背景基础上，提出"保护遗址与农民及使用单位发展生产的矛盾就是最基本最突出的矛盾"，并强调通过社会力量实现对圆明园遗址的保护、整修和利用；②陆楚石基于游客要得到"美的感受"之需求，提出圆明园遗址公园建设要践行"造景是园林的灵魂，堆山、叠石要讲究造型艺术"理念。③ 直到1999年，国内遗址公园研究仍然集中于圆明园，围绕圆明园重建问题学者多持反对意见，认为"重修只会导致圆明园遗址的破坏，使她失去历史文物的真正价值"，④强调要"永存遗址、昭示后人"，⑤但不应维持现状而要清理圆明园的建筑遗址、整理和恢复圆明园的山形水系。⑥

2000年开始，随着国内遗址公园建设项目不断增加，研究者日益关注更广地域之遗址公园建设实践。涉及的实践案例逐渐拓展到北京以外的陕西、江苏、河南、重庆、四川、内蒙古等近20个省区市。在2000年批复《圆明园遗址公园规划》后，国务院2003年同意了《秦陵遗址公园可行性研究报告》、《秦陵遗址公园初步设计》。刘庆柱先生对秦始皇陵遗址公园建设进行了价值层面分析，提出在保护基础上其"必将使秦始皇陵及秦始皇兵马俑得到更为充分的利用，使之获得精神文明与物质文明的双丰收"。⑦ 针对圆明园西区建设，研究者强调"要体现生态和历史文化价值"理念，⑧提出遗址公园建设"一

---

① 何重义、曾昭奋：《长春园的复兴和西洋楼遗址整修》，《〈圆明园〉学刊》1986年第3期。

② 汪之力：《开创圆明园遗址保护、整修与利用的新局面——在中国圆明园学会成立大会上的讲话》，《〈圆明园〉学刊》1986年第4期。

③ 陆楚石：《造景是园林的灵魂》，《〈圆明园〉学刊》1992年第5期。

④ 乔本文、圆明园：《你该如何定位》，《决策与信息》1999年第7期。

⑤ 梁从诫：《永存遗址、昭示后人——对圆明园遗址重修问题的几点意见》，《北京观察》1999年第10期。

⑥ 秦佑国：《关于重建圆明园的意见》，《建筑学报》1999年第3期。

⑦ 刘庆柱：《秦始皇陵遗址公园建设的思索》，《群言》2003年第7期。

⑧ 高嵘：《专家呼吁——圆明园遗址公园要体现生态和历史文化价值》，《森林与人类》2003年第8期。

定要重视生态保护"①、"应该成为历史的见证"。② 同时,基于当时多个遗址公园建设中出现的弱化保护、强化商业之现象,研究者呼吁要以遗址保护为本,确保"真实性、完整性",③"将遗址本体保护作为规划的核心,坚持保存遗址的历史原真性"。④ 进入 21 世纪以来,我国大遗址保护理念日益强化。基于大遗址保护与展示层面,研究者探索了大明宫遗址公园及周边建设思路⑤、圆明园遗址区建设和展示系统完善⑥、商城遗址文化品位塑造⑦等个案问题,并提出了"有效保护、科学展示、传承文化、服务社会"的考古遗址公园建设理念。⑧

2009 年,我国国家考古遗址公园建设正式启动。国家政策的引导和实践需求的推动,引发了研究者对遗址公园建设的更深层次思考。时任国家文物局局长单霁翔基于国际经验与中国国情全面分析了考古遗址公园建设的国际实践、中国理念和现实意义,呼吁通过遗址公园建设"携手共创大遗址保护的美好明天"。⑨ 基于《关于考古遗址公园建设的良渚共识》,研究者对考古遗址公园建设的现实意义、价值追求以及值得警惕的错误倾向等进行了思考。

---

① 崔海亭、宗天亮、李小溪、李景奇、朱红、叶廷芳:《一定要重视生态保护》,《光明日报》2003 年 7 月 22 日。

② 李小溪:《应该成为历史的见证》,《光明日报》2003 年 7 月 21 日。

③ 牛建宏:《遗址公园建设何去何从》,《中国建设报》2003 年 11 月 21 日。

④ 大路:《让郑和遗憾的纪念工程》,《中国地产市场》2005 年增刊。

⑤ 孙福喜:《从〈西安宣言〉到〈西安共识〉——大明宫国家遗址公园的构想与实践》,《中国文化遗产》2009 年第 4 期;张关心:《践行"良渚共识" 建设好大明宫国家考古遗址公园》,《四川文物》2010 年第 3 期;A+C:《敢问路在何方——西安大明宫国家遗址公园及周边区域建设探讨》,《建筑与文化》2007 年第 8 期。

⑥ 王献溥、于顺利、朱景新:《北京圆明园遗址公园的发展方向和有效管理》,《北京农业》2008 年第 9 期。

⑦ 张乔普:《把商城遗址公园建成最有文化品位的地方》,《郑州日报》2009 年 11 月 2 日。

⑧ 赵荣:《有效保护、科学展示、传承文化、服务社会——陕西省大遗址保护新理念的探索与实践》,《中国文化遗产》2009 年第 4 期。

⑨ 单霁翔:《大型考古遗址公园的探索与实践》,《中国文物科学研究》2010 年第 1 期;单霁翔:《解放思想、开拓创新,携手共创大遗址保护的美好明天》,《中国文物报》2010 年 12 月 29 日。

首先,关于现实意义问题,李政基于大明宫、高句丽、良渚、金沙遗址等分析了大遗址保护如何同时实现城市建设、经济发展与群众利益的多赢,从而"变包袱为财富";①薛秀泓基于良渚模式重申了遗址公园建设之"保护与利用双赢"目标;②肖莉则基于对国内考古遗址公园建设的回顾,提出了"让城市守护历史、让历史守望未来"的重要理念。③ 其次,关于价值追求问题,研究者强调遗址公园建设必须是民生工程、德政工程,有责任、有义务把考古发现和研究成果推向社会,通过遗址公园建设把考古成果展示给公众;④国家考古遗址公园建设要依靠广大群众的文化自觉,要服务社会、惠及民生,⑤建设文化遗址公园就是着力打造文物惠民平台。⑥ 在这方面,基于"保护为本,发展并行"⑦和"保护为主,考古先行"的思路,研究者强调遗址公园建设要以"持续的、与时俱进的考古工作为支撑",⑧充分发挥考古工作、考古成果、考古过程的作用,⑨守护好公园里的大遗址;⑩要以公益为主、惠及民众原则切实维护公益性,⑪以承担社会责任是良性发展前提为理念积极履行遗址保护、科研教育、文化展示、生态维护等社会责任,⑫以采用多元化展示方式让遗址"活"起

---

① 李政:《大遗址保护变包袱为财富》,《中国文物报》2009 年 6 月 12 日。
② 薛秀泓:《大遗址公园寻求保护与利用双赢》,《中国改革报》2009 年 7 月 1 日。
③ 肖莉:《让城市守护历史、让历史守望未来 大遗址保护与考古遗址公园建设》,《中国文化遗产》2010 年第 1 期。
④ 杜金鹏:《大遗址保护与考古遗址公园建设》,《东南文化》2010 年第 1 期。
⑤ 左晶:《关于大遗址保护与国家考古遗址公园建设的几点思考》,《春秋》2014 年第 6 期。
⑥ 陕西省文物局:《建设文化遗址公园打造文物惠民平台》,《中国文物报》2018 年 6 月 8 日。
⑦ 邢宇:《"保护为本,发展并行"的大遗址保护新思路——以隋唐洛阳城国家遗址考古公园为例》,中国城市规划学会、沈阳市人民政府编:《规划 60 年:成就与挑战——2016 中国城市规划年会论文集(08 城市文化)》2016 年版,第 1245—1254 页。
⑧ 张忠培:《关于建设国家考古遗址公园的一些意见——在"2009 大遗址保护·良渚论坛"上的发言》,《东南文化》2010 年第 1 期。
⑨ 王守功:《考古工作在考古遗址公园建设中的作用》,《中国文物报》2012 年 9 月 28 日。
⑩ 毕玉才:《如何守护好"公园"里的"大遗址"》,《光明日报》2014 年 7 月 2 日。
⑪ 李韵:《切实维护考古遗址公园建设的公益性》,《光明日报》2009 年 11 月 5 日。
⑫ 陆航:《社会责任:大遗址保护的理论基石》,《中国社会科学报》2014 年 8 月 13 日;刘军民:《社会责任:考古遗址公园良性发展的前提》,《中国社会科学报》2015 年 6 月 10 日。

来为途径走近公众,①"让公众看得懂、看得有兴致"。② 关于值得警惕的错误倾向,研究者对破坏遗址、商业化和娱乐化、模式程式化等现象进行了批评和思考,③呼吁要警惕"遗址公园化","遗址"变"公园"不是保护是伤害,④是对文化资源的浪费与破坏⑤,因此遗址公园建设要避免重建和确保原真性;⑥强调遗址公园变成文化地产项目"不是保护,而是加速破坏了遗产",⑦其不能注重商业吸引力而变成赚钱的机器,⑧可发挥旅游功能但不能将遗址公园建设与旅游开发挂钩;⑨提出规划设计不能仅按照一般的城市公园要求来设计景观,而忽略了考古遗址的特性,⑩要丰富人文内涵而避免"冷清清道台府空荡荡无内容"现象。⑪

2. 遗址公园功能实现

遗址公园的功能定位以及具体应该发挥哪些功能一直是现有研究的重要内容。实现对遗址的保护与利用是研究者一直以来强调的遗址公园功能所在。基于此,现有研究面向遗址保护模式优化和利用方式创新,结合不同时期国家文化战略调整和公众文化需求变化,逐渐优化遗址公园的功能定位和丰富其功能体系。

---

① 龚正龙:《让更多国家考古遗址公园走近公众》,《河北日报》2018 年 6 月 25 日。
② 海冰:《要让公众看得懂看得有兴致》,《湖北日报》2015 年 10 月 13 日。
③ 江霆:《对考古遗址公园建设的思考》,《管理观察》2016 年第 17 期。
④ 何勇海:《圆明园"遗址"变"公园"、不是保护是伤害》,《广州日报》2013 年 7 月 13 日;何勇海:《警惕"遗址公园化"愈演愈烈》,《中国经济时报》2013 年 7 月 15 日。
⑤ 于鸿志:《遗址公园化文化资源的浪费与破坏》,《西部大开发》2010 年第 12 期。
⑥ 王新文:《考古遗址公园三论》,《东南文化》2013 年第 3 期。
⑦ 思哲:《"遗址公园"也不能踩"红线"》,《中国文化报》2010 年 11 月 26 日。
⑧ 陈为民:《浅谈现代"遗址公园"化现象——从佛山岭南天地项目开发说起》,《神州民俗(学术版)》2011 年第 11 期。
⑨ 翠红:《古遗址保护不要和旅游开发挂钩》,《深圳商报》2015 年 3 月 19 日。
⑩ 李韵:《考古遗址公园切忌"三气"》,《光明日报》2017 年 1 月 20 日。
⑪ 史志强:《别让遗址公园成"鸡肋"》,《黑龙江日报》2011 年 8 月 18 日。

（1）功能定位

关于遗址公园的功能定位,研究者提出圆明园不仅是一般的遗址公园,而且是一个能满足人们休息游乐活动需要的具有民族风格的文化休憩公园,[①]要"成为进行爱国主义教育、首都风景游览、中国传统园林研究与国际历史文化交流的重要基地",[②]其"既是一个城市公园,又是一个城市保护区,可定位为保护景观类型";[③]洛阳王城遗址公园应建设成为遗址性文化休息公园,[④]元大都城垣遗址公园应定位为集历史遗迹保护、市民休闲游憩、改善生态环境于一体的大型带状城市公园,[⑤]北京明城墙遗址公园应旨在"守望我们的文化家园"。[⑥] 上述相关研究表明,当时我国遗址公园尚是"遗址(文物保护区)+公园(休闲娱乐场所)"[⑦]之功能定位,遗址公园化现象显著,还没有达到"重在展示文化而非休闲娱乐"[⑧]之要求。在我国考古遗址公园建设思想确立的背景下,2009 年开始国内基于遗址保护与经济社会发展协同、文化遗产保护惠及公众之目标,明确了考古遗址公园是文化遗产保护创新模式的理念,确立了其全国示范性遗址保护与展示特定公共空间的功能定位。张忠培先生强调考古遗址公园要面向公众,面向未来,面向世界,定位为国家级的考古遗址公园,而不是一般性质的公园;[⑨]李爱民认为,考古遗址公园创新大遗址保护

---

① 何重义、曾昭奋:《长春园的复兴和西洋楼遗址整修》,《〈圆明园〉学刊》1984 年第 3 期。

② 汪力之:《开创圆明园遗址保护、整修与利用的新局面——在中国圆明园学会成立大会上的讲话》,《〈圆明园〉学刊》1986 年第 4 期。

③ 王献溥、于顺利、朱景新:《北京圆明园遗址公园的发展方向和有效管理》,《北京农业》2008 年第 9 期。

④ 王铎、李剑芝:《略谈洛阳王城公园的主入口设计》,《华中建筑》1990 年第 4 期。

⑤ 牛建宏:《遗址公园建设何去何从》,《中国建设报》2003 年 11 月 21 日。

⑥ 何婷:《守望我们的文化家园——北京明城墙遗址公园建设回顾》,《城市开发》2003 年第 8 期。

⑦ 阙维民:《"考古遗址公园"的名称悖论——以"圆明园遗址公园"为案例》,《中国文化遗产》2015 年第 5 期。

⑧ 李如旦:《重在展示文化而非休闲娱乐》,《西安日报》2013 年 1 月 27 日。

⑨ 张忠培:《关于建设国家考古遗址公园的一些意见——在"2009 大遗址保护·良渚论坛"上的发言》,《东南文化》2010 年第 1 期。

理念,可实现对遗址的整体性保护;①李宏松强调考古遗址公园不能简单地等同于考古遗址和公园或园林概念的叠加,应从国家公园和特定公共空间两个层面思考其综合性功能定位;②刘宝山强调考古遗址公园是"特定的公共文化空间";③王京传提出国家考古遗址公园并非简单的考古遗址公园化,其功能定位既不同于传统的遗址博物馆等,亦区别于一般的城市公园,其定位应是遗址性国家公园,属于文化遗产类国家公园。④ 目前,将国家考古遗址公园纳入国家公园体系,正在得到政府和社会的进一步关注,时任国家文物局副局长童明康提出作为历史悠久的文明古国和文化遗产资源大国,考古遗址公园必然在我的国家公园体系中占据一席之地,文物部门正在积极研究如何将其纳入我国国家公园体制;⑤张颖岚呼吁以国家考古遗址公园为载体构建中国大遗址国家公园体系,⑥刘世锦等和王京传进一步提出应把国家考古遗址公园等作为试点,构建易于为国家统一管理、便于为公众使用享用的文化遗产类国家公园体系。⑦ 此外,还需要值得注意的是,有部分研究者将地处城市内部的遗址公园定位为城市公园,侧重其休闲、旅游等功能。⑧

(2)功能体系

关于遗址公园的具体功能,研究者一开始就针对圆明园确立了"保护、整

---

① 李爱民:《考古遗址公园在我国大遗址保护中的优势》,《社会科学家》2010年第9期。

② 李宏松:《国家考古遗址公园综合功能定位及相关比较思考》,《中国文物报》2012年4月20日。

③ 刘宝山:《考古遗址公园建设与文化民生研究》,科学出版社2015年版,第9页。

④ 王京传:《国家考古遗址公园功能定位的几点思考》,《中国旅游报》2014年12月29日。

⑤ 童明康:《科学推进考古遗址公园建设 丰富我国国家公园体系》,《中国文物报》2015年12月11日。

⑥ 张颖岚:《构建中国大遗址"国家公园"体系》,《光明日报》2015年1月19日。

⑦ 刘世锦、林家彬、苏杨、于冰:《中国文化遗产事业发展报告(2014)》,社会科学文献出版社2015年版,第66—84、198—232页;王京传:《文明的魔方:文化遗产类国家公园》,《中国社会科学报》2017年6月22日。

⑧ 贾睿卿:《城市公园文化旅游品牌建设研究——以西安曲江遗址公园为例》,《中外企业》2017年第34期。

修、利用"遗址的思想,并提出了爱国主义教育、游览、文化交流等功能。[1]
2001 年,北京市将皇城墙遗址公园定位为公园式遗址景区,强调其是以旧城
遗址为主要内容,展示皇城传统文化和北京城市历史,集休闲、娱乐、参观、游
玩为一体的场所。[2] 2009 年国家文物局出台的《国家考古遗址公园管理办法
(试行)》,将国家考古遗址公园界定为"具有科研、教育、游憩等功能,在考古
遗址保护和展示方面具有全国性示范意义的特定公共空间"。[3] 可见,一直以
来我国遗址公园都是将保护与利用视为建设目标。具体来看,目前国内研究
已经关注了遗址公园的保护、展示、研究、教育、旅游、休闲、文化产业等产业带
动、区域发展等功能。

①保护功能

关于遗址保护功能,圆明园遗址公园建设的源起就是当时居民生产生活
对遗址的破坏严重,旨在实现对遗址的有效保护。[4] 因此,研究者强调其应是
以保护遗址为主题的公园,一切活动都围绕保护遗址主题,以保护遗址为纲,
公园从属于遗址。[5] 到 21 世纪初,我国已经将整体保护视为遗址公园的首要
功能,[6]意识到遗址公园是大遗址保护的重要手段,并已在推动遗址保护成为
政府行为和提高遗址生态环境建设意识两方面发挥了显著作用。[7]"十一五"
期间大遗址保护行动以及随后国家考古遗址公园建设的启动,推动国内遗址

---

[1] 何重义、曾昭奋:《长春园的复兴和西洋楼遗址整修》,《〈圆明园〉学刊》1984 年第 3 期;
汪力之:《开创圆明园遗址保护、整修与利用的新局面——在中国圆明园学会成立大会上的讲
话》,《〈圆明园〉学刊》1986 年第 4 期。

[2] 孔繁峙:《皇城墙遗址公园与皇城整体保护》,《北京规划建设》2001 年第 6 期。

[3] 国家文物局:《国家考古遗址公园管理办法(试行)》,https://wenku.baidu.com/view/
b69f22d0b1717fd5360cba1aa8114431b90d8e82.html,2018 年 12 月 11 日。

[4] 汪力之:《开创圆明园遗址保护、整修与利用的新局面——在中国圆明园学会成立大会
上的讲话》,《〈圆明园〉学刊》1986 年第 4 期;肖荫昕:《圆明园遗址公园初具规模正式开放》,
《〈圆明园〉学刊》1992 年第 5 期。

[5] 吴淑琴、石晓冬:《用城市规划手段、保护圆明园遗址——从〈圆明园遗址公园规划〉的
编制谈起》,《北京规划建设》2000 年第 6 期。

[6] 孔繁峙:《皇城墙遗址公园与皇城整体保护》,《北京规划建设》2001 年第 6 期。

[7] 刘庆柱:《秦始皇陵遗址公园建设的思索》,《群言》2003 年第 7 期。

公园研究高度关注大遗址保护问题。基于"建设考古遗址公园,是新时期大遗址保护新模式"①之认识,单霁翔指出考古遗址公园建设促使大遗址保护由局部向整体再向区域性保护范围的转变,由单一向全面再向综合性保护理念的转变;②杜金鹏强调考古遗址公园建设要以遗址保护为前提,要把遗址保护放在至高无上的地位;③徐光冀提出要在实践中将遗址保护放在第一位,对遗址本体和环境实施完整、真实的保护;④李爱民全面分析了考古遗址公园在我国大遗址保护方面实现的模式创新和显著优势,强调考古遗址公园可以实现大遗址的整体保护,完整保护遗址本体及周边环境。⑤ 在此基础上,研究者还对晋阳古城⑥、涿州古城⑦、汉长安城城墙遗址⑧、南京古城墙⑨、长沙铜官窑遗址(提出了遗址公园生产性保护模式)⑩、北京古城墙(明城墙、西便门墙、元大都城垣)⑪、阿房宫遗址⑫、寒窑遗址⑬、城头山遗址⑭等如何依托考古遗

---

① 杜金鹏:《大遗址保护与考古遗址公园建设》,《东南文化》2010 年第 1 期。

② 单霁翔:《大型考古遗址公园的探索与实践》,《中国文物科学研究》2010 年第 1 期。

③ 杜金鹏:《大遗址保护与考古遗址公园建设》,《东南文化》2010 年第 1 期。

④ 徐光冀:《大遗址保护与国家考古遗址公园建设》,《遗产与保护研究》2016 年第 3 期。

⑤ 李爱民:《考古遗址公园在我国大遗址保护中的优势》,《社会科学家》2010 年第 9 期。

⑥ 裴静蓉:《晋阳古城遗址保护的探索与思考》,《文物世界》2011 年第 5 期。

⑦ 王旭晓、王敬川:《古城改造与城市文化传承——涿州古城的改造》,《中国图书评论》2011 年第 7 期。

⑧ 侯楠:《汉长安城城墙遗址及其保护研究》,西安建筑科技大学 2011 年硕士学位论文。

⑨ 张宁宁:《南京城墙保护的有效途径:遗址公园建设》,江苏省博物馆学会编:《致力于社会和谐的江苏博物馆事业——江苏省博物馆学会 2012 学术年会论文集》,2012 年版,第 82—86 页。

⑩ 徐美辉:《长沙窑铜官陶瓷生产性保护的新探索》,《文艺生活(艺术中国)》2014 年第 5 期。

⑪ 王艺淳:《古城墙遗址整体性保护的思考——以北京古城墙遗址保护为例》,北京林业大学 2014 年硕士学位论文。

⑫ 杨帆、周曦、张凯莉:《阿房宫考古遗址公园的保护与展示规划设计研究》,《建筑与文化》2016 年第 6 期。

⑬ 许力文:《历史信息视角下的城墙遗址保护研究——以洛阳隋唐城南城墙遗址公园规划为例》,中国城市规划学会、东莞市人民政府编:《持续发展 理性规划——2017 中国城市规划年会论文集(04 城市规划历史与理论)》,2017 年版,第 11 页。

⑭ 周念念:《南方史前土遗址保护与开发——以城头山遗址为例》,湖南师范大学 2014 年硕士学位论文。

址公园实现对遗址的整体性保护进行了个案研究,并有研究专门探讨了遗址公园建设中对周边环境的保护问题,提出了遗产周边环境范围界定的影响要素系统和"景中视点与景外视点相结合"的方法①以及大明宫遗址公园周边环境保护的具体实践路径。②

②展示功能

关于遗址展示功能,国内研究起步较晚,开始于"十一五"前我国启动的大遗址保护展示示范区建设。2007 年 3 月,国家文物局原局长张文彬呼吁要充分发挥圆明园的展示功能,建立圆明园博物馆(展览馆),全面展示圆明园历史、文化、兴衰;③2008 年 10 月,谢玉明先生建议要恢复和修建圆明园园林建筑基础平面,展现圆明园全部宏伟的基础遗址景观面貌;④陕西省则基于遗址公园四种建设模式(国家公园、集团运作、市民公园、民营建设)的探索,将科学展示与有效保护、传承文化、服务社会共同列为大遗址保护新理念。⑤《国家考古遗址公园管理办法》规定国家考古遗址公园要发挥在考古遗址展示方面的全国性示范意义。以此为依据,研究者对考古遗址公园的展示功能进行了更深层次的思考。单霁翔强调考古遗址公园是深化国家遗址展示的重要模式,⑥童明康强调遗址展示与阐释要准确全面、直观生动,重视遗址与环境的和谐统;⑦赵献超提出考古遗址公园是遗址展示与阐释的一种整体策略,

① 陈峰:《历史文化遗产周边环境保护范围的界定方法初探——以郑州商城文化区商城遗址保护为例》,西安建筑科技大学 2009 年硕士学位论文。

② 陈琳:《关于大明宫遗址公园周边环境保护的探究》,西安建筑科技大学 2012 年硕士学位论文。

③ 孙漪娜、张文彬:《保护、利用好圆明园遗址,充分发挥其展示功能》,《中国文物报》2007 年 3 月 14 日。

④ 谢玉明:《圆明园能否再度辉煌——展现圆明园基础遗址景观》,《〈圆明园〉学刊》2009 年第 9 期。

⑤ 赵荣:《有效保护、科学展示、传承文化、服务社会——陕西省大遗址保护新理念的探索与实践》,《中国文化遗产》2009 年第 4 期。

⑥ 单霁翔:《在大明宫国家遗址公园开园仪式上的致辞》,《西安日报》2010 年 10 月 1 日。

⑦ 童明康:《科学推进考古遗址公园建设　丰富我国国家公园体系》,《中国文物报》2015 年 12 月 11 日。

强调"更好的展示,更好的考古遗址公园",建议通过多种手段丰富展示内容与形式,提升阐释和展示水平,并认为过分强调现场展示可能会对遗址本体造成不必要的损害或破坏遗址的整体风貌;①王璐则基于《中国文物古迹保护准则》及《文化遗产阐释与展示宪章》确立了考古遗址公园展示的 10 条原则:遗址保护为前提、遗址考古及研究为依据、遗址价值及内涵为核心、保持遗址信息的真实性与完整性、重视新技术和新方法的运用、增强公众参与、重视遗址信息传播的有效性和包容面、兼顾利益相关者利益及公平性、激发遗址在当代社会生活中的活力、促进遗址保护及环境的可持续发展。② 进一步来看,现有研究已经对遗址公园展示内容、展示方式、标识系统等进行了重点研究。

针对展示内容,基于"遗址公园不是建在遗址上的主题公园,其展示的是遗址本身及其价值"之认识,③研究者提出考古遗址公园展示具有四个层次,从低到高依次为遗址本体展示、遗址特色展示、地域文化展示及民族精神文化展示,④遗址本身是重点,⑤遗址及其背景环境所传递的信息是遗址公园展示的核心和灵魂,⑥要"重在展示文化而非休闲娱乐",⑦强化对文化内涵和核心价值的研究与阐释而杜绝文化被湮没,⑧实现遗址展示与文化展

---

① 赵献超:《关于考古遗址公园展示的思考——以渤海中京国家考古遗址公园为例》,《中国文物科学研究》2016 年第 4 期。

② 王璐、刘克成:《中国考古遗址公园中遗址展示的问题与原则》,《建筑学报》2016 年第 10 期。

③ 单霁翔:《在大明宫国家遗址公园开园仪式上的致辞》,《西安日报》2010 年 10 月 1 日。

④ 孙佩:《国家考古遗址公园文化旅游展示体系构建举隅》,长安大学 2014 年硕士学位论文。

⑤ 杭侃:《大遗址保护中的展示工作的几点思考》,《中国文物报》2013 年 7 月 19 日。

⑥ 别治明、王庆丽:《传播学视阈中的考古遗址公园展示策略研究》,《中国文化遗产》2015 年第 3 期。

⑦ 李如旦:《重在展示文化而非休闲娱乐》,《西安日报》2013 年 1 月 27 日。

⑧ 王学荣:《大遗址保护展示的几个问题》,《中国文物报》2013 年 8 月 16 日。

示相结合,①并时刻要体现"以人(普通游客)为本"之理念。② 其中,遗址展示要统筹考虑整体展示与个体展示、遗址本体展示与环境展示,注重展示中信息选取与传递;③文化展示要尽可能地揭示遗址蕴含的传统文化信息,实现对遗址的"再现性"展示,④必须"以遗址展示为基础,以考古遗址的文化内涵为对象",⑤在保留真实的历史信息基础上加入情景再现和体验,⑥充分表达和融入各自的地域文化,⑦注重文化景观建设,⑧并适当融入相关非物质文化遗产内容;⑨价值展示则主要体现在文化价值、生态价值、使用价值三个层面,⑩并要在展示中注意遗址价值的重组与整合。⑪

针对展示方式,杭侃基于《国家考古遗址公园评估总报告(2011—2013年)》提出遗址博物馆是目前大遗址展示的主要手段,遗址公园最吸引人的仍

---

①　李倩楠:《浅谈如何发挥考古遗址公园的展示功能——以晋阳古城考古遗址公园建设构想为例》,《吕梁教育学院学报》2016 年第 3 期。

②　薛雯:《博物馆与遗址公园"陈列"的对比》,《文博》2013 年第 3 期。

③　张昱:《考古遗址展示的初步研究》,西北大学 2013 年硕士学位论文。

④　朱晓渭:《考古遗址公园文化展示问题探讨》,《理论导刊》2011 年第 4 期。

⑤　徐德煜:《浅谈考古遗址公园文化展示》,《黑龙江史志》2012 年第 21 期。

⑥　吴铮争、张萌:《真实性视野下考古遗址公园文化展示的思考》,《西北大学学报(自然科学版)》2013 年第 6 期。

⑦　刘永超:《西安城市公园地域性文化表达与研究》,西安建筑科技大学 2015 年硕士学位论文;徐晶晶:《基于游客感知的安阳殷墟文化内涵表达研究》,西北大学 2015 年硕士学位论文;薛扬:《青铜文化在遗址公园设计中的再利用研究——以梁带村遗址公园为例》,西安建筑科技大学 2016 年硕士学位论文;韩璐:《唐文化在公园中的应用探讨——以曲江遗址公园为例》,《南方园艺》2018 年第 2 期。

⑧　王方、田湘萍:《关于考古遗址公园文化景观及其展陈问题的一些探讨》,《中国博物馆》2016 年第 3 期;杨光焰、陶亮、刘恺希:《历史城市中文化景观的保护、阐释与营造研究——以寒窑遗址公园为例》,《建筑与文化》2016 年第 9 期。

⑨　吕春华:《非物质文化遗产在江苏省考古遗址公园中的作用》,《中国文物报》2015 年 8 月 14 日;曹铭婧、赵晶、邰紫琳:《以非物质文化为基础的历史遗址保护及其展陈——曲江寒窑遗址公园遗址区保护及其展陈》,《人类文化遗产保护》2016 年第 1 期。

⑩　陈曦、霍焱:《城址类考古遗址公园价值核心的阐释与展示设计手法》,《中华建设》2012 年第 12 期。

⑪　朱渊、沈旸、李永辉、姚昕悦:《文化景观的叙事呈现——以隋炀帝陵考古遗址保护展示为例》,《中国园林》2016 年第 4 期。

是以出土文物为主要内容的遗址博物馆;①吴铮争提出了考古遗址公园文化展示的具体方式:感悟性(环境展示、原址原貌展示)、景观性(标示展示、原貌复原展示)、传播性(陈列馆展示、历史场景再现、体验中心);②别治明强调遗址公园展示应以安全性、完整性、真实性为前提,实施保护性展示策略(露天保护性展示、回填保护性展示、覆盖保护性展示)、利用性展示策略(历史场景模拟、考古现场模拟、遗址博物馆)和认知性展示策略等。③ 同时还有研究者提出了历史景观再现④、讲故事式展示⑤、直接展现和间接再现⑥、模拟展示⑦、复原展示⑧、互动性和趣味性体验⑨、景观叙事法⑩、情景化展示⑪、活态展示⑫

---

① 杭侃:《从年度报告看国家考古遗址公园的展示问题》,《中国文物报》2015 年 5 月 22 日。

② 吴铮争、张萌:《真实性视野下考古遗址公园文化展示的思考》,《西北大学学报(自然科学版)》2013 年第 6 期。

③ 别治明、王庆丽:《传播学视阈中的考古遗址公园展示策略研究》,《中国文化遗产》2015 年第 3 期。

④ 高杰:《文化遗址的保护及历史景观的再现与展示——以河北省邯郸市赵王城遗址保护及展示研究为例》,中国风景园林学会编:《第 8 届中日韩国际风景园林学术研讨会论文集》,2005 年版,第 157—163 页。

⑤ 张亚武:《用讲故事的方式进行遗址展示》,《洛阳日报》2007 年 11 月 2 日。

⑥ 杨昌鸣、李旋、李湘桔:《直接展现与间接再现——国家考古遗址公园城墙遗址展示模式的比较》,《中国园林》2013 年第 5 期。

⑦ 孙鸣飞:《遗址公园景观设计的模拟展示方法研究——河南商丘宋国故城遗址公园景观设计》,中央美术学院 2014 年硕士学位论文。

⑧ 朱林:《汉代民居复原研究——以汉长安城遗址公园民居改造方案为例》,陕西师范大学 2014 年硕士学位论文。

⑨ 段莎莎:《论互动性设计与趣味性体验的生成——以屈家岭考古遗址公园为例》,武汉纺织大学 2016 年硕士学位论文。

⑩ 安琪:《景观叙事方法在遗址景观设计中的应用研究》,西安建筑科技大学 2016 年硕士学位论文。

⑪ 宋莹:《国家考古遗址公园情境化设计策略研究——以大明宫国家遗址公园为例》,西北大学 2017 年硕士学位论文。

⑫ 黄可佳、韩建业:《考古遗址的活态展示与公众参与——以德国杜佩遗址公园的展示和运营为例》,《东南文化》2014 年第 3 期;郭亦家、黄艳:《"工作中"的过渡性遗址景观——以景德镇御窑厂遗址公园设计研究为例》,《设计》2018 年第 13 期。

等遗址展示方式,并对圆明园遗址①、史前聚落遗址②、城址③和城垣遗址④、建筑遗产⑤、瓷窑遗址⑥、工业遗产建筑⑦等的具体展示方式进行了专题探讨。

针对标识系统,国内研究强调作为遗址公园之组成部分,其不仅满足了受众基本的标识需求,而且自身更是极佳的景观载体,⑧并从标识系统设计、文化元素体现、信息传递等方面进行了探索。现有研究对汉长安城未央宫遗址区⑨、南京明城墙⑩、大明宫⑪、海昏侯国考古遗址公园⑫等标识系统设计进行个案研究,并对文化符号和地域文化特征表现⑬、场所精神体现⑭、信息设计

① 张成渝:《从圆明园三大保护工程看圆明园遗址的功能分区展示》,《建筑学报》2009 年第 9 期。

② 刘文雪:《史前聚落遗址展示利用初步研究——以陕西高陵杨官寨遗址为例》,西安建筑科技大学 2014 年硕士学位论文;李静怡:《史前聚落遗址展示利用设计研究——以雕龙碑遗址为例》,北京建筑大学 2016 年硕士学位论文。

③ 贾凌云:《考古城址展示及博物馆设计研究——以苏州木渎春秋城址为例》,北京建筑大学 2015 年硕士学位论文。

④ 王军:《系统观视野下的中国古城垣展示利用方法探讨》,中国城市规划学会编:《城乡治理与规划改革——2014 中国城市规划年会论文集(08 城市文化)》,2014 年版,第 119—133 页。

⑤ 黄庭晚:《建国以来我国建筑遗产展示模式的发展研究——以北京地区为例》,北京建筑大学 2015 年硕士学位论文。

⑥ 赵超:《我国瓷窑遗址的展示利用研究》,北京建筑大学 2016 年硕士学位论文。

⑦ 华尹:《杭州工业遗产建筑再利用中展示空间模式初探》,《管理观察》2017 年第 36 期。

⑧ 李放:《基于场所精神的遗址公园标识系统研究》,湖南农业大学 2015 年硕士学位论文。

⑨ 俞泉:《汉长安城未央宫遗址区标识系统设计研究》,西安建筑科技大学 2011 年硕士学位论文。

⑩ 朱温琦、吴雨霏、金质佳、魏璇:《南京明城墙中断处的景观标识研究——以太平门到解放门段为例》,《美与时代(城市版)》2017 年第 2 期。

⑪ 张沛:《考古遗址公园标识系统规划设计研究——以大明宫国家遗址公园为例》,中国城市规划学会编:《城乡治理与规划改革——2014 中国城市规划年会论文集(08 城市文化)》,2014 年版,第 296—307 页;俞泉、王璐:《遗址类标识系统设计研究——以大明宫遗址公园为例》,《建筑与文化》2015 年第 5 期;梁晗、詹秦川:《城市环境空间中的标识系统规划设计应用——以大明宫国家遗址公园为例》,《美与时代(城市版)》2017 年第 2 期。

⑫ 雷兴:《汉代海昏侯国考古遗址公园导视标识系统的定位与规划》,《美与时代(城市版)》2017 年第 11 期。

⑬ 詹秦川、王敏:《唐文化符号在大明宫指示牌设计中的应用探究》,《美术教育研究》2013 年第 23 期;曹军、詹秦川:《西安大明宫标识系统设计中的地域文化特征》,《美与时代(城市版)》2017 年第 2 期。

⑭ 李放:《基于场所精神的遗址公园标识系统研究》,湖南农业大学 2015 年硕士学位论文。

有效性①等问题进行了探讨。

此外,现有研究还对部分遗址公园的解说系统进行了个案研究,分析与评估了大明宫遗址公园解说系统,②针对曲江遗址公园从解说设施、解说内容、解说节点、空间布局等方面提出了解说系统优化措施;③对遗址公园文字说明的英文翻译问题进行了批评,提出了南京宝船遗址公园公示语翻译④、大明宫旅游文本和景观名称翻译⑤中存在的问题。

③研究与教育功能

《国家考古遗址公园管理办法》强调国家考古遗址公园要具有科研、教育功能。但现有研究对这两项功能的关注不够,没有确立相应的理论框架和实践指南。

关于研究功能,现有研究强调处理好考古研究与保护、展示、利用之间的关系,是考古遗址能否得到科学保护、展示和合理利用的关键,国家考古遗址公园规划建设须以考古遗址的保护、研究为前提;作为国家级的遗址保护平台,国家考古遗址公园同样也应该是国家级水平的考古研究平台,⑥应通过研究对遗址的界限、性质、功能、范围等因素形成清楚全面的认识,为遗址利用提供科研依据,为遗址展示提供与遗址相关的真实信息。⑦

---

① 顾芸怡:《国家考古遗址公园标识系统信息设计有效性研究》,陕西科技大学 2017 年硕士学位论文。

② 苏燕:《大明宫遗址公园展示解说系统浅析》,西北大学 2012 年硕士学位论文。

③ 尚文霞:《基于需求分析的曲江遗址公园旅游解说系统优化研究》,《旅游纵览(下半月)》2015 年第 3 期。

④ 王银泉:《瞠目结舌:"郑和下西洋"被译成了"在郑和西方世界下面"——南京宝船遗址公园的公示语译文有损于国家形象》,《广告大观(标识版)》2007 年第 2 期。

⑤ 陈丹:《译者主体性视角下旅游文本翻译研究——以西安大明宫国家遗址公园的旅游文本为个案研究》,西安外国语大学 2017 年硕士学位论文;乔现荣、夏发玲:《翻译三理论在大明宫遗址公园人文景观名称翻译中的适用性分析》,《怀化学院学报》2018 年第 3 期。

⑥ 夏晓伟:《考古与遗址公园——国家考古遗址公园建设中的两个定位》,《东南文化》2011 年第 1 期。

⑦ 刘军民:《社会责任:考古遗址公园良性发展的前提》,《中国社会科学报》2015 年 6 月 10 日。

关于教育功能,早在 20 世纪 80 年代圆明园遗址公园就已经发挥了教育功能,成为广大青少年进行爱国主义教育的历史实物教学课堂;①2000 年《圆明园遗址公园规划》指出圆明园是爱国主义教育基地,具有"参观凭吊,教育后人不忘国耻,热爱世界和平,国际友好交往的教育功能";②其三项重点保护工程(西洋楼遗址局部整修、长春园含经堂遗址保护、"九州清晏"景区清理整治)很好地体现了国耻教育和爱国主义教育。③ 葛剑雄先生还进一步提出圆明园的爱国主义教育包括三个层面:帝国主义的野蛮焚烧和抢掠造成巨大破坏;民国政府的腐败与民众的自私,造成遗址文物大量流失;解放以来长期缺乏文物保护意识和具体措施,导致遗址基本消失。④ 进一步来看,发挥教育功能是遗址公园实现文化传承的重要组成要素,⑤遗址公园应通过各种阐释手段表现出遗址在社会、精神、历史、艺术、审美、自然、科学等层面的价值,将科研成果转化为教育资源,使考古遗址公园成为大众获取知识、直观鲜活感受历史的教育场所,形成科研教育基地。⑥ 对此,国内已有部分相应的实践探索,唐山地震遗址公园已经成为国家防震减灾科普教育示范基地,⑦青岛山一战遗址通过建设爱国主义教育和国防教育基地向社会提供爱国主义教育资源;⑧研究者还针对元大都城垣遗址公园提出了面向初高中学生的两个户外

---

① 汪之力:《开创圆明园遗址保护、整修与利用的新局面——在中国圆明园学会成立大会上的讲话》,《〈圆明园〉学刊》1986 年第 4 期。

② 北京城市规划设计研究院:《圆明园遗址公园规划》,王道成、段宇红编:《圆明园重建大争辩》,浙江古籍出版社 2007 年版,第 169—180 页。

③ 张成渝:《从圆明园三大保护工程看圆明园遗址的功能分区展示》,《建筑学报》2009 年第 9 期。

④ 葛剑雄:《圆明园之争历史不能缺席》,《新京报》2005 年 8 月 5 日。

⑤ 席岳婷:《中国考古遗址公园文化旅游研究》,西北大学 2013 年博士学位论文。

⑥ 刘军民:《社会责任:考古遗址公园良性发展的前提》,《中国社会科学报》2015 年 6 月 10 日。

⑦ 编辑部:《国家防震减灾科普教育示范基地——唐山地震遗址公园》,《防灾博览》2011 年第 4 期。

⑧ 贾峰:《传递铭记历史珍爱和平理念　建设有特色的一战遗址公园》,《青岛日报》2015 年 3 月 12 日。

地理实践课程教学设计,①针对圆明园遗址公园分析了其教学场地类型(人文类、历史类、体育类、地理类、爱国主义教育类)和提出了"形成整合,构建研学旅行基地课程"的具体思路(即课程设置合理化、课程内容丰富化、课程设施完善化)。②

④休闲与旅游功能

面向当地居民的休闲功能和面向外地游客的旅游功能是文化遗产保护惠及公众的直接途径。从遗址公园建设之初研究者就开始关注其休闲、旅游功能,强调圆明园不仅是一般的遗址公园,而且是能满足人们休息游乐活动的文化休憩公园,有助于减轻颐和园游客过多的压力;③南宋故宫遗址公园建设则是基于旅游资源开发视角,旨在推动杭州旅游事业发展。④ 当前我国国家考古遗址公园建设也特别重视促进旅游业发展,⑤强调要兼顾游览、休闲功能。

针对居民休闲,研究者基于城市公园、公共空间视角,认为遗址公园是基于遗址保育前提下的城市公共文化空间,⑥属于城市公园五种类型之一,⑦能够"容纳历史厚重、激发群众热情、推动文化开掘、拓展创意空间"而成为以文化之魂贯通的最美城市公共空间;⑧强调其规划设计必须要把握历史文化的

① 胡金玲:《中学乡土地理课程资源开发实践研究——以北京市元大都城垣遗址公园为例》,首都师范大学 2013 年硕士学位论文。

② 康万春:《圆明园研学旅行基地资源整合及课程优化研究》,首都体育学院 2019 年硕士学位论文。

③ 何重义、曾昭奋:《长春园的复兴和西洋楼遗址整修》,《〈圆明园〉学刊》1984 年第 3 期。

④ 倪士毅:《浅谈"南宋故宫遗址公园"的建设问题》,中国古都学会编:《中国古都研究(第四辑)——中国古都学会第四届年会论文集》,1986 年版,第 313—318 页。

⑤ 周有光:《考古遗址公园建设的几个问题——以甑皮岩遗址为例》,西安半坡博物馆编:《史前研究》,陕西师范大学出版社 2010 年版,第 35—41 页。

⑥ 李永红:《遗址公园:基于遗址保育前提下的城市公共文化、空间建设》,《风景园林》2012 年第 2 期。

⑦ 陶晓丽、陈明星、张文忠、白永平:《城市公园的类型划分及其与功能的关系分析——以北京市城市公园为例》,《地理研究》2013 年第 10 期。

⑧ 秦毅:《文化之魂"贯通"最美城市公共空间》,《中国文化报》2013 年 11 月 28 日。

保护与人的需求结合,①注重游人的视觉效果与游憩空间的序列关系,②充分考虑市民对城市空间游憩行为需求特征(个人空间、建筑空间、游憩路径、景观环境)。③ 同时,研究者还对遗址公园居民休闲行为特征、使用者评价进行了相关专题研究。从休闲行为特征角度,研究者先后探索了遗址公园居民集体文娱活动的行为偏好,④以及使用者活动类型、群体、方式和区域,⑤空间序列、空间尺度、空间视觉、空间功能变迁等对遗址公园游客行为组织的影响,⑥遗址公园居民游憩的地方依恋程度及影响因素等;⑦从使用者评价角度,研究者先后对皇城根遗址公园 4 个 1 级节点的现状特征与公众需求实现情况⑧、曲江池遗址公园园林建筑小品⑨、南京石头城遗址公园人性化方面的满意度⑩、郑州商都遗址公园景观体验和文化体验满意度⑪、下马坊遗址公园规划

①　刘晨:《本土文化景观保护与居民使用需求相结合的探讨——以南长滩村遗址公园的规划设计为例》,中国风景园林学会编:《中国风景园林学会 2015 年会论文集》,2015 年版,第 554 页。

②　何成钰:《山地公园游憩空间设计研究——以万寿岩遗址公园为例》,中国林业科学研究院 2015 年硕士学位论文。

③　郭亮:《基于城市游憩空间行为需求的遗址公园规划策略——以武汉市东西湖区马投潭遗址公园为例》,中国城市规划学会、沈阳市人民政府编:《规划 60 年:成就与挑战——2016 中国城市规划年会论文集(08 城市文化)》,2016 年版,第 1018—1028 页。

④　苟琳、蔡君:《元大都遗址公园集体文娱活动调查研究》,《河北林果研究》2013 年第 2 期。

⑤　邓娇莺、李娈启:《城市居民在城市公园休闲生活行为研究》,《现代园艺》2017 年第 14 期。

⑥　张妍、李宇宏:《皇城根遗址公园空间环境行为组织探析》,《南方建筑》2017 年第 3 期。

⑦　柳艳超:《居民遗址公园游憩的地方依恋研究——以大明宫国家遗址公园为例》,西北大学 2017 年硕士学位论文;柳艳超、权东计、吴立周:《城市居民游憩的地方依恋研究——以大明宫国家遗址公园为例》,《山东农业大学学报(自然科学版)》2017 年第 1 期。

⑧　王婧、徐峰:《北京皇城根遗址公园节点公众评价研究》,《安徽农业科学》2010 年第 4 期。

⑨　张政:《西安曲江池遗址公园园林建筑小品使用后评价(POE)及改进建议》,西安建筑科技大学 2014 年硕士学位论文。

⑩　顾文芸、袁媛:《城市公共空间 POE 研究——以南京石头城遗址公园为例》,《中国林业经济》2014 年第 2 期。

⑪　张文博、白丹:《基于体验视角的史前遗址公园使用后评价研究——以郑州商都遗址公园为例》,《美与时代(城市版)》2017 年第 3 期。

实施的市民满意度①等进行了问卷调研。

针对游客旅游,研究者以文化旅游为主要视角提出遗址公园应把发展旅游业作为重要方向,②将大遗址与文化旅游两个概念相结合,③突破传统开发方式而建立体验式旅游开发模式,④成为实现旅游与文化融合的新业态;⑤探索考古遗址公园向旅游景区的转变思路,⑥基于文化遗产传承和共享通过文化旅游来保护和管理大遗址,⑦甚至引领和主导区域旅游业发展。⑧ 在此理念引导下,研究者对遗址公园旅游的目标定位、开发模式、资源分析、产品开发、游客行为、游客评价等问题进行了专题探索。从目标定位视角,研究者提出大明宫旅游开发目标体系包括保护目标、文化目标、产业目标、形象目标和环境目标五个方面的 11 个目标,⑨楚纪南故城则应在展现遗址文化面貌基础上注重体验式旅游开发,构建文物遗址、历史文化、生态和旅游者相融合的"四位一体"的遗址公园旅游体验;⑩从开发模式视角,国内研究强调遗址公园

① 邓诗琪、朱悦华:《南京市下马坊遗址公园规划实施的市民满意度调查》,《建材与装饰》2017 年第 7 期。

② 王献溥、于顺利、朱景新:《北京圆明园遗址公园的发展方向和有效管理》,《北京农业》2008 年第 9 期。

③ 陈玛莉:《大遗址文化旅游开发研究——以三星堆遗址为例》,西南财经大学 2008 年硕士学位论文;李扬:《大遗址文化旅游开发研究——以鄂州吴王城遗址为例》,华中师范大学 2017 年硕士学位论文。

④ 司军敏:西安大遗址保护与体验旅游开发模式研究,西安科技大学 2010 年硕士学位论文。

⑤ 张建忠、孙根年:《遗址公园:文化遗产体验旅游开发的新业态——以西安三大遗址公园为例》,《人文地理》2012 年第 1 期。

⑥ 覃琼玉:《从国家考古遗址公园到旅游景区的转型发展思考——以甑皮岩国家考古遗址公园为例》,《度假旅游》2019 年第 2 期。

⑦ 席岳婷:《中国考古遗址公园文化旅游研究》,西北大学 2013 年博士学位论文。

⑧ 张源:《青海地区旅游业发展及战略构想——以青海喇家国家考古遗址公园为例》,《中国商论》2015 年第 20 期。

⑨ 卢石应:《大明宫国家遗址公园旅游开发目标定位研究》,西北大学 2011 年硕士学位论文。

⑩ 张力文:《楚纪南故城考古遗址公园的旅游开发研究》,广西师范大学 2017 年硕士学位论文。

本身就属于旅游发展模式之一,①其应基于文化体验与遗址旅游的动态关系,实现文化景观设计、文化产品研发、文化营销策略、文化项目运营的动态循环,构建以文化体验为核心的遗址公园旅游开发模式,②实现资源整合、品牌塑造和价值提升,为游客提供更加体验化和个性化的旅游产品,③并对曲江模式④、地震遗迹开发模式(新增景观观光旅游、地质遗迹科考科普旅游、感怀纪念和红色旅游)⑤、吴文化开发模式⑥等进行了个案研究;从旅游资源视角,研究者提出大遗址旅游资源开发可采用单体展示模式、综合开发模式及区域合作模式,⑦并对元大都和大明宫旅游资源评价⑧、牛河梁遗址考古旅游开发思路⑨进行了案例研究;从旅游产品视角,研究者提出遗址公园已经成为国内遗址类资源旅游产品开发的成熟途径之一,⑩并对什邡地震遗址公园⑪、大明宫⑫、

①　黄安民、程华宁:《文物古迹类旅游资源开发的空间模式探析》,《襄樊学院学报》2007 年第 12 期。

②　施亚岚:《基于文化体验的遗址公园旅游开发模式研究——以河姆渡遗址为例》,华侨大学 2011 年硕士学位论文。

③　岳方之:《大明宫遗址公园文化体验旅游开发模式研究》,西安外国语大学 2015 年硕士学位论文。

④　徐晓波:《西安曲江遗址旅游的发展模式研究》,西北大学 2011 年硕士学位论文。

⑤　覃建雄、唐勇、陈兴、张培、沈兴菊、薛熙明:《地震遗迹景观体系与旅游开发模式研究——以汶川地震遗址区为例》,《中国人口·资源与环境》2013 年增刊。

⑥　丁婧:《吴文化遗产旅游开发模式研究》,《南通职业大学学报》2015 年第 3 期。

⑦　李静:《中国大遗址旅游资源评价与开发研究》,中国海洋大学 2012 年硕士学位论文。

⑧　李沁元:《元大都城垣遗址公园旅游资源调查与评价》,《旅游纵览(行业版)》2011 年第 2 期;张中华、张馨元、张甜:《大明宫国家遗址公园旅游资源评价及旅游产品设计策略研究》,《建筑与文化》2016 年第 3 期。

⑨　杨莉:《辽西史前文明与考古旅游发展——以牛河梁遗址为例》,《旅游纵览》2016 年第 9 期。

⑩　张欣:《文化遗址类资源旅游产品开发研究》,重庆师范大学 2014 年硕士学位论文。

⑪　王岚:《地震旅游资源开发对本土旅游产品的影响——以什邡穿心店工业地震遗址公园为例》,《科技创业家》2013 年第 5 期。

⑫　葛萍:《大明宫遗址公园旅游产品设计及实施策略研究》,西安建筑科技大学 2014 年硕士学位论文。

青海省喇家遗址①、明中都皇故城②、南京明孝陵(遗产活化型旅游产品)③之旅游产品开发,以及元大都旅游产品完善④、柳州白莲洞遗址智慧景区打造⑤、安阳殷墟旅游产品的文化内涵表达⑥、曲村—天马遗址游客中心建设⑦等进行了案例分析;从游客行为视角,研究者通过个案研究对曲江池遗址公园游客信息渠道和旅游动机等特征⑧、北川地震遗址旅游者动机⑨、大明宫游客地方感与环境地方性之关系⑩、大明宫和曲江池等游客感知差异⑪、大明宫游客旅游体验提升⑫、圆明园西洋楼游客行为⑬、西安游客情感的时空变化规律及其影响因素⑭等问题进行了探讨;从游客评价视角,研究者主要以西安地区

---

① 付妍、肖景义、薛明月、谢芳亭:《国家考古遗址公园旅游产品开发研究——以青海省喇家遗址为例》,《四川旅游学院学报》2016年第6期。

② 李永春:《基于游客体验的明中都皇故城考古遗址公园旅游产品开发研究》,安徽财经大学2017年硕士学位论文。

③ 王丽、章柏平、何环芬、陆丽敏:《基于遗产活化的文化遗址公园开发测评——以南京明孝陵为例》,《安徽农业科学》2014年第22期。

④ 李智敏:《元大都城垣遗址公园旅游发展需再次优化》,《中国旅游报》2014年11月3日。

⑤ 唐晨铭、李少游:《基于智慧旅游的智慧景区打造研究——以柳州白莲洞遗址公园为例》,《桂林师范高等专科学校学报》2014年第2期。

⑥ 徐晶晶:《基于游客感知的安阳殷墟文化内涵表达研究》,西北大学2015年硕士学位论文。

⑦ 侯遐闻:《曲村—天马考古遗址公园游客中心建筑设计》,西安建筑科技大学2014年硕士学位论文;蔡佳振、闫伟:《考古遗址公园的游客服务中心设计探究》,《遗产与保护研究》2018年第5期。

⑧ 周伟伟、胡春丽:《西安曲江池遗址公园游客行为研究》,《现代商贸工业》2014年第14期。

⑨ 陈星、张捷、卢韶婧、张宏磊、颜丙金、年四锋:《自然灾害遗址型黑色旅游地参观者动机研究——以汶川地震北川遗址公园为例》,《地理科学进展》2014年第7期。

⑩ 张中华、段瀚:《基于Amos的环境地方性与游客地方感之间的关系机理分析——以西安大明宫国家考古遗址公园为例》,《旅游科学》2014年第4期。

⑪ 隋丽娜、程圩:《三类不同开放程度景区游客感知差异研究》,《人文地理》2014年第4期。

⑫ 王晨:《基于ASEB分析的大遗址旅游体验研究——以大明宫国家遗址公园为例》,广西师范大学2015年硕士学位论文。

⑬ 姚映:《基于遗产保护视角下的圆明园西洋楼景区游客行为研究》,《科技风》2018年第19期。

⑭ 于静:《基于微博大数据的游客情感及时空变化研究——以西安为例》,陕西师范大学2015年硕士学位论文。

为例研究了旅游景区解说有效性①、游客满意度②、游客使用后评价③、景区交通满意度④等问题。此外,研究者还对遗址公园旅游营销⑤、旅游品牌建设⑥、旅游影响⑦问题进行了分析。

⑤文化产业等产业带动功能

依托遗址公园带动文化产业等相关产业发展问题,在圆明园遗址公园建设中就已经得到国内研究者的关注,研究者基于文化产业视角对当时圆明园已经开展的遗址利用工作进行了探讨。⑧近年来,国内研究对此问题日益关注,研究者提出遗址公园作为一种遗址保护和利用新模式,与诸多相关产业特别是旅游业、文化产业存在互动关系,⑨其中文化产业与遗产保护之间存在四种类型关系:融合发展、附着发展、互动发展、分离发展,并探讨了遗址公园周边区域休闲产业发展模式⑩、依托西安都城遗址群建立遗址文化特区⑪、依托

①　鞠波:《文化型遗产旅游景区解说有效性研究——以大明宫国家遗址公园和大唐芙蓉园为例》,西安外国语大学 2011 年硕士学位论文。

②　仇立慧、徐徐、李楠:《西安曲江遗址公园游客满意度调查分析》,《西安文理学院学报(社会科学版)》2012 年第 5 期。

③　陈曦:《大明宫国家考古遗址公园使用后评价(POE)》,《中国文物报》2012 年 5 月 25 日;肖菁羽、陈洋:《大明宫国家遗址公园使用现状研究》,《华中建筑》2015 年第 2 期。

④　汪丽、曹小曙:《历史文化景区旅游交通满意度研究——以西安三大景区为例》,《西北大学学报(自然科学版)》2015 年第 4 期。

⑤　王鹏、王会娟:《古中山国遗址公园的市场开发研究》,《学术界》2013 年增刊;张甜甜、张金龙:《浅析互联网背景下"微信+大遗址公园"的旅游开发——以南京直立人化石遗址公园为例》,《美术大观》2016 年第 3 期。

⑥　厉建梅:《文旅融合下文化遗产与旅游品牌建设研究——以山东天上王城为个案》,山东大学 2016 博士学位论文。

⑦　付妍:《基于全域旅游的社区居民旅游开发影响感知与态度测评研究——以青海喇家国家考古遗址公园为例》,青海师范大学 2017 年硕士学位论文。

⑧　常润华:《圆明园遗址的保护与文化产业的开发》,《新视野》1998 年第 6 期。

⑨　谢英豪:《基于产业互动的西安地区遗址公园开发模式和设计研究》,西安建筑科技大学 2013 年硕士学位论文。

⑩　邵宏强:《城市居民休闲行为与休闲产业空间研究——以大明宫遗址公园周边区域为例》,西安外国语大学 2013 年硕士学位论文。

⑪　梁中荟:《西安文化产业与遗产保护规划的发展关系研究》,北京建筑大学 2014 年硕士学位论文。

工业遗址发展创意产业①、遗址保护与文化产业集群协同发展②、遗址文化旅游产业集群构建③、依托遗址建设文化产业园④等问题。

⑥区域发展功能

依托遗址公园推动区域发展的思想源于大遗址保护理念。大遗址保护更加注重推动文化遗产事业融入地方经济,融入社会生活,助推经济社会发展,实现文化遗产保护与经济社会和谐发展。⑤ 依托大遗址建设的考古遗址公园不仅是保护单一绩效,还可解决一个城市的文化生态和文化定位,要纳入当地经济社会和城市建设发展规划,⑥这已经为国内外的实践经验得到验证。⑦ 从城市视角,研究者提出基于文化城市建设层面城市化与遗址保护是统一的,"保护文物、传承文明、弘扬文化、改善民生、提升城市"是考古遗址公园建设的追求所在;⑧遗址公园建设在城市绿地建设⑨、城市防灾

① 朱文豪:《由工业遗址改造成的创意产业园公共雕塑研究》,江南大学2015年硕士学位论文;周珂慧:《织补、链接与生长:空间消费与符号表征——徐州鼓楼区老工业基地的更新视角》,中国城市规划学会、沈阳市人民政府编:《规划60年:成就与挑战——2016中国城市规划年会论文集(08城市文化)》,2016年版,第600—609页;华尹:《杭州工业遗产建筑再利用中展示空间模式初探》,《管理观察》2017年第36期。

② 贺钰涵:《汉长安城遗址保护与文化产业集群协同发展研究》,西北大学2017年硕士学位论文。

③ 吴亚娟:《汉长安城遗址区产业发展现状与策略研究》,西北大学2015年硕士学位论文。

④ 赵英、杨豪中:《论文化要素在产业园规划中的应用——以耀州陶瓷文化产业园概念规划为例》,《住宅科技》2018年第1期。

⑤ 单霁翔:《让大遗址保护助推经济社会发展》,《中国文化遗产》2009年第4期。

⑥ 周有光:《考古遗址公园建设的几个问题——以甑皮岩遗址为例》,西安半坡博物馆编:《史前研究》,陕西师范大学出版社2010年版,第35—41页。

⑦ 史建兴、谢利民:《国内外史前考古遗址公园建设与当地社会经济发展》,西安半坡博物馆编:《史前研究》,陕西师范大学出版社2010年版,第152—156页。

⑧ 潘英丽:《大明宫国家遗址公园、城市发展和谐共生的东方典范》,《中国经济时报》2010年10月27日。

⑨ 杨秀娟:《北京市以皇城墙遗迹保护为目的的公园绿地建设研究》,《中国园林》2006年第11期;王敏:《试谈城市公共绿地的综合产出效益——以明城墙遗址公园东南角绿地景观为例》,《国土绿化》2016年第4期。

避难①、城市文化生态系统构建②、城市空间特色保护和发展③、城市人文建设④、旧城更新⑤、城市发展(城市环境、城市形象、可持续发展等)⑥、城市文化传承⑦、新型城镇化⑧、城市更新⑨等方面都会发挥重要作用。从农村视角,研究者基于武汉市码头潭遗址公园⑩、日照两城镇遗址公园⑪探索了如何依托遗址公园推动历史文化名村保护、农村经济社会协调发展问题。

3. 遗址公园管理机制

作为我国第一个遗址公园,圆明园遗址公园的建设倡议、项目建设、运营

①　陈亮明、章美玲:《城市绿地防灾减灾功能探讨——以北京元大都遗址公园防灾绿地建设为例》,《安徽农业科学》2006年第3期;简永辉:《城市公园:应急避难场所的功能——以元大都城垣遗址公园为例》,《建设科技》2008年第19期;周国伟:《城市公园绿地应急避险功能研究——以北京市东、西城区为例》,中国林业科学研究院2012年硕士学位论文。

②　朱晓渭:《基于考古遗址公园的城市文化生态系统研究——以西安市为例》,《人文地理》2011年第2期。

③　席保军、董娟:《西安城市空间特色的保护与发展》,《建筑科学与工程学报》2010年第2期。

④　詹秦川、赵月帅:《遗址公园的保护与设计对城市人文的影响——以西安曲江池遗址公园为例》,《现代装饰(理论)》2015年第3期。

⑤　吴艳丽、刘晓飞、邓观智:《新常态下历史旧城更新的"活性"传承与发展——以烟台市芝罘区西炮台及白石片区控制性详细规划为例》,中国城市规划学会、贵阳市人民政府编:《新常态:传承与变革——2015中国城市规划年会论文集(06城市设计与详细规划)》,2015年版,第90—94页。

⑥　张冰瑶、罗彪:《遗址公园设计对城市发展的影响——以隋唐洛阳城国家考古遗址公园(万亩生态森林项目)为例》,《现代园艺》2016年第24期。

⑦　陈妙如、凌宁:《浅谈公园规划设计与历史文化的传承——以江苏淮安市古城墙遗址公园为例》,《广东园林》2015年第6期;谭明、成玉宁:《文化的传承与再现——南京石头城遗址公园景观建筑规划设计研究》,《风景园林》2017年第3期。

⑧　张晓帆:《新型城镇化背景下城市园林建筑小品规划设计应用——以曲江池遗址公园为例》,《旅游纵览(下半月)》2018年第5期。

⑨　陆伟宏:《新时代的城市更新与文化传承——以城市新区创新为例》,《世界人居》2018年第1期。

⑩　曾光:《遗址公园与历史文化名村的"共生"保护策略初探——以武汉市东西湖区码头潭遗址公园暨历史文化名村保护规划为例》,华中科技大学2015年硕士学位论文。

⑪　崔维新:《大遗址保护与农村经济社会协调发展的对策研究》,《人文天下》2016年第7期。

管理等都体现出我国对遗址公园管理机制的新探索。其建设是源于由圆明园学会发起,宋庆龄、习仲勋等 1500 余位社会各界人士参与的保护整修利用圆明园遗址倡议活动;其建设是由圆明园联合开发公司负责,该公司由圆明园管理处和海淀区振海农工商联合公司联合组成,当地两个生产队的劳力并入联合公司,共同参与福海整修等工程,开创了国家与农民共同建设的新局面;成立圆明园基金会,负责圆明园建设资金的筹划、募集、引进、管理及财务监督。① 同时,在圆明园遗址公园建设中政府作用依然显著,1983 年成立的遗址公园筹建委员会,由时任副市长白介夫任筹委会主任;1986 年成立的圆明园遗址公园建设委员会,由市政府牵头,负责遗址公园建设重大事项的决定和协调;2000 年完成的《圆明园遗址公园规划》,先后由国家文物局与北京市人民政府正式批复。② 从整体来看,"政府主导、学界介入、民众参与"逐渐成为我国遗址公园管理的重要原则。③ 从政府管理视角,研究者提出遗址公园建设探索了政府出资、保护性统征遗址范围内土地的方式,推动了把大遗址保护作为政府行为、国家统征、整体搬迁的实践路径;④条块结合、以块为主、多级委托、业务交叉的管理模式存在绩效不足问题,应该构建大遗址保护工程法律体系,明确中央和大遗址直接管理机构的权责,并成立专门的管理委员会进行统一管理;⑤重要大遗址需要建立权益相关方统一的管理机构,解决好土地权益问题,可仿效美国国家公园管理制度而建立垂直的分级管理机构;⑥树立

---

① 刘霆昭:《国家与农民合建圆明园遗址公园》,《北京日报》1984 年 10 月 13 日;汪力之:《开创圆明园遗址保护、整修与利用的新局面——在中国圆明园学会成立大会上的讲话》,《〈圆明园〉学刊》1986 年第 4 期。

② 陈明杰:《圆明园遗址公园保护建设成就与发展思路》,《圆明园研究》2010 年第 13 期。

③ 史建兴、谢利民:《国内外史前考古遗址公园建设与当地社会经济发展》,西安半坡博物馆编:《史前研究》,陕西师范大学出版社 2010 年版,第 152—156 页。

④ 刘庆柱:《秦始皇陵遗址公园建设的思索》,《群言》2003 年第 7 期。

⑤ 刘德胜:《一种大遗址保护工程建设管理模式》,《华夏考古》2014 年第 4 期。

⑥ 孙华:《我国大型遗址保护问题的思考》,《中国文化遗产》2016 年第 6 期。

多方共建的大保护理念,建立多元治理联动机制,制定符合公共利益的保护政策;①解决政府规制主体职责履行缺位、法律法规缺失、监督力度薄弱等问题,加强规制中的社会参与问题。② 从社会参与角度,研究者提出引入社会资源,会让遗址公园及其拥有的文化遗产得到更好保护,因此应贯彻国务院《关于进一步加强文物工作的指导意见》提出的"大力推广政府和社会资本合作(PPP)模式""拓宽社会资金进入文物保护利用的渠道"思路,确立第三方部门参与和公众参与机制,调动社会力量和汇集社会资源,③并对大明宫集团化经营④、洛阳明堂天堂遗址公园组建运营管理公司⑤、居民参与大明宫遗址保护和开发⑥、民间资本注入金沙遗址(成立成都市兴文投资发展有限公司)⑦、殷墟市场化运作⑧、银行支持泥河湾遗址公园融资⑨、大明宫PPP模式⑩等进行了探讨。但是,相关调研表明公众参与遗址公园保护、管理却仍处于启蒙阶段,参与机会很少,⑪参与广度和深度有限,参与被动、方式单一,尚需转变思想观念、完善参与制度、增强参与的实际操作性,有效推进公

---

① 唐茜:《西安城市化进程中大遗址保护利用研究——一个政府治理的角度》,西北大学2015年硕士学位论文。

② 李宾、韩方芳、马晓林:《国家考古遗址公园旅游开发的政府规制问题、成因与对策研究》,《生态经济》2017年第3期。

③ 余洁:《建设遗址公园可引入社会资源》,《光明日报》2016年6月13日。

④ 赵荣:《有效保护、科学展示、传承文化、服务社会——陕西省大遗址保护新理念的探索与实践》,《中国文化遗产》2009年第4期。

⑤ 余杰:《正在悄然活化的考古遗址》,《中国文物报》2016年1月12日。

⑥ 刘新颜、延军平、肖爱玲、詹新惠:《基于因子分析的遗产旅游地社区居民敏感度研究——以西安大明宫国家遗址公园为例》,《资源开发与市场》2014年第10期。

⑦ 张珏娟:《民间资本注入金沙遗址》,《四川日报》2004年1月15日。

⑧ 李文静:《殷墟国家考古遗址公园建设与运营管理研究》,《殷都学刊》2016年第2期。

⑨ 赵沙沙:《A银行支持河北省阳原县旅游扶贫调研报告》,河北师范大学2018年硕士学位论文。

⑩ 陈丹丹:《PPP模式在公共资源类景区开发中的应用研究》,上海师范大学2018年硕士学位论文。

⑪ 潘炼、丁晗雪:《基于"公众参与"的文化遗产的保护探讨——以龙江船厂遗址公园为例》,《传媒论坛》2019年第6期。

众参与实践。①

4.遗址公园规划设计

我国对遗址公园规划设计的研究起步于《圆明园遗址公园规划》编制。该规划是我国第一个遗址公园建设方面的专门性规划,先后获得国家文物局、北京市政府、国务院批准,推动了我国遗址公园建设越来越重视规划工作。《国家考古遗址公园管理办法》明确要求评定国家考古遗址公园要编制专门规划,国家文物局于2012年12月专门出台《国家考古遗址公园规划编制要求》,这表明规划工作成为遗址公园建设的重要内容。整体来看,国内研究已经对遗址公园规划理论与方法、总体规划和专项规划进行了一定程度的研究,取得了较多共识,对我国遗址公园建设实践起到了重要的规范和指导作用。

（1）规划理论与方法

我国对遗址公园规划理论与方法的研究起步较晚,现有研究主要针对考古遗址公园进行。研究者提出国家考古遗址公园规划是一种新兴规划类型,旨在动态规划理论基础上进行大遗址保护展示利用,达到大遗址保护成果的全民共享,解决遗址的"展示、共享"问题,一般包括基础评估、综合策划、保护展示设计（展示模式设计、空间规划设计、信息共享计划等）和保障制度设计;②目前遗址公园规划中多采用城市公园设计方法,导致遗址文化内涵表现力不强、遗址利用过度、景观建设违背历史原真性等问题,因此应严格遵守原真性、整体性、可持续发展、文化性、主题性、以人为本、生态性等原则。③ 研究

---

① 赵婷:《高度城市化区域内遗址公园的公众感知与参与问题研究》,西北大学2012年硕士学位论文。

② 贺艳:《一种新兴的规划类型:国家考古遗址公园规划》,中国城市规划学会、重庆市人民政府编:《规划创新:2010中国城市规划年会论文集》,2010年版,第4041—4050页;赵文斌:《国家考古遗址公园规划设计模式研究》,北京林业大学2012年博士学位论文。

③ 何光磊:《遗址公园规划设计理论和方法研究》,西安建筑科技大学2010年硕士学位论文。

者强调遗址公园规划要遵循保护和发展遗址,坚持适度开发的原则,充分考虑所在城市背景和遗址内部环境因素,宏观要把握遗址公园的整体效果(公园的主题文化、景观效果、生态特征)、中观要把握遗址公园景观立意和整体布局规划、微观则主要是具体项目的规划设计,[①]一般包括功能构成及分区、结构规划、遗址空间布局、道路景观系统、景观系统等,并要特别重视遗址保护与展示、遗址主题提炼与表达、遗址公园规模确定;[②]应针对所保护和展示的考古遗址本体及其周边环境进行前期研究,一般划分为保护核心区、环境协调区、文化旅游区三个功能区;[③]要关注遗址与城市、遗址保护与利用、遗址与居民的三大核心矛盾,[④]坚持"考古为先,考古为依据""保护措施最小干预,最大保护""建筑设施设计最小化,运营可持续"原则,梳理该遗址价值的体系,充分考虑遗址的区位条件、经济社会条件,同时注重生态保护和可持续发展",对城市型考古遗址公园应平衡遗址保护与城市公共空间的关系,对城郊型要在保护利用遗址的前提下提前应对城市建设的拓展,对乡村型要实现遗址保护和周边业态及生态环境的融合;[⑤]其中的绿化规划也是不能照搬城市公园绿化模式,要从保护遗址出发,一切内容要服务于遗址这一主角,注重真实性和完整性,以文化遗产保护理论为基础,交叉风景园林、景观生态学、设计学等多学科理论,形成自身特点的理论体系。[⑥] 而针对区域性遗址公园规划,研究者强调城市遗址公园规划基于遗址保护与利用要遵循真实性原则和完整性原则,基于遗址公园特点要遵循适度开发原则、可逆性原则和可持续发展原

① 王磊:《遗址公园规划设计理论研究——以西安地区遗址公园景观设计为例》,西北农林科技大学 2013 年硕士学位论文。

② 王雅男:《遗址公园规划设计方法研究》,北京工业大学 2013 年硕士学位论文。

③ 谷瑞超:《考古遗址公园特征与规划设计研究》,西安建筑科技大学 2013 年硕士学位论文。

④ 赵倩:《新型城镇化背景下国家考古遗址公园规划设计的创新思考——以隋唐洛阳城国家考古遗址公园为例》,东南大学 2016 年硕士学位论文。

⑤ 汤倩颖:《关于考古遗址公园规划设计原则与理念的探讨》,《遗产与保护研究》2018 年第 6 期。

⑥ 王璐艳:《中国考古遗址公园绿化规划理论研究》,《绿色科技》2018 年第 13 期。

则,综合城市背景、区域环境和内部环境三方面影响因素,构建涵盖宏观(城市遗址公园体系构建、与城市绿地系统和空间环境的关系处理)、中观(公园景观的立意和整体的布局)和微观(遗址本体的保护与展示和园林要素的规划与设计)之三层次的内容框架。①

(2)总体规划

遗址公园规划研究同样也是实践先于理论,相关规划实践在我国开始专题研究遗址公园规划理论之前就已经较为丰富。早期主要是对圆明园遗址公园规划的探讨,研究者提出其要立足于圆明园是18世纪中国古代园林艺术高峰和皇家园林代表、爱国主义教育以及反侵略战争和爱好和平、城市公共绿地建设,在"遗址"上下功夫,增强吸引力和感染力,②体现继承和创新的有机结合,③重视生态保护,④使圆明园成为历史的见证,⑤发挥勿忘国耻、以史为鉴的社会效益。⑥

随着圆明园遗址公园规划编制和获批,研究者逐渐形成了用城市规划手段保护遗址的思想,⑦强调规划是遗址保护与利用的基本依据和基本手段,⑧通过

---

① 胡小凯:《西安城市遗址公园规划设计研究》,北京林业大学 2011 年硕士学位论文;黎檬:《城市遗址公园设计的初探——以北京城区古遗址公园为例》,北京林业大学 2014 年硕士学位论文。

② 李嘉乐:《对圆明园遗址的价值和规划指导思想的我见》,《〈圆明园〉学刊》1992 年第 5 期。

③ 胡理琛:《圆明园遗址公园规划应体现继承和创新的有机结合》,《〈圆明园〉学刊》1992 年第 5 期。

④ 崔海亭、宗天亮、李小溪、李景奇、朱红、叶廷芳:《一定要重视生态保护》,《光明日报》2003 年 7 月 22 日。

⑤ 李小溪:《应该成为历史的见证》,《光明日报》2003 年 7 月 21 日。

⑥ 李准:《勿忘国耻 以史为鉴——圆明园遗址公园规划工作的回眸与期盼》,《北京规划建设》2000 年第 6 期。

⑦ 吴淑琴、石晓冬:《用城市规划手段保护圆明园遗址——从〈圆明园遗址公园规划〉的编制谈起》,《北京规划建设》2000 年第 6 期。

⑧ 李景奇:《〈圆明园遗址公园规划〉是圆明园遗址保护与利用的基本依据和基本手段》,《〈圆明园〉学刊》2008 年第 6 期。

规划实现"保护遗址、标识遗址、展示遗址和烘托遗址"。① 在此理念指导下,研究者构建了"历史原真性、可读性、可持续性"②"记忆的传承"③"大象无形、大美无声"④"传统与现代辉映、文化与生态相融"⑤等总体规划理念,对遗址公园规划中的审美取向⑥、大地艺术应用⑦、意向设计应用⑧、文脉展现⑨、历史文化表达⑩、公共艺术规划⑪、遗址文化提炼与延展⑫、GIS 技术应用⑬、历史信息传递⑭、地域

---

① 蔡晴:《遗址公园规划设计的价值取向——以南京明代宫城、城墙遗址公园为例》,中国风景园林学会编:《风景园林、人居环境、小康社会——中国风景园林学会第四次全国会员代表大会论文选集(上册)》,2008 年版,第 172—176 页。

② 王军:《历史原真性、可读性、可持续性——殷墟保护与利用规划实践》,中国城市规划学会编:《中国城市规划学会·2004 城市规划年会论文集(上)》,2004 年版,第 400—403 页。

③ 郝卫国:《受灾记忆的传承——唐山地震遗址纪念公园规划建设刍议》,《中国园林》2009 年第 12 期。

④ 何昉、千茜、肖洁舒:《大象无形 大美无声 陕西秦始皇陵国家遗址公园规划设计浅析》,《风景园林》2012 年第 2 期。

⑤ 《泗洪顺山集考古遗址公园规划》课题组:《考古遗址公园:传统与现代辉映文化与生态相融》,《建筑与文化》2018 年第 4 期。

⑥ 汤里平、倪亦南:《历史保护区建设中的审美取向——淹城遗址公园规划设计》,《中国园林》2006 年第 7 期。

⑦ 黄青蓝:《大地艺术在古文化遗址保护方面的应用——以佛山河宕贝丘遗址公园设计方案为例》,《广东园林》2009 年第 3 期。

⑧ 倪敏、贾尚宏:《意向设计在遗址公园设计中的应用——以合肥三国遗址公园为例》,《合肥学院学报(自然科学版)》2010 年第 2 期。

⑨ 闫旭:《历史文脉视角下的秦咸阳宫遗址公园规划研究》,西北大学 2011 年硕士学位论文。

⑩ 沙鸣娜、杨昌明:《城墙遗址公园历史与文化表达手法探究》,《华中建筑》2012 年第 10 期。

⑪ 张建强、林春梅、张依姗:《遗址公园公共艺术规划控制与引导》,《规划师》2013 年第 3 期。

⑫ 唐旭、祁本林、赵勇:《遗址文化的提炼与延展——薛家岗国家考古遗址公园规划研究》,《华中建筑》2014 年第 7 期。

⑬ 冯铁宏、刘新宇、李晓蕾:《GIS 技术在萨拉乌苏考古遗址公园规划设计中的应用》,《文物保护与考古科学》2014 年第 4 期。

⑭ 许力文:《历史信息视角下的城墙遗址保护研究——以洛阳隋唐城南城墙遗址公园规划为例》,中国城市规划学会、东莞市人民政府编:《持续发展 理性规划——2017 中国城市规划年会论文集(04 城市规划历史与理论)》,2017 年版,第 212—222 页。

文化体现与运用①、生产性场景设计②等问题进行了专题探讨,并对皇城宫殿类③、古代城墙类④、工业遗址类⑤、水利工程遗址类⑥、战争遗址类⑦遗址公园之总体规划进行了案例研究。

(3)专项规划

专项规划研究主要是个案研究,研究者对遗址公园单体项目、遗址展示、景观设计、周边区域规划、环境设计等进行了研究。

---

① 卢亚娟:《基于地域文化的薛家岗考古遗址公园规划研究》,南京工业大学 2014 年硕士学位论文;徐贝蕾、陈昱恒:《浅析地域文化符号在遗址公园设计中的运用与研究——以武汉市马投潭遗址公园设计为例》,《科教文汇(下旬刊)》2018 年第 4 期。

② 郭亦家、黄艳:《"工作中"的过渡性遗址景观——以景德镇御窑厂遗址公园设计研究为例》,《设计》2018 年第 13 期。

③ 魏科:《皇城根遗址公园的规划建设》,《城市规划》2003 年第 9 期;王晓川、钱方、吴文、宋卓:《浅析历史文化遗产保护区域的规划发展路径——以西安市大明宫区域规划设计为例》,《城市建筑》2008 年第 2 期;蔡晴、姚赯:《遗址公园的规划设计——以南京明代宫城、城墙遗址公园为例》,《古建园林技术》2009 年第 4 期;郑殿芳:《关于杭州南宋皇城大遗址公园规划的思考》,《东方博物》2010 年第 4 期;刘克成、肖莉、王璐:《大明宫国家遗址公园:总体规划设计》,《建筑创作》2012 年第 1 期;田涛、程芳欣:《基于可还原性的汉长安城未央宫前殿遗址公园规划设计》,《住宅科技》2013 年第 4 期;张涛:《元中都考古遗址公园规划设计研究》,西安建筑科技大学 2014 年硕士学位论文。

④ 赵秀清、赵莉莉:《绥远古城城墙遗址公园的保护与规划构想》,《干旱区资源与环境》2004 年增刊;朱捷、李金花:《浅谈古城墙遗址保护——以河南省新郑市郑韩故城城墙遗址公园保护规划设计为例》,《小城镇建设》2008 年第 7 期;丛安琪:《古城墙历史文化遗址保护开发和利用研究——以海南省儋州市中和镇古城墙遗址公园设计为例》,《中外建筑》2010 年第 8 期;付瑞晁:《襄城县古城墙遗址保护公园规划设计》,河南农业大学 2015 年硕士学位论文;张凯莉、周曦:《对城墙遗址公园规划设计问题的思考——以北京明城墙遗址公园为例》,《建筑与文化》2015 年第 11 期;郭栩东:《肇庆宋城墙遗址公园旅游规划设计研究——中观层面视角》,《热带地理》2012 年第 1 期。

⑤ 李佳锴:《工业遗址公园的规划研究——以赣州七里镇古窑为例》,江西理工大学 2011 年硕士学位论文;刘伯英、李匡:《首钢工业遗产保护规划与改造设计》,《建筑学报》2012 年第 1 期;林琴:《考古遗址公园保护规划研究——以长沙铜官窑国家考古遗址公园为例》,湖南师范大学 2012 年硕士学位论文。

⑥ 万金红、谭徐明、李云鹏、王力:《古代水利工程遗址公园设计——以京杭运河南旺枢纽考古遗址为例》,《中国水利》2012 年第 21 期。

⑦ 张洪恩、孙旭光、徐翀:《战争遗址公园的改造与规划设计手法解读——以青岛"一战"遗址公园规划为例》,《现代城市研究》2014 年第 7 期。

　　针对单体项目设计,研究者主要关注大明宫遗址公园,对其宫殿区保护展示①、城墙保护展示②、御道广场③、宣政殿和紫宸殿④、丹凤门遗址博物馆⑤、中轴广场⑥、道路系统⑦、缓冲区⑧以及西安兴庆宫初阳门⑨、北庭故城南部门户空间⑩等规划设计进行了研究。

　　针对遗址展示,研究者强调遗址公园展示是大遗址展示的一种主要方式,具有原真性与从属性、完整性与多维性之特殊性,需要借鉴国际古迹遗址理事会《文化遗产地的阐释与展示宪章》,⑪把握尊重遗址原真性、提炼遗址价值、展示遗址价值等要点,⑫构建体现展示理念(保证遗产安全,具备真实、完整、可达、和谐、可持续和可再展示性)和展示方式(遗产展示、遗产解说、公众参与),⑬涵盖展示原则和目标、阐释与展示策划(主题、内容、对象、方法、分区)、阐释与展示结构(服务设施、功能分区、展示节点、展示流线)

---

　　①　车通:《唐大明宫国家遗址公园宫殿区保护展示规划设计初探》,西安建筑科技大学2009年硕士学位论文。

　　②　刘伟:《唐大明宫宫城墙遗址保护与展示规划设计研究》,西安建筑科技大学2009年硕士学位论文。

　　③　朱小地:《"界面":西安唐大明宫国家遗址公园御道广场设计》,《建筑创作》2009年第6期。

　　④　冯峰:《时间中的宫殿——大明宫国家遗址公园中轴线标识性建筑宣政殿、紫宸殿设计方案》,《美术学报》2010年第4期。

　　⑤　张锦秋:《大明宫国家遗址公园:丹凤门遗址博物馆设计》,《建筑创作》2012年第1期。

　　⑥　徐聪艺、杨超英:《大明宫国家遗址公园:中轴广场与遗址博物馆设计》,《建筑创作》2012年第1期。

　　⑦　党春红:《大明宫国家遗址公园:道路系统规划设计》,《建筑创作》2012年第1期。

　　⑧　白祖华:《大明宫国家遗址公园:缓冲区设计》,《建筑创作》2012年第1期。

　　⑨　李百进、徐振江:《兴庆宫文化遗址公园"初阳门"的设计》,《古建园林技术》1988年第2期。

　　⑩　吴锋、王杨、王琪:《从"场景"去思考——"北庭"门户空间组织与规划》,《建筑与文化》2018年第1期。

　　⑪　杨晓青:《结合圆明园遗址展示与利用规划的大遗址展示研究》,天津大学2012年硕士学位论文。

　　⑫　王茜:《基于阐释与展示概念下的考古遗址公园展示设计》,《乡村科技》2016年第6期。

　　⑬　卜琳:《中国文化遗产展示体系研究》,西北大学2012年博士学位论文。

以及开放流量等内容的展示体系，①并对三星堆古城墙②、大明宫宫城墙③、洛阳城区遗址④、郑州大河村遗址⑤、隋唐洛阳城⑥、统万城遗址⑦、铜官窑⑧、唐桥陵⑨、阿房宫⑩、石峁遗址⑪等遗址公园的展示规划设计进行了个案探讨。

针对景观规划设计，研究者提出要以遗址保护为前提和出发点，⑫文化景观规划要综合运用实体型景观和活动型景观，尊重遗址景观动态的发展过程、遗址的空间格局和历史环境、遗址原貌的景观规划意象等，⑬基于文化体验的理念进行设计，呈现遗址历史文脉延续以及地域文脉延续；⑭植物景观规划必须以保护遗址本体及其周边环境风貌的真实性与完整性为前提而选择能够反映遗址文化内涵的树种、按照遗址分布格局配置植物以充分体现遗址演替的历

① 杨琳琳：《考古遗址的阐释与展示体系规划研究——以大辛庄遗址和嬴城遗址为例》，山东大学 2017 年硕士学位论文。

② 林泰碧、赵建萍、赵朝庆：《延续历史之美——关于三星堆遗址公园月亮湾古城墙展示区设计的思考》，《大艺术》2006 年第 2 期。

③ 刘伟：《唐大明宫宫城墙遗址保护与展示规划设计研究》，西安建筑科技大学 2009 年硕士学位论文。

④ 米晓燕：《洛阳城市建成区遗址展示规划设计》，《山西建筑》2009 年第 27 期。

⑤ 周立：《郑州大河村考古遗址公园的持续性展示探索》，中国城市规划学会、南京市政府编：《转型与重构——2011 中国城市规划年会论文集》，2011 年版，第 8296—8308 页。

⑥ 肖金亮：《大型城市遗址的保护与展示——以隋唐洛阳城的实践为例》，《建筑学报》2012 年第 6 期。

⑦ 马倩娜：《统万城考古遗址公园展示设计》，西北大学 2013 年硕士学位论文。

⑧ 王骁夏：《信息传达的泛空间》，中央美术学院 2015 年硕士学位论文。

⑨ 宋莹：《国家考古遗址公园遗址阐释与展示体系规划——以唐桥陵国家考古遗址公园为例》，《中国人口·资源与环境》2015 年第 S2 期。

⑩ 杨帆、周曦、张凯莉：《阿房宫考古遗址公园的保护与展示规划设计研究》，《建筑与文化》2016 年第 6 期。

⑪ 徐凤阳：《陕西神木石峁遗址公园展示设计研究》，西安建筑科技大学 2016 年硕士学位论文。

⑫ 郭洁、张颖：《遗址公园地形地貌要素的设计与营造研究》，《安徽农业科学》2011 年第 13 期。

⑬ 胡畔：《遗址公园景观规划研究——以杜陵遗址为例》，西北大学 2007 年硕士学位论文。

⑭ 陈洁：《基于文化体验下的遗址景观规划设计研究——以龙首关为例》，昆明理工大学 2014 年硕士学位论文。

史景观和反映当地文化;①景观空间设计则要基于遗址主题提炼和表达塑造文化环境空间,同时从宏观总体空间布局、中观功能性遗址空间布局和景观空间序列组织、微观遗址景观展示空间规划三个层面营造实体环境空间,②并对江苏学政衙署遗址③、大明宫④、湖南炭河里遗址⑤、汉长安城⑥、齐长城⑦、曲沃曲村天马遗址⑧整体景观规划设计,清凉寺汝官窑⑨、高青陈庄—唐口遗址⑩、隋炀帝陵⑪文化景观设计,圆明园九州景区⑫、邛窑遗址⑬、秦咸阳宫⑭、大明宫⑮植

①　周左:《遗址公园植物景观规划研究——以杜陵遗址为例》,西北大学 2012 年硕士学位论文。

②　焦鑫:《遗址公园景观空间营造探究——以河姆渡遗址公园规划为例》,华东理工大学 2013 年硕士学位论文。

③　郑翙旻:《江苏学政衙署遗址公园文脉延续设计研究》,华南理工大学 2010 年硕士学位论文。

④　李淑琴:《大明宫国家遗址公园景观设计初探》,《陕西林业科技》2011 年第 3 期。

⑤　周舟:《遗址公园地域性景观设计研究——以湖南炭河里国家考古遗址公园为例》,湖南农业大学 2012 年硕士学位论文。

⑥　王雪朦:《汉长安城遗址公园景观规划设计研究》,西北农林科技大学 2013 年硕士学位论文。

⑦　刘国庆:《齐长城遗址公园规划与景观设计研究》,齐鲁工业大学 2015 年硕士学位论文。

⑧　叶静婕、李昊、周志菲:《大地衍生肌理　场域透析文化——以曲沃曲村天马考古遗址公园晋邦墓区景观规划设计为例》,《建筑与文化》2015 年第 1 期。

⑨　陈诚:《汝瓷形制在清凉寺汝官窑遗址公园设计中的应用研究》,湖北工业大学 2015 年硕士学位论文。

⑩　赵楠:《高青陈庄——唐口考古遗址公园景观规划设计研究》,河北工程大学 2018 年硕士学位论文。

⑪　朱渊、沈旸、李永辉、姚昕悦:《文化景观的叙事呈现——以隋炀帝陵考古遗址保护展示为例》,《中国园林》2016 年第 4 期。

⑫　檀馨、李战修:《圆明园九州景区山形、水系、植物景观的研究及恢复》,《中国园林》2009 年第 1 期。

⑬　王璟、王玉:《古窑遗址公园的环境保护和植物景观设计——以邛窑遗址公园方案设计为例》,《建筑与文化》2014 年第 10 期。

⑭　何哲健:《中国传统美学观念在遗址公园景观设计中的应用研究——以秦咸阳宫国家遗址公园景观设计为例》,西安建筑科技大学 2014 年硕士学位论文。

⑮　王洁:《"一带一路"战略下西安大遗址保护与景观规划途径研究——以大明宫遗址公园植物景观规划为例》,《新西部》2017 年第 16 期。

物景观设计,以及扬州古运河①、昙石山遗址②、南京午朝门遗址③、武汉马投潭遗址④、福州马尾工业遗址⑤景观空间设计进行了案例分析。此外,还有研究者专门探讨了考古遗址公园的绿化设计,提出考古遗址公园对历史绿化的研究应遵循客观性、延续性原则,对现状绿化的评估应遵循遗址本体与遗址环境并重、重视历史格局与现状风貌的关系,对未来绿化的规划应遵循真实性与完整性、最小干预、可持续的生态保护及功能多样化原则。⑥

针对周边区域规划设计,研究者基于大明宫提出色彩规划可以展现城市原有历史风貌,体现地域文化,其周边区域色彩规划主色调以土黄色为主,灰色、赭色为辅;⑦基于大明宫提出周边环境保护规划要以历史文脉传承、整体环境功能整合、空间肌理织补、空间边界渗透为指导思想,把握整体保护下的主题定位与营造、功能构建的更新、空间结构形态的控制、道路交通的架构、景观风貌的构筑等内容;⑧基于圆明园大宫门提出要以地上风貌重塑为主、功能一体化开发、交通立体化设计为原则,加强地下空间生态设计;⑨基于阿房宫提出不能仅以"遗产保护"为单一目标,而同时要为城市创造具有历史感、地

①　陈志友:《运河文化保护利用与空间景观塑造——以扬州古运河城区段环境综合整治规划为例》,《江苏城市规划》2006 年第 9 期。

②　李国庆:《昙石山遗址公园景观空间规划探究》,《福建文博》2013 年第 4 期。

③　王军围:《城市遗址景观空间的符号化解析——以南京市午朝门公园为例》,《大众文艺》2014 年第 24 期。

④　贺慧:《景观空间设计视角下的都市型遗址公园研究——以武汉马投潭遗址公园为例》,中国风景园林学会编:《中国风景园林学会 2015 年会论文集》,2015 年版,第 68—73 页。

⑤　吕页:《景观都市主义理论下的福州马尾工业遗址公园改造设计》,福建农林大学 2017 年硕士学位论文。

⑥　王璐艳:《国家考古遗址公园绿化的原则与方法研究》,西安建筑科技大学 2013 年博士学位论文。

⑦　于洋、李玉山、张煜:《西安大明宫遗址周边区域城市色彩规划与引导初探》,《人类文化遗产保护》,2012 年年刊。

⑧　孙伊辰:《城市大遗址周边环境保护规划策略研究——以西安唐大明宫遗址为例》,长安大学 2013 年硕士学位论文。

⑨　陈海江:《文化遗产周边开发规划策略研究——以圆明园大宫门为例》,清华大学 2014 年硕士学位论文。

方感和现代感,能够延续城市文脉的场所。①

此外,现有研究还对遗址公园环境规划中生产性景观的应用②、隋唐洛阳城"天之圣堂"③和大明宫宣政殿与紫宸殿环境艺术设计④、汉长安城水环境规划⑤等进行了案例研究。

5. 国外建设经验

国内遗址公园理论与实践相比欧美、日本等国家起步较晚,考古遗址公园虽是中国概念但其建设所依托的文化遗产保护理论框架和实践路径亦需要借鉴国外先进理念和成功经验。现有研究重视国外经验引入和借鉴,以引导和规范国内相关实践。主要有两个方面:国外经验介绍、国外经验应用。

针对国外经验介绍,研究者从遗址公园展示、规划设计、功能实现、管理机制等方面介绍了欧美和亚洲部分国家遗址公园建设的成功做法,主要有日本三内丸山和吉野里遗址公园复苏展示的经验⑥、BP 公司澳洲子公司工业遗址公园环境可持续设计⑦、德国鲁尔工业埃姆舍工业遗址公园设计方案⑧、北美和欧洲国家通过对文化遗址立法保护来协调经济社会发展的做法⑨、英国诺

---

① 严巍、赵冲、刘一婷、黄慧妍:《历史环境中的规划设计方法初探——以西安阿房宫考古遗址公园及周边地块规划设计为例》,《建筑与文化》2018 年第 7 期。

② 张嘉铭:《生产性景观应用于遗址环境规划设计的研究》,西安建筑科技大学 2011 年硕士学位论文。

③ 张绮曼:《〈隋唐洛阳城国家遗址公园——天之圣堂〉环境艺术设计》,《美术》2015 年第 2 期。

④ 冯峰:《〈时间中的宫殿——西安大明宫国家遗址公园中轴线标识性建筑宣政殿、紫宸殿的设计〉环境艺术设计》,《美术》2015 年第 2 期。

⑤ 李勤、甘洪更:《论汉长安城国家考古遗址公园建设中的水环境建设》,《文博》2017 年第 3 期。

⑥ 张成:《从国际上考古遗址展陈方式的变化趋势引发的思考》,《中国文物报》2007 年 1 月 19 日。

⑦ 申为军:《BP 公司遗址公园》,《城市环境设计》2008 年第 1 期。

⑧ 阿诺·S.施密特、章健玲:《工业遗址公园设计方案》,《风景园林》2010 年第 2 期。

⑨ 史建兴、谢利民:《国内外史前考古遗址公园建设与当地社会经济发展》,西安半坡博物馆编:《史前研究》,陕西师范大学出版社 2010 年版,第 152—156 页。

福克遗址公园景观管理规划①、韩国庆州历史景观保护的主要措施和经验②、德国北杜伊斯堡景观公园生态修复设计理念③、美国国家历史公园功能体系和管理机制。④

　　针对国外经验应用,研究者将国外成功经验引入并应用到遗址公园建设思路、保护模式、遗址展示、规划设计等方面。建设思路视角,研究者参照日本经验建议我国遗址保护采用遗址公园模式;⑤借鉴美国、德国、法国、意大利等国家经验强调"保护文化遗产并不排斥对其合理利用",⑥提出遗址公园建设要具有整体规划性和循序渐进性、体现独特性以及新颖性、知识性与趣味性并重,具有一定的休闲性和娱乐性。⑦ 保护模式视角,基于墨西哥玛雅遗址、日本吉野里和平城京等遗址公园建设、保护与展示经验,提出物质文化遗产保护要物质层面保护注重遗存主体和空间格局、遗址周边环境,精神层面保护注重功能定位和文化脉络等;非物质文化遗产保护则采用"固化后再流动""记忆传承和创作或再开发"主动创新两种保护方式,并通过意向手法、原样呈现、剪影手法(片段再现于整体之中)、动态模拟(过程演示兼配套解说)等进行文化展示。⑧ 遗址展示视角,研究者引入意大利卢卡城墙、日本平城宫遗址展示实例,结合国内已有成功实践,提出城墙遗址可采用露天原状、地表标识、构筑

---

　　① 史文正:《景观多功能下的城市景观管理规划——以英国谢菲尔德市诺福克遗址公园为例》,中国风景园林学会编:《中国风景园林学会2011年会论文集(上册)》,2011年版,第489—495页。

　　② 金雪丽:《韩国庆州历史景观保护的经验与启示》,西安建筑科技大学2013年硕士学位论文。

　　③ 梁燕莺、陈涛:《德国北杜伊斯堡景观公园设计理念探析——基于黄石矿区生态修复的视角》,《湖北理工学院学报(人文社会科学版)》2017年第6期。

　　④ 王京传:《美国国家历史公园建设及对中国的启示》,《北京社会科学》2018年第1期。

　　⑤ 王吉怀:《专家座谈安徽蒙城尉迟寺遗址发掘的收获》,《考古》1995年第4期。

　　⑥ 李海燕:《大遗址价值评价体系与保护利用模式研究》,西北大学2005年硕士学位论文。

　　⑦ 李春华:《吉野里公园给中国遗址博物馆建设的启示》,《中国文物报》2006年7月28日。

　　⑧ 倪敏:《城市历史遗址公园中文化遗产的保护利用研究》,安徽建筑工业学院2011年硕士学位论文。

场馆、复原等展示方式；①借鉴日本吉野里、美国芒德维尔、英国弗拉格遗址公园在遗址展示和文化展示方面的经验，强调遗址展示要把遗址本体和周边环境置于同等重要位置，将遗址目前所处环境保留下来或恢复性再建遗址原始环境风貌，文化展示则要重视陈列展览、行为在线和媒介传播等；②借鉴德国杜佩遗址公园展示和运营成功做法，强调遗址展示应变固态展示为活态展示，遗址本体在减少人工干预原则下部分恢复和复原当时的经济社会文化活动，增进公众对遗址保护的理解和参与，发挥考古科研人员和公众志愿者在展示中的作用；③总结美国罗德岛州立考古公园、德国杜佩遗址公园、意大利奇伦托和迪亚诺河谷国家公园、日本吉野里历史公园等的成功做法，提出史前遗址展示内容包括遗址展示（遗址本体、出土文物、历史环境）和文化展示（文化再现），展示手段主要有场景复原、模拟展示、多媒体展示和标识展示等。④ 针对规划设计，研究者基于日本经验提出遗址公园保护要重视遗址的依存环境，注重可观赏性，通过重建手段和场景复原来实现历史场景再现，规划要以恢复遗址所处时代的环境为目标来展示遗址本身及相关的考古资料；⑤基于意大利罗马图拉真考古遗址公园，提出了遵从场地原始形态、保护遗址群落关系、分段揭示遗址时空特征等遗址规划设计策略；⑥分析了美国、法国、意大利、德国、日本、韩国遗址保护与利用的主要模式，提出在动态规划理论的基础上进行大遗址的保护展示利用，实现保护成果的全民共享；⑦借鉴德国埃姆舍遗址

---

① 何婷：《城墙遗址保护中的展示研究》，西安建筑科技大学 2009 年硕士学位论文。

② 朱晓渭：《国外经验对陕西考古遗址公园建设的启示》，《江汉考古》2011 年第 2 期。

③ 黄可佳、韩建业：《考古遗址的活态展示与公众参与——以德国杜佩遗址公园的展示和运营为例》，《东南文化》2014 年第 3 期。

④ 李静怡：《史前聚落遗址展示利用设计研究》，北京建筑大学 2016 年硕士学位论文。

⑤ 林琴：《考古遗址公园保护规划研究——以长沙铜官窑国家考古遗址公园为例》，湖南师范大学 2012 年硕士学位论文。

⑥ 杨静、成玉宁、爱德华多·库拉：《意大利遗址公园规划设计探究——以罗马图拉真考古遗址公园为例》，《风景园林》2019 年第 10 期。

⑦ 赵文斌：《国家考古遗址公园规划设计模式研究》，北京林业大学 2012 年博士学位论文。

公园和法国雪铁龙公园生态设计、文脉延续等景观设计思想,建议我国遗址公园景观设计应增强游憩功能,提升环境效益,强化文化要素体现,再次挖掘极简主义和大地艺术。① 此外,国内研究还涉及借鉴国外经验来优化遗址保护中的建筑设计②、景观空间营造③、发展文化旅游④等问题。

(二) 国外考古公园等相关研究

以"Archaeological Park""Historical Park""National Historical Park""heritage park"分别为主题进行检索,共获得英文研究文献80篇和著作两部。总体来看,这些文献以案例研究为主,研究主题较为广泛,涉及历史学、考古学、旅游学、生物学、地理学、生态学、环境科学、城市规划等多个学科,研究对象主要分布在亚洲、欧洲、美洲、非洲。

1. 国外考古公园研究

上述文献中针对考古公园者占绝大多数,有54篇文献对考古公园的概念阐释、保护工作、考古技术与方法、展示方式、规划设计、旅游发展和管理机制等主题进行了研究。

早在1948年国外学者就在美国《考古》(Archaeology)期刊发表文章专门介绍伊斯坦布尔的考古公园。⑤ 但是在此后直到20世纪90年代之前,国外学者对考古公园建设关注很少,仅搜索到两篇英文文献。自20世纪90年代开始,考古公园建设越来越得到研究者的重视,研究文献数量快速增加。这是

---

① 赵文娟:《西方景观设计思潮影响下的遗址公园景观设计实践——以西安环城公园为例》,长安大学2009年硕士学位论文。
② 程睿:《遗址保护中的建筑设计研究——以曲村—天马遗址晋侯墓地为例》,太原理工大学2006年硕士学位论文。
③ 焦鑫:《遗址公园景观空间营造探究——以河姆渡遗址公园规划为例》,华东理工大学2013年硕士学位论文。
④ 席岳婷:《中国考古遗址公园文化旅游研究》,西北大学2013年博士学位论文。
⑤ T.Whittemore, "The Archaeological Park in Istanbul", Archaeology, 1948.1(4).

因为在这一时期,考古公园被赋予更广泛的特征并被应用到各种考古遗址,采用考古公园形式展示考古资源成为不断增长的趋势。① 此时期及以后很多国家开始建设考古公园,如法国建设了试验性考古公园、希腊整合雅典多处考古遗址而建成了具有独特特征的考古公园②、利比亚在 Apollonia 古代港口遗址创立了水下考古公园。③

英国学者 McManus 较为系统地阐释了考古公园的概念,认为考古公园可追溯至 19 世纪末的美国国家公园理念和英国历史遗址保护理念,作为对文化价值的露天性保护区其不同于以收藏、保存、研究和解说藏品为目标的博物馆,能够解决传统考古遗址原址保护和展示中存在的仅关注历史遗迹和文物而忽略遗址整体及景观的问题,提出考古公园应是一个在众多利益相关者支持下开展高水平遗址原址管理之充满活力的复杂性实体。④ 在此基础上,国外研究强调考古公园是一个以具有较大景观价值的文物为特征的区域,应该被视为一个真正的露天博物馆,并通过自然、环境、建筑和城市等构成要素加以充实;⑤是整体来展示包含许多历史遗迹之大型考古遗址的创新性方式,其利用环境构成要素作为阐释特征而可以创造整体性景观。⑥ 更进一步,国外学者基于意大利那不勒斯 Campi Flegrei 考古公园强调因其历史、考古遗存和

① Papageorgiou, Loucia, "The Unification of Archaeological Sites of Athens: The Birth of an Archaeological Park?", *Conservation & Management of Archaeological Sites*, 2000.4(3).

② Papageorgiou, Loucia, "The Unification of Archaeological Sites of Athens: The Birth of an Archaeological Park?", *Conservation & Management of Archaeological Sites*, 2000.4(3).

③ P. Claudia, B. Carlo, "A Project for the Creation of an Underwater Archaeological Park at Apollonia, Libya", *Underwater Technology*, 2012.30(4).

④ P. M. McManus, "Archaeological Parks: What Are They?", *Archaeology International*, 1999. (3).

⑤ L. S. Cemoli, D. Auria, F. D. Silla, et al. "Infographic Modeling Based on 3d Laser Surveying for Informed Universal Design in Archaeological Areas: the Case of Oppidum of the Ancient City of Tusculum", International Society for Photogrammetry and Remote Sensing, *ISPRS Annals of the Photogrammetry, Remote Sensing and Spatial Information Sciences*, Volume 56-2/W2, 2017, pp.259-264.

⑥ Papageorgiou, Loucia, "The Unification of Archaeological Sites of Athens: The Birth of an Archaeological Park?", *Conservation & Management of Archaeological Sites*, 2000.4(3).

在整个城市中的战略地位,而考古公园对该地区的发展起着重要作用,并运用条件价值评估法探索了公园考古区域的经济价值;①基于意大利 Baiae 考古公园提升项目将公园视为更广泛城市环境价值的一种方式,分析了遗存与景观、文献学与类型学建构性知识之间的关系以及遗存自身空间要素,评估了考古资产的价值,从而基于现代城市转型视角证实了考古、建筑和城市之间的关系;②基于土耳其 Tilmen Höyük 遗址强调考古公园不应仅仅被视为一个独立的景观,而更应该发挥环境教育、休闲和旅游之间的互动作用。③ 同时,国外研究也批评了考古公园建设中出现的定位偏离等问题,基于苏丹 Naqa 案例提出"考古公园还是迪士尼"之质疑,并探讨了公园建设过程中的利益冲突问题;④基于 Great Zimbabwe 世界文化遗产地批评当地考古公园建设中缺少对社区关于文化景观整体认识的理解而首先将社区居民隔离,强调自然并不是人类书写自己存在的"白板"而是对人类利用和滥用景观有所反应的主体。⑤

关于考古遗址保护问题,国外研究首先既看到了考古公园保护工作的积极意义,也理性分析了考古遗址保护存在的风险因素。研究者基于葡萄牙亚速尔群岛(the Azores)案例分析了考古公园在考古遗址保护和生物多样性两个方面取得的成果,通过"生物多样性随着保护措施而增加"之事实揭示了考

---

① P.Riganti, "Valuing Cultural Heritage: A Contingent Valuation Study of the Archaeological Park at Campi Flegrei", http://agris.fao.org/agris - search/search.do? recordID = GB1997031097, 2020-02-26.

② R.Capozzi, A.Picone, F.Visconti, "Archaeology, Architecture and City: The Enhancement Project of the Archaeological Park of the Baths of Baiae", *International Journal of Architectural Research*, 2016.10(1).

③ P.R.Pisa, G.Bitelli, M.Speranza, et al, "Environmental Assessment of an Archaeological Site for the Development of an Archaeological Park", http://dista.unibo.it/~bittelli/articoli/rossi_etal_08. pdf, 2020-03-09.

④ I.D.Heierland, "Archaeological Park or 'Disneyland'? Conflicting Interests on Heritage at Naqa in Sudan", *Égypte/Monde Arabe*, 2010(5-6).

⑤ A.Sinamai, "The Tyranny of Materiality: Sacred Landscapes, Tourism and Community Narratives", D. Comer, A. MWillems, "*Feasible Management of Archaeological Heritage Sites Open to Tourism*", Berlin, Heidelberg: Springer, 2017, pp.45-56.

古公园和当地生物多样性提高之间的互动和共生关系;①基于约旦 Petra 考古公园因未实施合理计划、没有清晰的产权界限、未设置世界遗产委员会要求的缓冲区以及缺少可持续性游客管理而导致遗址风险增加的情况,实施了"Petra 考古公园风险评估"项目,通过划定边界、制定缓冲区准则和规则、提出风险管理方法等识别出了遗址存在的风险,并对公园内两处遗址开展了为期两周的快速风险评估现场工作;②基于意大利那不勒斯海湾案例探讨了考古遗产脆弱性的评估工具,提出了基于特定脆弱性矩阵分析测量沿海考古遗址对海洋和风化作用之脆弱性的系统性方法,运用该方法的测量结果表明此区域 7 个考古遗址已处于高脆弱性状态而需要优先实施监控程序和保护措施。③ 其次,国外更多的研究者是着眼于保护技术层面,对考古公园保护工作中的生物因素、自然力量破坏等提出了具体的解决方案。关于生物因素破坏,研究者针对葡萄牙 Côa 山谷考古公园基于社区生态视角对岩画表面具有破坏性的地衣和苔藓进行了研究,发现了 90 种苔藓和 41 种地衣,强调应在它们产生破坏作用之前直接量化单个种类或种类组合对岩石风化的影响;④分析了风化片岩与未风化片岩对生物定殖的初级和次级敏感性,⑤并通过实验分析

---

① A.C.Garcia,J.P.Barreiros,"Are Underwater Archaeological Parks Good for Fishes? Symbiotic Relation Between Cultural Heritage Preservation and Marine Conservation in the Azores", *Regional Studies in Marine Science*,2018.(21).

② V.Azadeh,C.Giorgia,P.Anna,et al."Methodology for Risk Management at the Petra Archaeological Park:A Proposal",The Universidad Complutense de Madrid,"the Consell Insular de Menorca: *Proceedings of First International Conference on Best Practices in World Heritage:Archaeology*", Menorca:The Universidad Complutense de Madrid,the Consell Insular de Menorca,2012,pp.578—586.

③ G.Mattei,A.Rizzo,G.Anfuso,et al,"A tool for Evaluating the Archaeological Heritage Vulnerability to Coastal Processes:The Case Study of Naples Gulf (southern Italy)", *Ocean & Coastal Management*,2019.(179).

④ J.Marques,H.Hesponhal,G.Paz-Bermúdez,R.Almeida,et al,"Choosing between Sides in the Battle for Pioneer Colonization of Schist in the Côa Valley Archaeological Park:A Community Ecology Perspective", *Journal of Archaeological Science*,2014.(45).

⑤ J.Marques,D.Vázquez-Nion,G.Paz-Bermúdez,et al,"The Susceptibility of Weathered versus Unweathered Schist to Biological Colonization in the Côa Valley Archaeological Park (north-east Portugal)", *Environmental Microbiology*,2015.17(5).

了两种激光 Nd:YAG 和 Er:YAG Laser 对苔藓、子囊菌等的去除率和对岩石的损坏程度,建议进一步研究要评估岩石表面的三级生物感受性。[1] 在此基础上,研究者针对西班牙 Siega Verde 和葡萄牙 Côa 山谷考古公园基于片岩的三级生物感受性分析了生物素 T* 抗微生物剂、激光处理、Nd:YAG 激光三种方法对清理岩画表面地衣的效果,实验研究发现化学抗微生物剂降低了片岩的生物感受性而激光法则能够对其进行提高。[2] 此外,还有研究者针对意大利 Baiae 水下考古公园研究了钻孔多毛类动物对淹没在水下之古代建筑马赛克地板的侵蚀问题,提出了用砂层或土工布覆盖马赛克的解决办法。[3] 关于自然力量破坏,研究者对考古公园滑坡灾害、海水侵蚀问题进行了研究,针对 Rupestrian 教堂考古公园内位于峡谷顶部的一个遗址因所处斜坡存在强烈不稳定性而面临的石块坠落、倾倒和滑动风险,运用地球化学指标评估并绘制了其滑坡敏感性地图;[4]针对意大利 Cumae 考古公园经常出现因水位上升淹没而影响遗址的整体性问题,对其水文地质和水文地球化学所进行的调查表明当地存在一个由全开放和半封闭含水层构成的多层次含水层系统,并发现当地地下水流动主要是受火山沉积矿床的纵性和横向非均质性、地下水抽取、地表微通道排水系统的影响。[5] 此外,还有研究针对意大利水下考古公园案例

---

[1] J.S.Pozo-Antonio, P.Barreiro, Gonzalez, et al, "Nd:YAG and Er:YAG Laser Cleaning to Remove Circinaria Hoffmanniana (Lichenes, Ascomycota) from Schist Located in the Côa Valley Archaeological Park", *International Biodeterioration & Biodegradation*, 2019.(144).

[2] P.Sanmartín, E.Fuentes, C.Montojo, et al, "Tertiary Bioreceptivity of Schists from Prehistoric Rock Art Sites in the Côa Valley (Portugal) and Siega Verde (Spain) Archaeological Parks: Effects of Cleaning Treatments", *International Biodeterioration & Biodegradation*, 2019.(142).

[3] M.F.Gravina, F.Antonelli, C.Sacco Perasso, et al, "The Role of Polychaetes in Bioerosion of Submerged Mosaic Floors in the Underwater Archaeological Park of Baiae (Naples, Italy)", *Facies*, 2019.65(2).

[4] S.Pascale, F.Sdao, L.Losasso, "Landslide Susceptibility in Archaeological and Natural Historic Park of Rupestrian Churches", C. Margottini, P. Canuti, K. Sassa, *"Landslide Science and Practice"*, Berlin, Heidelberg: Springer, 2013, pp.715–722.

[5] V.Allocca, S.Coda, V.Pantaleone, et al, "Hydrogeological and Hydrogeochemical Study of a Volcanic-sedimentary Coastal Aquifer in the Archaeological Site of Cumae (Phlegraean Fields, southern Italy)", *Journal of Geochemical Exploration*, 2018.185(1).

分析了水下考古遗产原地保护的新型处理方法,①针对意大利 Liternum 考古公园采用光谱和质谱技术分析了壁画碎片颜料和配料的特征。②

　　关于考古技术问题,国外研究关注新技术在考古调查和勘探中的应用,针对意大利 Metaponto 考古公园依据地理信息系统整合、可视化不同时期航拍照片以及实地调查等方法所取得的高分辨率磁共振成像数据,发现考古遗址邻近的河流底部存在几处古地层和河流已经对遗址产生了侵蚀和沉积作用;③针对意大利庞贝考古公园运用三维概率层析成像技术识别了道路、广场、建筑等被掩埋的古罗马城市化遗存,④Lilybaeum 考古公园采用高光谱 MIVIS 数据进行考古调查而通过对近红外光谱带和热熔图分析取得了相关考古信息,⑤Sibari 考古公园采用无创电磁技术对公园内的地下埋藏遗存进行调查和定位而解决了水文地质条件对传统考古调查工作开展的限制问题(当地地下水位仅 1.5 米,但考古遗存平均埋藏深度为 2.5—6 米),⑥Egnazia 考古公园基于隐形考古学(Invisible Archaeology)采用高分辨率地球物理技术绘制了地下埋藏物的平面分布图,⑦Aquileia 考古公园通过使用探地雷达技术进行考古调查

　　①　Barbara Davidde,"Underwater Archaeological Parks:A New Perspective and a Challenge for Conservation-the Italian Panorama",*The International Journal of Nautical Archaeology*,2002.31(1).

　　②　G.Corso,M.Gelzo,A.Chambery,et al,"Characterization of pigments and ligands in a wall painting fragment from Liternum archaeological park (Italy)",*Journal of Separation Science*,2012.35(21).

　　③　M. Ciminale, E. Ricchetti, "Non – destructive Exploration in the Archaeological Park of Metaponto (Southern Italy)",*Archaeological Prospection*,1999.6(2).

　　④　R.Alaia,D.Patella,P.Mauriello,"Application of Geoelectrical 3D Probability Tomography in a Test- site of the Archaeological Park of Pompei (Naples, Italy)",*Journal of Geophysics and Engineering*,2008.5(1).

　　⑤　P.Merola, A. Allegrini, S. Bajocco, "Hyperspectral MIVIS Data to Investigate the Lilybaeum (Marsala) Archaeological Park",M.Ehlers,U.Michel,*Proceedings of SPIE*(Vol.5983 59830W–1),the International Society for Optical Engineering,2005,pp.1–10.

　　⑥　B.D.Fiore,D.Chianese,V.Lapenna,et al."Preliminary Results of the Application of High–resolution Geophysical Techniques in the Sibari Archaeological Park (Southern Italy)",Egu General Assembly,*Geophysical Research Abstracts*,Vol.12,Egu General Assembly,2010,pp.9–16.

　　⑦　M.C.Caggiani,M.Ciminale,D.Gallo,et al."Online non Destructive Archaeology:the ArchaeologicalPpark of Egnazia (Southern Italy) Study Case",*Journal of Archaeological Science*,2012.39(1).

而获取了被埋藏遗迹的详细信息。① 此外,还有研究基于阿曼 Al Baleed 考古公园提出了考古和保护文档记录的适当方法,②基于西班牙 Teià 考古公园介绍了实验室考古项目。③

　　关于遗址展示问题,研究者介绍了巴拿马 El Caño 的遗址博物馆,④并针对以色列 Sebastos 考古公园的四个项目在海底利用塑料包皮钢缆组成的导览线路进行辅助展示,⑤针对意大利的三个案例探索了三维虚拟技术在遗址展示中的应用:针对 Paestum 考古公园以摄影测量、三维激光扫描和无人机拍摄为基础完成了对三处遗存的三维建模,⑥开展 Acquarossa 记忆项目依托 4D 实验室对当地伊特鲁里亚人小镇房屋及其建造、功能、使用、损毁和重建进行了三维虚拟重建;⑦针对 Baiae 考古公园引入水下增强现实(Underwater Augmented Reality)技术实现了对水下考古遗物的现实情景可视化增强和历史场景虚拟三维重建。⑧

---

① W.Zhao, E.Forte, F.Fontana, et al, "GPR imaging and characterization of ancient Roman ruins in the Aquileia Archaeological Park, NE Italy", *Measurement*, 2018.113(1).

② M.Santana Quintero, M.Jansen, "Appropiate Methods of Documentation in Archaeology and for Conservation: The Case-Study of al Baleed Archaeological Park, Sultanate of Oman", ICOMOS International Committee for Architectural Photogrammetry(CIPA), 2001.

③ Antoni Oliveras, "The CELLA VINARIA Project and Archaeological Park (Teià, Maresme, Barcelona): A Great Experimental Archaeology Laboratory", W.F.Foulds Frederick, *Experimental Archaeology and Theory: Recent Approaches to Archaeological Hypotheses*, Oxbow Books, 2013, pp.67-100.

④ Reina Torres de Araúz, "The Site Museum of the El Caño Archaeological Park", *Museum*, 1982.34(2).

⑤ A.Raban, "Archaeological Park for Divers at Sebastos and other Submerged Remnants in Caesarea Maritima, Israel", *International Journal of Nautical Archaeology*, 1992.21(1).

⑥ T.Cardinale, R.Valva, M.Lucarelli, "Advanced Presentation Technologies applied to the Temple in the Archaeological Park of Paestum", International Archives of the Photogrammetry, Remote Sensing and Spatial Information Sciences, "*Proceedings of 3D Virtual Reconstruction and Visualization of Complex Architectures*", International Archives of the Photogrammetry, Remote Sensing and Spatial Information Sciences, 2013, pp.35-41.

⑦ P.S.Lulof, M.H.Sepers, "The Acquarossa Memory Project.Reconstructing an Etruscan Town", *Archeologia e Calcolatori*, 2017.28(2).

⑧ F.L.Bruno, M.Mangeruga, et al, "Underwater augmented reality for improving the diving experience in submerged archaeological sites", *Ocean Engineering*, 2019.(190).

关于旅游发展问题,国外研究表明很多考古公园都重视游客服务,有的已经成为当地的主要旅游目的地。基于游客服务层面,国外研究针对以色列 Sebastos 考古公园设置了塑料包皮钢缆组成的导览线路,以引导潜水者从起点到达每个项目、环绕每个项目并返回起点;①针对意大利 Metaponto 考古公园设计和开发了"无线公园""无线遗址"两种无线旅游服务项目,以提供大空间区域的导游和信息服务;②针对洪都拉斯 Copán 考古公园研究了重建程度对游客体验的影响,通过调研发现拉美、北美和欧洲游客偏好废墟重建与自然状态的混合,而大多数游客对维持公园与当地小镇之间的农业土地和树林拥有强烈的偏好;③根据柬埔寨 Angkor 考古公园不同时期的导游手册分析了该公园的时空形成过程,揭示了其中的寺庙在 1992 年被列入世界文化遗产名录后因全球性大众旅游趋势所带来的冲突。④ 基于旅游目的管理层面,针对约旦 Petra 考古公园出现的旅游对动物栖息地和物种保护的挑战,提出了将公园划分为三个分区的分区管理规划,⑤并以可持续文化遗产旅游为目标对不同类型旅游者的价值导向及其对旅游者管理行为偏好的影响进行问卷调研,从而发现大部分旅游者更偏好保护性价值导向和更支持直接管理行动。⑥

---

① A.Raban,"Archaeological Park for Divers at Sebastos and other Submerged Remnants in Caesarea Maritima,Israel",*International Journal of Nautical Archaeology*,1992.21(1).

② P.Mazzetti,S.Nativi,L.Bigagli,"Design and Implementation of Wireless Tourist Services in the Metaponto Archaeological Park",Institute of Electrical and Electronics Engineers,"*Proceedings-2004 International Conference on Information and Communication Technologies*:*From Theory to Applications*,*ICTTA* 2004",2004,pp.321-322.

③ C.C.Mayer,G.N.Wallace,"Appropriate Levels of Restoration and Development at Copán Archaeological Park:Setting Attributes Affecting the Visitor Experience",*Journal of Ecotourism*,2007.6(2).

④ M.Falser,"From Colonial Map to Visitor's Parcours:Tourist Guides and the Spatiotemporal Making of the Archaeological Park of Angkor",M.Falser,M.Juneja,"*Archaeologizing Heritage? Transcultural Entanglements between Local Social Practices and Global Virtual Realities*",Berlin,Heidelberg:Springer,2013,pp.81-106.

⑤ S.Damhoureyeh,A.Disi,I.Al-Khader,et al."Development of a zoning management plan for Petra Archaeological Park (PAP),Jordan",*Natural Science*,2011.3(12).

⑥ M.M.Alazaizeh,J.C.Hallo,S.J.Backman,"Value orientations and heritage tourism management at Petra Archaeological Park,Jordan",*Tourism Management*,2016.(57).

关于考古公园规划问题,有 7 篇文章对不同类型规划以及具体规划方法进行了研究。针对不同类型规划,研究者基于印度 Kangla 城堡考古公园案例提出了包括阐释公园所依托城堡的重要性、分析保护中的真实性与公众需求、提供公园保护与整修指南等内容的概念性规划;①基于卡塔尔 Al-Zubārah 案例介绍了包括大面积考古发掘计划以及遗址管理、保护、展示程序等内容的总体规划;②基于意大利 Stabiae 考古公园规划了新城市和古代遗址区域之间的连接点项目——奥西自由广场,从而既能够为遗址提供便捷的通道又能够作为新城市空间而振兴一个多功能的重要城市节点。③ 针对具体规划设计方法,国外研究者在秘鲁 Chan Chan 考古公园规划中使用了快鸟卫星图像、地理信息系统和摄影测量等新技术,并在 Palacio Rivero 复原项目中利用了全站仪、全球定位系统、激光扫描仪、航空和地面摄影测量等技术;④在意大利 Tusculum 考古公园应用基于三维激光测量的信息地图建模,规划设计了公园专门为行动不便者所修建的步行道。⑤

关于考古公园管理机制问题,基于柬埔寨吴哥窟考古公园案例的研究发现列入世界文化遗产名录对当地土地使用和所有权产生了很明显的限制而对当地居民社区产生了直接影响,目前遗产管理者在兼顾当地需求和遗产保护

① E.F.N.Ribeiro, A.Pal, S.Kasiannan, "Kangla Fort Archaeological Park Concept Development Plan", https://architexturez.net/doc/az-cf-21173, 2020-02-26.

② M.Kinzel, I. Thuesen, "Al‐Zubarah Archaeological Park as a UNESCO World Cultural Heritage Site: A Master Plan for Its Site Management, Preservation, and Presentation (poster)", J.Starkey, *Proceedings of the Seminar for Arabian Studies*, Archaeopress, 2011, pp.371-376.

③ L.Varone, "Libero D'Orsi: A City Gate to the Archaeological Park of Ancient Stabiae, Italy". University of Maryland, College Park 2006 Master Dissertation.

④ F.Colosi, G. Fangi, R. Gabrielli, et al, "Planning the Archaeological Park of Chan Chan (Peru) by Means of Satellite Images, GIS and Photogrammetry", *Journal of Cultural Heritage*, 2009. (10S).

⑤ L.S.Cemoli, D.Auria, F.D.Silla, et al, "Infographic Modeling Based on 3d Laser Surveying for Informed Universal Design in Archaeological Areas: the Case of Oppidum of the Ancient City of Tusculum", International Society for Photogrammetry and Remote Sensing, "*ISPRS Annals of the Photogrammetry, Remote Sensing and Spatial Information Sciences, Volume 64-2/W2*", *International Society for Photogrammetry and Remote Sensing*, 2017, pp.259-264.

方面面临挑战,①当地人对文化遗产空间范围的预期与官方的划定之间存在差异。② 针对这些问题,研究者提出该公园需要关注不同利益相关者的利益,并通过实施"Angkor 遗产管理框架"项目构建了一个能够体现国际人权宣言、当地人权利以及文化遗产决策制定实施的伦理性遗产管理决策机制,该框架充分考虑价值、利益相关者关系、总体原则和压力(伦理框架要素),从而可以创新性地发挥文化遗产价值保护、当地社区需要和旅游业利益之间的协同效应。③ 此外,研究者还从气候、地形学、土壤学、植被等方面对土耳其 Tilmen Höyük 考古公园建设项目进行了环境影响评估。④

2. 国外历史公园研究

搜索获得关于国外历史公园研究的文献有 13 篇文章和两部著作,其中 7 篇文章和两部著作是针对美国国家历史公园的专题研究。

国家历史公园属于美国国家公园体系的文化遗产类成员,是新世纪以来美国政府推动建设力度最显著的国家公园类型。相关研究文献以美国的部分国家历史公园为案例探讨了公园定位、管理机制、项目规划、出土文物、自然生态等问题。针对公园定位问题,研究者把太平洋战争国家历史公园视为在争议区域描述美国统治关岛的叙事性景观,分析了当地存在的联邦政府与所有者之间的土地权利之争、公园管理者内部及其与当地人之间的

① J.Gillespie,"Protecting World Heritage:Regulating Ownership and Land Use at Angkor Archaeological Park,Cambodia",*International Journal of Heritage Studies*,2009.15(4).

② J.Gillespie,"World Heritage Management:Boundary-Making at Angkor Archaeological Park,Cambodia",*Journal of Environmental Planning & Management*,2013.56(2).

③ R.Mackay, S.Palmer, Tourism, "World Heritage and Local Communities:An Ethical Framework in Practice at Angkor", T.Ireland, J.Schofield, *The Ethics of Cultural Heritage*, Springer, 2015,pp.165-183.

④ P.R.Pisa,G.Bitelli,M.Speranza,et al,"Environmental Assessment of an Archaeological Site for the Development of an Archaeological Park",http://dista.unibo.it/~bittelli/articoli/rossi_etal_08.pdf,2020-03-09.

不和谐等问题,阐释了公园课本(park as text)作用——讲述美国军队打败日本的英雄主义;①基于大瀑布国家历史公园提出其能够将过去的历史转变为创造性、适用性和独创性的引领者而重现当地社区的繁荣,但前提是公园规划要在利益相关者之中最大程度地达成一致,因此必须要让最广泛的利益相关者能够进入和投入整个规划过程,②而且公园建设要依托当地城市的复合性、多层次、多元化历史而不仅仅是政府认定的两个主题(亚历山大·汉密尔顿、近代工业的成功发展),才能创造更丰富、更深刻的游客体验和更好地表现城市发展的复杂性和动态性;③基于 Lowell 国家历史公园强调公园是以其他形式均不可实现的方式来阐释城市的巨大转型,分析了文化遗产的经济价值和其他相关功能实现(如公园教室"the city as classroom"、公园学校"the everywhere school"、夏季音乐会等)。④ 针对管理机制问题,前面 Lowell 国家历史公园案例较为全面地展现了美国国家历史公园从发起倡议到进行申报、获得批准、启动建设、运营管理的过程,并说明了其管理机制(如国会批准、立法、公私伙伴关系等);⑤基于 Keweenaw 国家历史公园案例提出公园旨在使联邦政府和当地机构、企业形成伙伴关系,但是由于公园内几乎所有土地都为原居住者私人拥有而当地居民不知道公园边界在何处,实地调查数据表明绝大多数公园内和周边的社区居民都没有形成对公园边界的准确理解。⑥ 此外,

---

① R.D.K.Herman,"Inscribing empire:Guam and the War in the Pacific National Historical Park",*Political Geography*,2008.27(6).

② L.Pratt,"The Creation of the Great Falls National Historical Park".Ramapo College of New Jeresy 2012 Master dissertation.

③ M.N.Archer,"In the Shadow of Hamilton:Exploring Diverse Histories in the Development of the Great Falls National Historical Park in Paterson".University of Delaware 2010 Master dissertation.

④ P.Marion,*Mill Power:The Origin and Impact of Lowell National Historical Park*,Rowman & Littlefield Publishers,2014.

⑤ P.Marion,*Mill Power:The Origin and Impact of Lowell National Historical Park*,Rowman & Littlefield Publishers,2014.

⑥ M.Liesch,Spatial Boundaries and Industrial Landscapes at Keweenaw National,*The Extractive Industries and Society*,2014.(1).

研究者还对独立国家历史公园出土之船型酱油容器的地球化学分析推测了瓷器技术从英国到美国费城的传播,①对 Kaloko-Honokohau 国家历史公园的海底形态对珊瑚栖息地变化影响②和周边区域陆地和海洋地下水系统之间的联系③进行了分析和评估。

其余 6 篇文献关注了德国、美国、埃及、马来西亚和泰国的历史公园建设问题,研究者针对德国 Weimar 历史公园强调其同时也具有生态系统服务以及积极的审美与社会价值,并以此为基础探讨了景观设计方式对当地生态保护价值的影响,分析了水平透视等展示方式在该公园的应用;④针对美国 Malakoff Diggins 州立历史公园内一处工人定居点,依据关于两个工人的档案碎片进行了工业遗产批判研究,质疑了通常矿业采掘史所强调的技术天才、庄严的苦难、社会进步和开明的管制等情节主线;⑤针对埃及开罗市基于城市公园视角借鉴世界遗产委员会、地中海区域国家、美国国家公园管理局、美国文化景观基金会、西班牙巴塞罗市等不同层次机构的文化遗产管理标准,构建了包括目标任务(保护、公众意识和参与、公众使用)、遗址选择标准(一般标准、文化相关性、公众利益)、确立程序(识别和提名、评估和提名、审查和批准等)

---

① J. V. Owen, A. Meek, W. Hoffman, "Geochemistry of Sauceboats Excavated from Independence National Historical Park (Philadelphia): Evidence for a Bonnin and Morris (c. 1770-73) Provenance and Implications for the Development of Nascent American Porcelain Wares", *Journal of Archaeological Science*, 2011. 38(9).

② E. Ann, A. E. Gibbs, S. A. Cochran, "Seafloor Morphology and Coral Habitat Variabilityin a Volcanic Environment: Kaloko-Honokohau National Historical Park, Hawaii, USA", P. T. Harris, E. K. Baker, *Seafloor Geomorphology as Benthic Habitat*, Elsevier, 2012, pp. 409-423.

③ F. D. Tillman, A. G. Johnson, L. B. Barber, "Investigation of geochemical indicators to evaluate the connection between inland and coastal groundwater systems near Kaloko-Honokohau National Historical Park", *Applied Geochemistry*, 2014. 51(1).

④ M. Kümmerling, N. Müller, "The Relationship between Landscape Design Style and the Conservation Value of Parks: A Case Study of a Historical Park in Weimar, Germany", *Landscape and Urban Planning*, 2012. 107(2).

⑤ G. Hoskins, "People Like Us: Historical Geographies of Industrial-Environmental Crisis at Malakoff Diggins State Historic Park", *Journal of Historical Geography*, 2015. (50).

三个方面内容的历史公园管理框架,①并通过对比 19 世纪和 20 世纪埃及建立的 10 个公园之最初规划设计和现在实际状态发现,因土地使用需求压力、低水平管理和缺少战略规划等其已遭受破坏和衰败。因此,基于"历史公园是城市明珠"之理念应把这些公园当做有价值的文化遗产地并最优先考虑对其进行保护和维护;②针对泰国 Ayutthaya 历史公园的旅游政策城市环境评估和社会影响评估发现,旅游发展虽然给政府带来了收入但自上而下的方式导致未给当地居民带来经济福利,其原因是缺少当地节庆活动和禁止当地人进行积极的商业参与;③针对吉隆坡悉尼湖花园建议将游憩区建设为历史公园以使其复兴和再焕发活力。④

3. 国外遗产公园研究

遗产公园是一个外延较广的概念,其包括传统上公园分类的考古、自然、休闲、科学、文化等全部类型。⑤ 但是,与传统公园不同,其包含城镇、村落以及环绕当地主要自然、文化、科学资源的农田等,强调当地社区(一般包括市民、企业主、农民、地方和国家政府部门)主导公园的管理而使社区能够从自

---

① N.H.Abdel-Rahman, "Establishing a Process for Handling Valuable Landscapes: A Comparative Analysis for Managing Historical Parks in Egypt", *Procedia-Social and Behavioral Sciences*, 2016. (225).

② N.H.Abdel-Rahman, "Egyptian Historical Parks, Authenticity vs.Change in Cairo's Cultural Landscapes", *Procedia-Social and Behavioral Sciences*, 2016. (225).

③ N.Thanvisitthpon, "Urban Environmental Assessment and Social Impact Assessment of Tourism Development Policy: Thailand's Ayutthaya Historical Park", *Tourism Management Perspectives*, 2016.(18).

④ N.M.Nayan, M.K.Khamis, "Md Sakip S R, et al, Reviving Sydney Lake as the Historical Park of Kuala Lumpur", *Procedia-Social and Behavioral Sciences*, 2016.(222).

⑤ The Parrhasian Heritage Park, "Mission Statement", http://parrhasianheritagepark.org/en/, 2020-02-17; The Parrhasian Heritage Park, "Parrhasian Heritage Park Vision Plan", http://c84362. r62.cf2.rackcdn.com/assets/parrhasian/document/ParrhasianHeritagePark_VisionPlanEnglish030611. pdf, 2020-02-27.

己周边资源中获得主要利益。① 目前,世界上已经有一些国家建立国家遗产公园,如爱尔兰的爱尔兰人、新加坡的 Bukit Brown、斐济的 Bouma 国家遗产公园等。

本研究仅关注依托考古遗址等文化遗产所建立的遗产公园,共获得相关研究文献 9 篇,涉及遗产公园的保护工作、旅游发展、考古研究等问题。关于保护工作,研究者针对 Qutb Shahi 遗产公园整修项目分析了其面临的植物生长破坏、房顶下沉变化及其对雨水排放的影响等问题;②针对意大利 Campania遗产公园采用复合数据分析法和 C-A 分形模型对公园的地球化学数据进行分析,识别出了因地质和人为因素所导致的地球化学元素异常。③ 关于旅游发展,研究者通过问卷调研发现遗产公园旅游者的主要旅游动机是个人利益和知识追求,④并检验了英国一处工业遗产公园旅游活动中的游客体验和利益获得问题,发现它们与以往研究所强调的社会人口学因素不相关;⑤针对英国 Castlefield 遗产公园探索了游客对旅游目的地不同属性的感知和满意度,发现有 30% 的调研样本特别喜欢公园的遗产和教育价值,但其他大多数游客并不看重这些特征。⑥

此外,研究者针对意大利 Wanuskewin 遗产公园 Wolf Willow 考古遗址出土的花粉和木炭样本,分析了环境条件在公园区域 6000 年发展过程之中的

---

① The Parrhasian Heritage Park,"Mission Statement",http://parrhasianheritagepark.org/en/,2020-02-17;The Parrhasian Heritage Park,"Parrhasian Heritage Park Vision Plan",http://c84362.r62. cf2. rackcdn. com/assets/parrhasian/document/ParrhasianHeritagePark_VisionPlanEnglish030611.pdf,2020-02-27.

② A.K.Menon,"Grandeur That History Forgot",*India Today*,2015.(8).

③ M.Thiombane,D.Zuzolo,D.Cicchella,et al."Soil Geochemical Follow-up in the Cilento World Heritage Park (Campania,Italy) through Exploratory Compositional Data Analysis and C-A Fractal Model",*Journal of Geochemical Exploration*,2018.(189).

④ J.S.Chen,"Travel Motivation of Heritage Tourism",*Tourism Analysis*,1998.2(3-4).

⑤ R.C.Prentice,S.F.Witt,C.Hamer,"Tourism as Experience:The Case of Heritage Parks",*Annals of Tourism Research*,1998.25(1).

⑥ P.S.Schofield,"Evaluating Castlefield Urban Heritage Park from the Consumer Perspective:Aestination Attribute Importance,Visitor Perception and Satisfaction",*Tourism Analysis*,2000.5(2).

角色;①针对拉脱维亚 Maija 遗产公园分析了投资对游客数量的影响,发现游客数量的增加与节事活动对历史公园维护支出的依赖性有关,因此应增加投资以进一步提升该公园。②

4. 其他相关研究

国外研究还关注了文化类国家公园的遗址保护等相关问题。研究者介绍了美国 Voyageurs 国家公园"遗址稳定性项目"利用过滤织物、草坪稳定垫以及泥沙、抛石方法筑成新岸堤(因周围修筑大坝导致了水位上升)以保护考古遗存的成功做法;③基于大气污染物浓度、小气候变化和砂岩砌体劣化参数,分析了污染物特别是酸雨和相关空气污染物加速美国 Mesa Verde 国家公园沙石和砖石房屋遗迹自然风化过程的破坏机制;④基于土耳其 Goreme 国家公园内部旅游住宿设施环境绩效评价问卷调查,发现在能源效率、节约用水、废物管理、环境培训、环境意识、对环境保护及相关政策的了解和关注等方面绩效较低,因此他们需要建立对环境敏锐、关注环境和具备环保知识的管理团队以维护受保护区域内生态系统的整体性。⑤ 另有学者针对西班牙 Campo Lameiro 遗址岩画公园通过对出土的木炭、花粉、非花粉孢粉的分析,推测了当

---

① G.S.L.Stuart,E.G.Walker,"Pollen and Charcoal Studies at the Wolf Willow Site,Wanuskewin Heritage Park,Saskatoon,Canada",*Vegetation History and Archaeobotany*,2018.(27).

② T.Grizane,L.Mihejeva,"Impact of Investments on the Number of Visitors in the Heritage Maija Park of Cesis,Latvia",Latvia University of Agriculture,"*Economic Science for Rural Development Conference Proceedings*",LLU Ekonomikas fakultāte,2009,p.249.

③ M.J.Lynott,"Stabilization of Shoreline Archaeological Sites at Voyageurs National Park",*American Antiquity*,1989.54(4).

④ W.T.Petuskey,D.A.Richardson,D.A.Dolske,"Aspects of the Deterioration of Sandstone Masonry in Anasazi Dwelling Ruins at Mesa Verde National Park,Colorado,USA",*Science of the Total Environment*,1995.167(1-3).

⑤ N.Erdogan,C.Tosun,"Environmental Performance of Tourism Accommodations in the Protected Areas:Case of Goreme Historical National Park",*International Journal of Hospitality Management*,2009.28(3).

地史前不同时期人类活动的特征及其对全世界新植被格局的影响。[①]

（三）国内外研究评价

总体来看，国内遗址公园研究已经在研究规模、研究领域方面取得较多成果。尤其是在国家考古遗址公园研究方面，基于现实国情与国际理念融合的中国模式正在不断完善。具体来看，国内遗址公园研究呈现出四个特征：实践倒逼性显著，研究目的主要是解决遗址公园建设实践中面临的相关实际问题；多学科融入和交叉性明显，研究领域涉及考古学、历史学、地理学、景观设计学、建筑学、艺术学、管理学、新闻传播学、生物学、林学、军事学等学科；高度关注个案研究，研究对象多是国内拟建或在建的遗址公园个案；理论构建及创新性不够，研究方法缺少对遗址公园建设理论体系的构建，借用国内外公约和法律法规、国外经验以及其他学科领域已有理论者较多。国外考古公园、历史公园、遗产公园等相关研究，具有与国内研究基本一致的情况：实践回应性强、多学科介入、研究主题多元化、理论体系构建关注不够。

基于上述对国内外研究文献的综合分析，从进一步推动我国国家考古遗址公园理论创新与实践优化角度，尚需从以下几个方面深化和强化相关研究，以探索中国特色文化遗产保护利用之路。

1. 国家考古遗址公园理论体系构建，实现中国特色理论创新研究

现有研究最为关注的是遗址公园建设实践路径问题，对相应之理论体系构建不够。除遗址公园规划设计研究领域外，现有研究较少涉及相应的理论构建问题。现有涉及遗址公园建设理论问题的少数研究，也主要是在针对实践问题研究中引入其他学科理论以支撑研究者所设计的实践方案。进一步研

---

① J.Kaal,F.Criado-Boado,M.Costa-Casais,et al,"Prehistoric Land Use at an Archaeological Hot-spot（the Rock Art Park of Campo Lameiro,NW Spain）Inferred from Charcoal,Synanthropic Pollen and Non-pollen Palynomorph Proxies",*Journal of Archaeological Science*,2013.40（3）.

究,要从两个方面加强理论研究:一是多学科理论融合,依据遗址公园建设涉及的学科领域,融合相应之其他学科理论,结合遗址公园所依托之遗址资源的特殊属性、所要实现的遗址保护与公众享用之双重目标,融合考古、文化遗产保护、景观设计、城市规划、旅游管理、休闲管理等相关学科理论,实现对我国国家考古遗址公园建设理论的构建;二是中国特色理论创新,基于国际准则遵守与中国国情创新结合、其他学科理论借鉴与自身学科理论创新融合,遵循国际文化遗产公约,借鉴其他国家文化遗产法律法规,依据我国文化遗产法律法规,构建遗址保护与当地社会发展协同理念下的中国特色文化遗产保护利用理论体系,实现对我国国家考古遗址公园建设理论的创新。

2. 国家考古遗址公园建设上升为国家战略,纳入国家公园体系研究

虽然自 2009 年我国启动国家考古遗址公园建设以来,已有一些学者呼吁将国家考古遗址公园纳入国家公园体系,使之上升为国家战略。但是现有研究尚未基于我国国家公园体制建设对此问题进行系统的理论基础研究和实践路径构建。2017 年 9 月,《建立国家公园体制总体方案》已经确立了我国依托国家公园体系建立自然保护地体系的国家战略。但是,无论是从国际经验借鉴,还是从中国现实之需来看,完善的我国国家公园体制必须要兼顾自然景观保护和文化遗产保护。随着我国国家公园体制逐步完善,文化遗产类国家公园应该成为其重要内容。

国家考古遗址公园建设所依托的重要考古遗址及其背景环境,具有规模宏大、价值重大、影响深远等特点,是反映中国古代历史各个发展阶段历史文化信息的代表性文化遗产,是国家的"金色名片";其"全国性示范意义的特定公共空间"之定位,体现出其国家层面文化遗产保护战略之重要属性。进一步研究,要重视从国家层面借鉴美国等国家文化遗产类国家公园体系建立和完善的成功做法,立足于中国特色文化遗产保护利用之路来探索如何将国家

考古遗址公园等纳入到国家公园体制,从而实现对重要文化遗产的国家保护。

3. 国家考古遗址公园功能体系完善,功能实现路径设计研究

现有研究已经对遗址公园的功能定位和相关功能进行了一定的研究,但缺少对功能体系的整体研究,特别是对国家考古遗址公园各项功能具体实现路径的设计还很不充分。

进一步研究,要强化对国家考古遗址公园社会效益实现问题的关注,优化其经济效益实现的途径,完善功能体系。具体要重点研究三个问题:一是国家考古遗址公园功能体系完善问题,确立其功能定位,明确其具体要具备哪些功能,阐释各项功能的价值目标与现实指向以及不同功能之间的内在联系。二是国家考古遗址公园社会效益实现路径构建问题,明确社会效益导向,在由遗址本体保护转向遗址本体与周边环境、文化生态整体保护基础上深化研究国家考古遗址公园的研究功能、教育功能、休闲功能等,探索其研究工作范畴以及相应的研究组织方式,借鉴国外国家公园教育活动成功经验来构建基于社会公众和学校教育的我国遗址公园社会教育活动体系,基于《国家文物事业发展"十三五"规划》提出的"发挥社会教育功能,弘扬中华优秀传统文化"之要求设计符合多元化需求的教育课程。三是国家考古遗址公园经济效益实现路径优化问题,深入研究依托公园带动旅游业、文化产业等产业发展的模式创新,研究如何超越依托遗址本体而通过依托遗址价值来创新相关产业发展的实现机制,探索如何通过对遗址所承载之中华优秀传统文化的创造性转化和创新性发展来带动周边区域发展的实践路径。

4. 国家考古遗址公园让"文物活起来",开发文化创意产品研究

基于我国第一批 12 家国家考古遗址公园完成的《国家考古遗址公园评估总报告(2011—2013 年度)》表明,遗址公园最具吸引力的产品仍然是遗址博物馆,多媒体展示型产品对遗址的突出价值和深厚的历史文化内涵的展现

还不够。① 可见,我国国家考古遗址公园在文化产品开发方面没有形成完善的产品体系,还没有实现对遗址本体、周边环境及其价值的整合性利用。目前遗址公园文化产品展示遗址本体者多,展示遗址所承载之历史、文化、社会、生活等信息者不足;着眼于物质文化感知层面者多,立足于文化体验、精神体验层面者较少。②

进一步研究,要贯彻落实《国务院关于进一步加强文物工作的指导意见》提出的文物"拓展利用"思想,探索"多措并举,切实让文物活起来"的实现途径,研究如何依托遗址价值及其承载的文化元素进行文化创意产品开发,如何形成国家考古遗址公园文创产品供给体系和带动当地文化创意产业全面发展。

5. 国家考古遗址公园管理机制优化,完善公众参与机制研究

国务院《关于进一步加强文物工作的指导意见》、《国家文物事业发展"十三五"规划》提出鼓励社会参与文物保护,社会资本参与原创文化产品研发和经营活动,推进政府和社会资本合作(PPP),培育文物保护社会组织,建立文物保护志愿者制度,提高文物公共政策制定的公众参与度,形成社会力量广泛参与文物保护利用格局,推动全社会共享文物保护利用成果。③

基于此,进一步研究,要基于通过参与增强公众遗址保护意识、取得公众资源支持、实现自身功能等层面加强国家考古遗址公园公众参与机制研究,优

---

① 杭侃:《从年度报告看国家考古遗址公园的展示问题》,《中国文物报》2015 年 5 月 22 日。

② 赵垒:《大遗址文化产业结构体系构建中的政策支持研究——以大明宫为例》,西北大学 2013 年硕士学位论文;马衍进:《基于大遗址文化产业集群优化的地方政府职能研究》,西北大学 2013 年硕士学位论文;周婷:《基于土家文化传承的湖北咸丰土司皇城遗址公园景观设计研究》,重庆大学 2016 年硕士学位论文;刘璨:《海昏侯国遗址品牌的社会化媒体传播策略研究》,南昌大学 2017 年硕士学位论文;单霁翔:《携手共创大遗址保护的美好明天》,《中国文化遗产》2010 年第 6 期。

③ 国务院:《关于进一步加强文物工作的指导意见》,http://www.gov.cn/zhengce/content/2016-03/08/content_5050721.htm,2017 年 11 月 3 日;国家文物局:《国家文物事业发展"十三五"规划》,http://www.sach.gov.cn/art/2017/2/21/art_722_137348.html,2017 年 4 月 21 日。

化国家考古遗址公园管理机制;研究国家考古遗址公园管理中公众参与的动力机制、实现机制以及保障机制,让应该参与的公众能够有机会参与公园管理的相关进程,探索在公园建设不同阶段公众参与的具体实施途径;研究欧美国家的国家公园志愿者管理机制,完善我国国家考古遗址公园志愿者管理机制,激励、吸引更多的志愿者参与公园管理;探索国家考古遗址公园建设中的公私伙伴关系(PPP)模式,构建服务性项目的特许经营机制。

二、理论基础

国家考古遗址公园所依托的重要考古遗址属于大遗址范畴,是具有"规模宏大、价值重大、影响深远"特点的国家重要文化遗产。这要求本研究要充分引入国内外文化遗产管理的重要理论,结合中国国情进行融合与创新。同时,国家考古遗址公园本身的公共产品性质及其"具有全国性示范意义的特定公共空间"定位,则要求本研究要进一步借鉴国家公园建设理论和文化空间理论。

(一) 文化遗产管理理论

1. 国际文化遗产管理理论

国际文化遗产管理理论主要体现在联合国教科文组织、国际古迹遗址理事会等所制定或主导形成的国际公约、宣言、宪章等重要文件之中,其中先后以《关于历史性纪念物修复的雅典宪章》《关于古迹遗址保护与修复的国际宪章(威尼斯宪章)》《保护世界文化和自然遗产公约》《保护历史城镇与城区宪章(华盛顿宪章)》《考古遗产保护与管理宪章》《奈良真实性文件》《国际文化旅游宪章(重要文化古迹遗址旅游管理原则和指南)》《保护非物质文化遗产公约》《关于文化遗产地的阐释与展示宪章》为主要标志构建起了较为系统的国际文化遗产保护利用理论体系。具体来看,国际文化遗产管理理论的核心思想主要体现在四个方面:真实性原则、完整性原则、保护与利用关系、公众参与。

真实性原则是源于欧洲英国、法国、意大利等国家的文物保护思想,强调保护全部的历史信息、文物建筑宁可加固不修和只修缮而不修复。① 1964 年《威尼斯宪章》强调要将历史古迹"真实、完整地传下去是我们的职责",②正式提出了迄今广为世界各国所接受的文化遗产管理真实性、完整性原则。此后,《实施世界遗产公约的操作指南》(1977)强调"真实性不仅仅局限于(文化遗产)最初的外形和结构,还应包括在历史发展过程中所进行之具有艺术和历史价值的后续改变和添加";③《奈良真实性文件》(1994)承继《威尼斯宪章》精神,强调"真实性是有关价值的基本要素",其对于文化遗产研究、保护等都起着至关重要的基本作用,基于"价值与真实性"具体阐释了真实性评判的标准;④《实施〈保护世界文化与自然遗产公约〉的操作指南》(2005)也重申申报世界遗产之文化遗产必须具备真实性和完整性,强调《奈良真实性文件》是文化遗产真实性评估的操作基础以及相应之体现真实性 8 个方面特征,将完整性解释为用来衡量文化遗产及其特征的整体性和无缺憾状态,并确立了评估完整性的三条基本标准;⑤《会安草案——亚洲最佳保护范例》(2005)基

---

① 吴铮争、刘军民:《百年来世界文化遗产保护理论体系的形成与发展》,《西北大学学报(哲学社会科学版)》2013 年第 5 期。

② 第二届历史古迹建筑师及技师国际会议:《关于古迹遗址保护与修复的国际宪章(威尼斯宪章)》,联合国教科文组织世界遗产中心、国际古迹遗址理事会、国际文物保护与修复研究中心、中国国家文物局编:《国际文化遗产保护文件选编》,文物出版社 2007 年版,第 52—54 页。

③ UNSECO,"Operational Guidelines for the Implementationof the World Hertiage Convention (1977)",http://whc.unesco.org/en/guidelines/,2019-09-02.

④ 与世界遗产公约相关的奈良真实性会议:《奈良真实性文件》,联合国教科文组织世界遗产中心、国际古迹遗址理事会、国际文物保护与修复研究中心、中国国家文物局编:《国际文化遗产保护文件选编》,文物出版社 2007 年版,第 141—143 页。

⑤ 联合国教科文组织:《实施〈保护世界文化与自然遗产公约〉的操作指南》(2005),联合国教科文组织世界遗产中心、国际古迹遗址理事会、国际文物保护与修复研究中心、中国国家文物局编:《国际文化遗产保护文件选编》,文物出版社 2007 年版,第 256—325 页。

于亚洲"对真实性的认识尚处于起步阶段的文化背景",强调"真实性保护是遗产保护工作的首要目标和必备条件",提出了亚洲背景下真实性、完整性的诠释和评估,制定了亚洲地区文化景观、考古遗址、水下文化遗产、历史城区与遗产群落、纪念物和建筑物等五类遗产资源"保存真实性的手段"指南;阐释了完整性的内涵——"健康和完整",确定了相应的界定标准,即遗产资源"被指定的价值没有受到损伤和威胁,能有效地传递给公众,并在所有影响遗产地的决策和行动中得到尊重"。① 此外,根据《威尼斯宪章》明确提出的"古迹的保护包含着对一定规模环境的保护""古迹不能与其所见证的历史和其产生的环境分离"理念,完整性还应超越古迹本身而涵盖其周边环境。② 对此,《保护世界文化和自然遗产公约》(1972)、国际古迹理事会《西安宣言》(2005)等重申了周边环境是"体现真实性的一部分",强调保护周边环境可以减少对文化遗产真实性和整体性的威胁。③ 这标志着真实性、完整性两大原则日益成为国际文化遗产管理领域广泛认可和接受的核心思想。

关于文化遗产保护与利用的协调问题,国际文化遗产管理理论一直将保护作为核心理念。早期是将利用视为保护的对立面,自《威尼斯宪章》开始对利用的态度从"忽视""批判"逐渐过渡到"重视",④并逐渐形成了保护与利用协调之科学认识。《威尼斯宪章》初步提出了保护与利用的关系,强调"为社会公用之目的使用古迹永远有利于古迹的保护",但是利用"决不能改变建筑

---

① 联合国教科文组织:《会安草案——亚洲最佳保护范例》,联合国教科文组织世界遗产中心、国际古迹遗址理事会、国际文物保护与修复研究中心、中国国家文物局编:《国际文化遗产保护文件选编》,文物出版社 2007 年版,第 340—373 页。

② 第二届历史古迹建筑师及技师国际会议:《关于古迹遗址保护与修复的国际宪章(威尼斯宪章)》,联合国教科文组织世界遗产中心、国际古迹遗址理事会、国际文物保护与修复研究中心、中国国家文物局编:《国际文化遗产保护文件选编》,文物出版社 2007 年版,第 52—54 页。

③ 联合国教育、科学及文化组织:《保护世界文化和自然遗产公约》,https://www.un.org/zh/documents/treaty/files/whc.shtml,2016 年 10 月 26 日;国际古迹遗址理事会:《西安宣言——关于古建筑、古遗址和历史区域周边环境的保护》,《文物工作》2005 年第 12 期。

④ 张朝枝、郑艳芬:《文化遗产保护与利用关系的国际规则演变》,《旅游学刊》2011 年第 1 期。

的布局或装饰",且要"确保使用恰当的方式"进行开放;①《保护具有文化重要性的处所宪章(巴拉宪章)》(1979)提出"保护是文化遗产管理的有机组成",强调保护性利用,认为"延续性、调整性和修复性利用是合理且理想的保护方式"。② 可见,这一时期国际文化遗产管理领域已经提出并确立了保护与利用协调发展的理念,强调保护是核心、利用是一种保护手段。到20世纪90年代,国际上对文化遗产保护与利用关系的进一步深化,利用的价值与重要性逐渐得到认可和尊重。《奈良真实性文件》明确强调要尊重文化遗产在当代社会所扮演的角色;③《国际文化旅游宪章》在旅游可以通过创造资金、教育社区、影响政策来实现以保护为目的的管理之认识基础上,强调开展任何形式保护的主要原因"是希望通过良好的管理方式让来访者和东道主社区对文化遗产所在地的重要性有所了解",④此后的《实施〈保护世界文化与自然遗产公约〉的操作指南》(2005)也提出了"增强世界遗产在当地社会生活中的作用"之目标,⑤从而体现出国际文化遗产管理中对利用之地位的进一步认可,一定程度上体现了利用同时也是文化遗产管理之内在目的的思想。

---

① 第二届历史古迹建筑师及技师国际会议:《关于古迹遗址保护与修复的国际宪章(威尼斯宪章)》,联合国教科文组织世界遗产中心、国际古迹遗址理事会、国际文物保护与修复研究中心、中国国家文物局编:《国际文化遗产保护文件选编》,文物出版社2007年版,第52—54页。

② 国际古迹遗址理事会澳大利亚国家委员会:《巴拉宪章》,联合国教科文组织世界遗产中心、国际古迹遗址理事会、国际文物保护与修复研究中心、中国国家文物局编:《国际文化遗产保护文件选编》,文物出版社2007年版,第158—172页。

③ 与世界遗产公约相关的奈良真实性会议:《奈良真实性文件》,联合国教科文组织世界遗产中心、国际古迹遗址理事会、国际文物保护与修复研究中心、中国国家文物局编:《国际文化遗产保护文件选编》,文物出版社2007年版,第141—143页。

④ 国际古迹遗址理事会:《国际文化旅游宪章(重要文化古迹遗址旅游管理原则和指南)》,联合国教科文组织世界遗产中心、国际古迹遗址理事会、国际文物保护与修复研究中心、中国国家文物局编:《国际文化遗产保护文件选编》,文物出版社2007年版,第176—189页。

⑤ 联合国教科文组织:《实施〈保护世界文化与自然遗产公约〉的操作指南》(2005),联合国教科文组织世界遗产中心、国际古迹遗址理事会、国际文物保护与修复研究中心、中国国家文物局编:《国际文化遗产保护文件选编》,文物出版社2007年版,第256—325页。

　　《保护世界文化与自然遗产公约》(1972)提出的要努力增强本国人民对世界遗产的赞赏与尊重,①可视为国际社会对文化遗产管理中公众参与问题的较早提及。但是,直到 20 世纪 80 年代国际社会才真正承认与重视该问题。②《华盛顿宪章》(1987)强调"居民的参与对保护计划的成功起着重大的作用",因此"保护规划应得到该历史地区居民的支持",并提出为鼓励全体居民参与保护应制定一项从学龄儿童开始的普通信息计划。③ 这是国际公约对公众参与文化遗产管理问题的第一次系统性提出。在此基础上,《考古遗产保护与管理宪章》(1990)对公众参与进行了更加具体的阐述,提出考古遗产的保护必须依靠各学科专家的有效合作,需要政府、研究人员、企业和一般公众的合作,应该积极鼓励当地参与和承担相应的义务,因此一般公众的积极参与必须成为当地考古遗产保护政策的构成部分。④ 此后形成的一些国际文化遗产管理文件,更明确、更全面的对公众参与进行了具体阐释,从而逐步确立了文化遗产管理中的公众参与思想。其中,《巴拉宪章》(1999)专列第十二条"公众参与",提出在文化遗产保护、诠释与管理中应当纳入利益相关者(即那些与遗产地具有特殊关联、对遗产地具有特殊意义的公众,以及对遗产地富有社会、精神或文化责任的人员);⑤《国际文化旅游宪章》倡导"让东道主和原

----

　　① 联合国教科文组织:《保护世界文化与自然遗产公约》,联合国教科文组织世界遗产中心、国际古迹遗址理事会、国际文物保护与修复研究中心、中国国家文物局编:《国际文化遗产保护文件选编》,文物出版社 2007 年版,第 70—79 页。

　　② 张朝枝、郑艳芬:《文化遗产保护与利用关系的国际规则演变》,《旅游学刊》2011 年第 1 期。

　　③ 国际古迹遗址理事会:《华盛顿宪章》,联合国教科文组织世界遗产中心、国际古迹遗址理事会、国际文物保护与修复研究中心、中国国家文物局编:《国际文化遗产保护文件选编》,文物出版社 2007 年版,第 128—130 页。

　　④ 国际古迹遗址理事会:《考古遗产保护与管理宪章》,联合国教科文组织世界遗产中心、国际古迹遗址理事会、国际文物保护与修复研究中心、中国国家文物局编:《国际文化遗产保护文件选编》,文物出版社 2007 年版,第 136—140 页。

　　⑤ 国际古迹遗址理事会澳大利亚国家委员会:《巴拉宪章》,联合国教科文组织世界遗产中心、国际古迹遗址理事会、国际文物保护与修复研究中心、中国国家文物局编:《国际文化遗产保护文件选编》,文物出版社 2007 年版,第 158—172 页。

住民社区一起参与""旅游和保护活动应该使东道主社区受益";①《关于世界遗产的布达佩斯宣言》(2002)提出在世界遗产资产鉴别、保护和管理方面,要努力推动本地社区参与;②《实施〈保护世界文化与自然遗产公约〉的操作指南》(2005)强调要提高公众意识而使其理解与重视保护工作的重要性,增强公众对遗产保护与展示活动的参与。③ 这进一步体现出自 20 世纪 90 年代逐渐形成"遗产思辨研究"理念(critical heritage studies),已经被当前国际文化遗产管理普遍认可,"遗产本体+人 = 遗产"以及关注遗产在当地社会生活中的作用、遗产保护如何与当地民生、发展相结合等思想日益得到实践。④

2. 国内文化遗产管理理论⑤

国内文化遗产管理理论早期主要是对国际理论的引入和借鉴,新世纪以来我国着力构建符合中国国情的文化遗产保护利用理论体系,探索中国特色的文化遗产管理模式,并在一些方面已经体现出显著的国际引领性(如国家考古遗址公园建设、文物事业"十三五"规划提出的利用方式等)。整体来看,新中国成立以来我国文化遗产管理理论不断创新,文化遗产的公共资源属性日益得到巩固和强化,文化遗产价值得到越来越全面重视。具体来看,新中国

①　国际古迹遗址理事会:《国际文化旅游宪章(重要文化古迹遗址旅游管理原则和指南)》,联合国教科文组织世界遗产中心、国际古迹遗址理事会、国际文物保护与修复研究中心、中国国家文物局编:《国际文化遗产保护文件选编》,文物出版社 2007 年版,第 176—189 页。

②　联合国教科文组织:《关于世界遗产的布达佩斯宣言》,联合国教科文组织世界遗产中心、国际古迹遗址理事会、国际文物保护与修复研究中心、中国国家文物局编:《国际文化遗产保护文件选编》,文物出版社 2007 年版,第 226—227 页。

③　联合国教科文组织:《实施〈保护世界文化与自然遗产公约〉的操作指南》,联合国教科文组织世界遗产中心、国际古迹遗址理事会、国际文物保护与修复研究中心、中国国家文物局编:《国际文化遗产保护文件选编》,文物出版社 2007 年版,第 256—325 页。

④　张柔然:《第四届文化遗产思辨研究国际会议热点观察》,《中国文物报》2018 年 9 月 14 日。

⑤　王京传:《新中国文化遗产管理制度的发展演变》,《光明日报》2018 年 1 月 24 日。

成立以来我国文化遗产管理思想演进与创新主要体现为管理对象从文物拓展到全部文化遗产,管理主体从各级政府扩充为全社会力量,管理目的从见证历史上升为传承中华优秀文化,管理方式从原状保护提升为基于经济社会协同发展的保护利用。

首先,管理对象从文物拓展到文化遗产。新中国成立之初到 20 世纪 70 年代,我国把文物作为文化遗产的重要组成部分,将文物保护视为当时我国文化遗产管理的主要工作。1950 年 2 月,《中央人民政府政务院令》强调"我国名胜古迹,及藏于地下,流散各处的有关革命、历史、艺术的一切文物图书,皆为我民族文化遗产"。[①] 1974 年 8 月,国务院《关于加强文物保护工作的通知》强调"出土文物是祖国珍贵的文化遗产"。[②] 20 世纪 80、90 年代,长城、明清皇宫等被列入《世界文化遗产名录》,从而使文化遗产概念在我国得到广泛关注。2000 年 7 月,中国文化遗产保护与城市发展国际会议所形成的《北京共识》,直接体现出我国开始超越文物管理,转向对文化遗产的综合管理。2005 年 12 月,国务院《关于加强文化遗产保护的通知》提出设置中国文化遗产日,部署了对我国文化遗产的综合性保护。这标志着我国文化遗产管理对象已经实现了由文物向文化遗产的转变。以此为基础,近年来我国进一步拓展文化遗产管理的分支领域,延伸文化遗产管理的时空范畴,先后加强了对传统节日、长城遗产、工业遗产、老字号遗产、大运河遗产、20 世纪遗产、文化线路遗产、农业文化遗产、南海丝路文化遗产、抗战文物、一带一路文化遗产和儒学遗产等的专项管理,并由文化遗产本体管理延伸到对周边环境和文化生态的整体管理。

其次,管理主体从各级政府扩充到全社会力量。自新中国成立之初我国

---

① 　中央人民政府政务院:《禁止珍贵文物图书出口暂行办法》,国家文物局编:《中国文化遗产事业法规文件汇编(上)》,文物出版社 2009 年版,第 1—2 页。
② 　国务院:《关于加强文物保护工作的通知》,国家文物局编:《中国文化遗产事业法规文件汇编(上)》,文物出版社 2009 年版,第 65—66 页。

就确立了政府在文化遗产管理中的主导地位。《文物保护管理暂行条例》第一条明确规定"各级人民委员会对所辖境内的文物负有保护责任"。① 虽然1956年4月国务院《关于在农业生产建设中保护文物的通知》就提出要"使保护文物成为广泛的群众性工作",②但直到20世纪80年代初我国才真正开始关注文化遗产管理中的社会力量参与问题。1981年4月国务院办公厅发文,要求"进一步明确保护长城是当地各级人民政府、解放军驻军、人民公社、生产队以及每一个公民的光荣职责,自觉的起来同破坏长城的行为作斗争"。③1982年《文物保护法》第3条规定"一切机关、组织和个人都有保护文物的义务"。④ 20世纪80年代末到90年代,我国更加重视社会力量参与文化遗产管理问题。1989年7月中宣部等联合印发《人人爱护祖国文物宣传提纲》,提出"保护文物,人人有责",强调"唤起民众,自觉地投身于文物保护事业,对整个文物事业的发展有着决定性的意义"。⑤ 这体现出我国文化遗产管理中社会力量得到重视,公众参与已经被认可和接纳。近年来,我国着力增强公众参与意识,拓宽公众参与渠道,探索社会力量参与文化遗产管理的实现路径。特别是2016年《关于进一步加强文物工作的指导意见》和2017年《国家文物事业发展"十三五"规划》的出台,标志着着力构建全社会保护文化遗产新格局已经成为我国文化遗产管理的重要思想。

---

① 国务院:《文物保护管理暂行条例》,国家文物局编:《中国文化遗产事业法规文件汇编(上)》,文物出版社2009年版,第30—32页。

② 国务院:《关于在农业生产建设中保护文物的通知》,国家文物局编:《中国文化遗产事业法规文件汇编(上)》,文物出版社2009年版,第14—15页。

③ 国务院办公厅:《转发文化部、国家文物事业管理局关于长城破坏情况的调查报告的通知》,国家文物局编:《中国文化遗产事业法规文件汇编(上)》,文物出版社2009年版,第116—119页。

④ 第五届全国人民代表大会常务委员会第二十五次会议:《中华人民共和国文物保护法》,国家文物局编:《中国文化遗产事业法规文件汇编(上)》,文物出版社2009年版,第140—145页。

⑤ 中宣部、文化部、国家文物局:《关于印发〈人人爱护祖国文物宣传提纲〉的通知》,国家文物局编:《中国文化遗产事业法规文件汇编(上)》,文物出版社2009年版,第242—244页。

再次,管理目的从见证历史上升为传承中华优秀文化。新中国成立之初,我国对文化遗产管理主要是基于革命、历史、艺术价值,强调其"是我国历史与文化的最可靠实物例证"。此后,《文物保护管理暂行条例》将文物价值调整为历史、艺术、科学价值。2004 年 2 月,文化部等《关于加强我国世界文化遗产保护管理工作的意见》将"传承中华民族的优秀文化"确立为世界文化遗产保护管理的首要目的。① 近年来,这种思想得到广泛重视,并不断强化。2016 年 3 月《关于进一步加强文物工作的指导意见》,强调文物是传承和弘扬中华优秀传统文化的历史根脉,加强文物保护对于传承中华优秀传统文化具有十分重要的意义。②

2017 年 1 月出台的《关于实施中华优秀传统文化传承发展工程的意见》,将保护传承文化遗产列入重点任务。2017 年 2 月《国家文物事业发展"十三五"规划》提出,要使"文物工作在传承中华优秀传统文化、弘扬社会主义核心价值观、推动中华文化走出去、提高国民素质和社会文明程度中的重要作用进一步发挥"。③ 2018 年 10 月,中共中央办公厅、国务院办公厅《关于加强文物保护利用改革的若干意见》将文物工作纳入到中央全面深化改革战略,提出要从坚定文化自信、传承中华文明、实现中华民族伟大复兴中国梦的战略高度,提高对文物保护利用重要性的认识。④ 这标志着我国文化遗产管理理论进一步优化,传承中华优秀传统文化成为文化遗产管理的根本目标。

同时,管理方式从原状保护发展为保护利用。《文物保护管理暂行条例》

---

① 国务院办公厅:《国务院办公厅转发文化部、建设部、文物局等部门关于加强我国世界文化遗产保护管理工作意见的通知》,http://www.gov.cn/gongbao/content/2004/content_62691.htm,2017 年 10 月 21 日。

② 国务院:《关于进一步加强文物工作的指导意见》,http://www.gov.cn/zhengce/content/2016-03/08/content_5050721.htm,2017 年 11 月 3 日。

③ 国家文物局:《国家文物事业发展"十三五"规划》,http://www.sach.gov.cn/art/2017/2/21/art_722_137348.html,2017 年 4 月 21 日。

④ 中共中央办公厅、国务院办公厅:《关于加强文物保护利用改革的若干意见》,http://www.gov.cn/zhengce/2018-10/08/content_5328558.htm,2019 年 3 月 1 日。

规定的"一切具有历史、艺术、科学价值的文物,都由国家保护",①确立了保护在我国文化遗产管理工作中的核心地位,从此保护成为我国文物管理工作的首要任务。1982 年 11 月出台的《文物保护法》,首次以国家法律形式规定了我国文化遗产管理工作,标志着我国文物保护工作走上依法管理的轨道,也奠定了保护工作在我国文化遗产管理中的核心地位。2000 年 10 月《中国文物古迹保护准则》强调"文物古迹应当得到合理利用",且"利用必须坚持以社会效益为准则,不应当为了当前利用的需要而损害文物古迹的价值",②表明我国文化遗产管理中统筹协调保护与利用的思想得到确立。20 世纪末 21 世纪初,因过度追求经济利益而导致的过度利用甚至破坏文化遗产情况时有出现,保护与利用矛盾凸显,国家多次出台文件调控和改变"重利用轻保护"现象。2005 年 12 月国务院《关于加强文化遗产保护的通知》出台,标志着"保护为主与合理利用"成为我国文化遗产管理制度的指导思想。2017 年 2 月《国家文物事业发展"十三五"规划》提出要"多措并举让文物活起来",强调"坚持创造性转化和创新性发展,着力大力拓展文物合理适度利用的有效途径","努力走出一条符合国情的文物保护利用之路"。③ 值得注意的是,规划突破了对发展旅游的单一依赖,实现了文化遗产保护与经济社会发展的更广泛融合;提出的"促进文化创意产品开发",突破了仅依赖文化遗产本体的利用途径,建立了依托文化遗产价值的新型利用方式。这标志着我国文化遗产管理"保护利用"思想的确立,表明我国正着力推动保护与利用在目的、手段以及过程等维度的全方位融合,破解保护与利用冲突的文化悖论,协同推进文化遗产保护利用的一体化实现。

---

① 国务院:《文物保护管理暂行条例》,国家文物局编:《中国文化遗产事业法规文件汇编(上)》,文物出版社 2009 年版,第 30—32 页。

② 国际古迹遗址理事会中国国家委员会:《关于〈中国文物古迹保护准则〉若干重要问题的阐述》,《中国长城博物馆》2013 年第 2 期。

③ 国家文物局:《国家文物事业发展"十三五"规划》,http://www.sach.gov.cn/art/2017/2/21/art_722_137348.html,2017 年 4 月 21 日。

综上可见,目前我国已形成了以立足于传承中华优秀传统文化,面向全部文化遗产,推动全社会力量广泛参与文化遗产保护利用为核心思想的文化遗产管理理论,体现出了国际规则引导和中国国情创新的有机融合。2015 年,新修订的《中国文物古迹保护准则》全面系统阐述了新时期我国文化遗产管理思想,真实性、完整性、保护与利用的协调等都得到了明确界定。这表明《威尼斯宪章》《保护世界文化与自然遗产公约》《奈良真实性文件》《国际文化旅游宪章》《保护非物质文化遗产公约》等在我国文化遗产管理中得到进一步落实,体现出我国对文化遗产的高度负责态度,以及对人类文化多样性的认可与尊重。同时,我国文化遗产管理思想演进与创新又直接体现了我国基于不同时期经济社会发展实际情况的中国特色创新。特别是党的十八大以来,我国更加重视文化遗产管理,更加注重实现文化遗产对人民生活质量提升综合性功能,更加广泛承担在全球文化遗产管理中的大国责任。

(二) 国家公园建设理论[①]

美国是国家公园体制的创立者和实践者,也是国际上国家公园建设理论的探索者。美国于 1872 年建立了世界第一个国家公园——黄石公园,很快加拿大、新西兰、澳大利亚仿效也建立了自己的国家公园,进入 20 世纪以后非洲、亚洲的殖民地国家以及欧洲英、法、德等国也逐步开始建设国家公园。国家公园建设起步于自然景观保护,早期着力建设的是生态保护地。但是,很快美国等国家开始认识到文化遗产是国家公园景观不可或缺的组成部分,并且将其与自然特征给予平等的重视和保护,并专门针对文化遗产设立与国家公园对等的保护区。[②] 作为国家公园体制创立者的美国,在 20 世纪初就将国家

---

① 王京传:《美国国家历史公园建设及对中国的启示》,《北京社会科学》2018 年第 1 期。

② 沃里克·弗罗斯特、迈克尔·霍尔:《国家公园、民族身份与旅游业》,沃里克·弗罗斯特、迈克尔·霍尔编:《旅游与国家公园——发展、历史与演进的国际视野》,商务印书馆 2014 年版,第 72—91 页。

公园体系扩展到了文化遗产领域,并逐渐创立了多种类型的文化遗产类国家公园。美国1906年建立的 Mesa Verde 国家公园,依托的就是后来成为世界文化遗产的6—14世纪印第安人居址。目前美国国家公园20余种类型、413个成员中,有9种类型、282个成员是依托文化遗产而设立,属于文化遗产类国家公园。① 除美国外,加拿大、意大利、希腊、柬埔寨、巴基斯坦等国家,也都依托本国重要文化遗产建立了国家公园。可见国际经验表明,国家公园虽起始于自然景观保护,但早已承担起国家层面文化遗产保护利用的职责。

美国于1916年成立了隶属于内务部的国家公园管理局(National Park Service),专门承担国家公园管理工作。1916年《国家公园管理局组织法案》不仅确立了美国国家管理局的法律地位、行政职能,更是明确了美国国家公园建设的基本理论体系。该法案提出国家公园建设的目标是保育景观、自然和历史遗迹,保护野生动物,并给后代子孙提供非消耗性娱乐及资源利用。② 此后,一些其他国家也先后出台了一些关于本国国家公园建设法律法规,确立了本国的国家公园建设理论,如西班牙《国家公园建设法案》(1916)和《国家公园网络法》(2007)、英国《国家公园和乡村土地使用法案》、加拿大《国家公园法》(2001)等。

以美国国家公园体系中的国家历史公园来看,依托文化遗产建设国家公园体现的是国家对文化遗产管理的责任与义务,是国家文化遗产保护的顶层制度。具体来看,文化遗产类国家公园建设理论主要体现在管理机制和功能定位两个层面。

首先,管理机制层面国家公园建设强调政府主体、社会力量积极参与、依法管理。国家公园的申报确定、资源调查、法案制定、提出申请、建设审批、建设过程与运营管理等是由政府设立或指定的专门部门(通常是国家公园管理

---

① 王京传:《美国国家历史公园建设及对中国的启示》,《北京社会科学》2018年第1期。

② National Park Service, "The National Park Service Organic Act", https://www.nps.gov/grba/learn/management/organic-act-of-1916.htm, 2020-01-29.

局)负责,坚持依法管理(国家公园专门法规、各国家公园建立法案、各国文化遗产管理法律等),并通过特许经营权、捐赠、成为志愿者以及建立伙伴关系等方式广泛吸纳公众参与。

其次,功能定位层面国家公园强调以保护功能为核心,涵盖研究、展示、教育、休闲等的综合性功能。以美国为例来看,其强调国家公园的使命是保护未经损害的自然资源和文化遗产,以使当代人和后代人都可以享用、受到教育和得到启发。[①]"发现美国故事",是美国国家公园的发展愿景,其包括四个方面:发现历史(地点和人物的故事)、探索自然(保护自然世界)、儿童项目(每一个孩子的公园)、教师项目(美国课堂)。其中,文化遗产类国家公园的功能主要集中在"发现历史"和以历史为主题的儿童项目与教师项目。"发现历史"旨在通过保护和阐释具有重要历史意义的文化遗产使人们能够深入了解和积极探索美国历史。国家公园管理局将"发现历史"界定为四点:美国故事、保护地点、教育培训、遗产旅游。

新世纪以前,我国国家公园建设理论主要为研究者对国外理论介绍与引入,缺少相关实践行动。新世纪以来,我国地方政府和林业、环保部门层面开始进行初步探索。2006 年 8 月,云南省依托碧塔海省级自然保护区建立了普达措国家公园。2008 年 10 月,环境保护部和国家旅游局联合宣布黑龙江汤旺河为国家公园试点。2013 年 11 月,党的十八届三中全会提出探索建立国家公园体制。2014 年 8 月,国务院《关于促进旅游业改革发展的若干意见》强调要"稳步推进建立国家公园体制,实现对国家自然和文化遗产地更有效的保护和利用"。[②] 2015 年 5 月 18 日,国务院批转《发展改革委关于 2015 年深化经济体制改革重点工作意见》提出,在 9 个省份开展"国家公园体制试点",同时发改委等 13 部门联合印发《建立国家公园体制试点方案》;12 月 9 日,中

---

① National Park Service,"About Us",https://www.nps.gov/aboutus/index.htm,2016-11-16.
② 国务院:《关于促进旅游业改革发展的若干意见》,http://www.gov.cn/zhengce/content/2014-08/21/content_8999.htm,2018 年 7 月 13 日。

央全面深化改革领导小组批准了三江源国家公园体制试点方案,这标志着我国开始探索中国特色的国家公园建设之路。2017年9月,中共中央办公厅、国务院办公厅印发《建立国家公园体制总体方案》,在总结试点经验基础上,借鉴国际有益做法,立足我国国情制定,构建统一规范高效的中国特色国家公园体制。根据该方案,我国国家公园建设由国家批准设立并主导管理,立足于生态文明建设,着眼于建立分类科学、保护有力的自然保护地体系,以实现对自然资源的科学保护和合理利用。① 该方案没有涉及文化遗产地,但是基于美国等国家的国际经验,以及我国文化遗产保护的现实之需,随着我国国家公园体制进一步完善,文化遗产地需要被纳入国家公园体系,以实现对重要文化遗产的国家保护。基于此,国家考古遗址公园虽尚未被纳入国家公园体系,但亦应遵照国家公园建设与运营的理念、规则,以为我国文化遗产类国家公园建设进行理论构建和实践探索。

(三) 文化空间理论

20世纪70年代,法国学者亨利·列菲尔空间生产理论所提出的空间是一种产品理念,是文化空间概念形成的前提。文化空间是一个兼具物质和非物质双重含义,既适用于物质文化遗产领域、又适用于非物质文化遗产领域的概念。物质层面,文化空间是指具有文化意义的物理空间,在物质文化遗产领域即指文化遗址、文化群落、宫殿庙宇等文化建筑。② 非物质层面,文化空间概念最早见于联合国教科文组织《宣布人类口头和非物质遗产代表作条例》(1998),其被视为与文化表达形式相并列的口头和非物质遗产形态,是指"一个集中了民间和传统文化活动的地点,但也被确定为一般以某一周期(周期、季节、同程表等)或是以一时间为特点的一段时间。这段时间和这一地点的

---

① 中共中央办公厅、国务院办公厅:《建立国家公园体制总体方案》,http://www.gov.cn/zhengce/2017-09/26/content_5227713.htm,2019年3月21日。
② 向白驹:《论"文化空间"》,《中央民族大学学报(哲学社会科学版)》2008年第3期。

存在取决于按传统方式进行的文化活动本身的存在"。①

此后,联合国教科文组织《宣布人类口头和非物质遗产代表作申报书编写指南》(2003)更明确说明了文化空间是口头和非物质遗产的"另一种表现",其"可确定为民间和传统文化活动的集中地域,但也可确定为具有周期性或事件性的特殊时间;这种具有时间和实体的空间之所以能存在,是因为它是文化现象的传统表现场所";②《保护非物质文化遗产公约》(2003)亦明确将文化空间列为非物质文化遗产的一种类型,目前已有11个文化空间被列入人类非物质文化遗产名录。③

作为一个基于人类学的概念,文化空间内涵包括三个方面:具有文化场所、文化所在、文化物态的物理或自然"场",拥有人类文化建造或文化认定的文化场,有人类的行为、时间观念、岁时传统或人类本身的"在场"。④ 从文化遗产保护视角,文化空间应包括物质、精神和社会生活三个维度,分别涉及物质文化遗产本体及其所存在的空间、物质文化遗产价值及相关的非物质文化遗产、居民等多元化利益相关者以文化遗产为纽带的生产生活。

---

① 联合国教科文组织:《宣布人类口头和非物质遗产代表作条例》,http://www.minzunet.cn/eportal/ui? pageId=663068&articleKey=738769&columnId=682706,2019 年 10 月 9 日;向白驹:《论"文化空间"》,《中央民族大学学报(哲学社会科学版)》2008 年第 3 期。
② 联合国教科文组织:《人类口头和非物质遗产代表作申报书编写指南》,https://www.chinesefolklore.org.cn/web/index.php? NewsID=5441,2020 年 1 月 29 日。
③ 联合国教科文组织:《保护非物质文化遗产公约》,联合国教科文组织世界遗产中心、国际古迹遗址理事会、国际文物保护与修复研究中心、中国国家文物局编:《国际文化遗产保护文件选编》,文物出版社 2007 年版,第 228—238 页。
④ 向白驹:《论"文化空间"》,《中央民族大学学报(哲学社会科学版)》2008 年第 3 期。

第二章　国家考古遗址公园的建设实践

从 20 世纪 80 年代初的遗址公园,到考古遗址公园,再到国家考古遗址公园,我国逐步探索并实践了中国特色文化遗产管理的新理念和新路径。作为以大遗址为载体探索文化遗产保护与当地经济社会发展协同机制,使文化遗产保护成果惠及公众的新模式,国家考古遗址公园是我国在借鉴国际文化遗产保护理念基础上所进行的中国特色探索与创新。十余年时间内,我国完成了对国家考古遗址公园概念与定位的提出与完善,建设思路的确立与实施,实践路径的探索与构建,顶层设计的构思与提升,逐渐建立了国家考古遗址公园体系,形成了具有中国特色的国家考古遗址公园建设思想。同时,我国还组建了国家考古遗址公园联盟,旨在探索中国大遗址保护的发展道路,共享国家考古遗址公园的创新成果,建设东方大遗址保护和发展的联动平台。[①]

一、建设历程

我国遗址公园建设起步于 20 世纪 80 年代。早期,我国主要是将市区内

---

① 乔静、张爽:《中国考古遗址公园联盟成立　开启大遗址保护新模式》,http://www.sxhm.com/index.php? ac＝article&at＝read&did＝6114,2018 年 12 月 17 日。

部的遗址开发为可供市民休闲的城市公园。如北京的团河行宫、元大都城垣、明城墙、皇城根等遗址公园。国内其他城市,如西安、杭州、南京等也都陆续依托当地城市内部的重要考古遗址建设了遗址公园。这很明显体现出当时国内对遗址价值的新认识及相应之实现模式的新探索。此后,1997年出台的国务院《关于加强和改善文物工作的通知》,提出要本着既有利于文物保护,又有利于经济建设和提高人民群众生活水平的原则,努力扶持既有利于遗址保护又能提高当地群众生活水平的产业,从根本上改变古文化遗址保护的被动局面。① 2001年12月,《文物事业"十五"发展规划和2015年远景目标纲要》要求建成若干处国家级大遗址保护展示园区。② 以此为依据,我国《"十一五"期间大遗址保护总体规划》提出建设殷墟、大明宫等四处大遗址公园示范区,并将遗址公园建设纳入国家大遗址保护战略之中,从而开始探索我国遗址公园建设的具体模式。2009年6月12日,大遗址保护良渚论坛专门探讨了大遗址保护与考古遗址公园建设问题,并形成了《关于建设考古遗址公园的良渚共识》,从而明确了我国考古遗址公园建设战略。

2009年12月,国家文物局印发《国家考古遗址公园管理办法(试行)》和《国家考古遗址公园评定细则(试行)》,界定并阐释了国家考古遗址公园的概念,明确了国家考古遗址公园的评定标准。这标志着我国从国家层面正式启动国家考古遗址公园建设工作。2010年6月,我国开始第一批国家考古遗址公园申报工作;10月,公布第一批12个和立项建设的23个国家考古遗址公园。2013年5月,国家文物局发布《国家考古遗址公园规划编制要求》,详细规定了规划编制工作的各项要求;12月,国家文物局发布《关于公布第二批国家考古遗址公园名单和立项名单的通知》,确定我国第二批12个和立项建设

---

① 国务院:《关于加强和改善文物工作的通知》,国家文物局编:《中国文化遗产事业法规文件汇编(上)》,文物出版社2009年版,第316—319页。
② 国家文物局:《文物事业"十五"发展规划和2015年远景目标纲要》,国家文物局编:《中国文化遗产事业法规文件汇编(下)》,文物出版社2009年版,第410—421页。

31个国家考古遗址公园。2014年4月,国家文物局发布《关于开展2014年度国家考古遗址公园评估工作的通知》和《国家考古遗址公园评估导则(试行)》,开始通过资料填报、现场评估相结合的形式对首批建设的12个国家考古遗址公园2011—2013年之间的运行情况进行评估。2015年3月,国家文物局完成首批12家国家考古遗址公园运行评估,形成《国家考古遗址公园评估总报告(2011—2013年度)》。2013年12月,中央城镇化工作会议提出"要传承文化,发展有历史记忆、地域特色、民族特点的美丽城镇"。① 国家考古遗址公园作为我国文化遗产的重要组成部分,是我国传统文化的原生态、物态性的最直接载体,也正是城市建设中文化传承、历史记忆、民族特点的最典型体现。基于此,国家考古遗址公园已经被《国家新型城镇化规划(2014—2020)》列为人文城市建设的重点。2017年10月,国家文物局出台《国家考古遗址公园创建及运行管理指南(试行)》,全面规范了国家考古遗址公园的创建(立项申报、项目实施和评定申报)和运行(日常运行及管理和后续项目实施)工作,从而推动国家考古遗址公园建设与运行管理的规范化,使国家考古遗址公园服务于当地经济社会发展的作用得到更好的发挥。在此基础上,2017年12月,国家文物局公布第三批12家国家考古遗址公园。至此,我国已评定公布20个省(区、市)36处国家考古遗址公园,总面积达61万公顷;另有24个省(区、市)67处考古遗址公园列入国家考古遗址公园立项名单②(表3、表4)。

同时,在我国国家考古遗址公园建设过程中,2011年6月11日由大明宫、圆明园遗址、金沙遗址、周口店遗址四家国家考古遗址公园机构联合发起在西安成立国家考古遗址公园联盟。我国第一批12个国家考古遗址公园加

① 新华社:《习近平在中央城镇化工作会议上发表重要讲话》,http://www.xinhuanet.com/photo/2013-12/14/c_125859827.htm,2017年5月7日。

② 国家文物局:《国家考古遗址公园发展报告》,http://www.gov.cn/fuwu/2018-10/12/content_5329798.htm,2018年10月16日。

入并共同发布《国家考古遗址公园联盟宣言》,倡导文化遗产与人、与城市、与
自然的和谐共生。联盟面向我国各地国家考古遗址公园建设实践,以考古遗
址保护和文化传播共享为宗旨,以引导公众走近遗址、热爱遗址为目标,积极
探索遗址公园建设与考古遗址保护建设的关系,积累具有中国特色的大遗址
保护经验。① 2012 年 6 月,第二届理事会发布《圆明园宣言》,倡导"高效保
护、和谐共生、回报社会",启动国家考古遗址公园联盟信息化平台,并决定自
2013 年中国文化遗产日起"12 家考古遗址公园将根据各自情况,采取门票优
惠措施,以更好地惠及公众"。2013 年第三届和 2017 年第六届联盟会议,分
别探讨了国家考古遗址公园的创新与发展、运营与管理两方面问题,以探索国
家考古遗址公园作为符合国情的文物保护利用之路的发展方向;2014 年至
2016 年第四、五、六届联盟会议分别在洛阳、桂林、安阳举办,先后专题探讨了
如何基于国家考古遗址公园实现大遗址保护与新型城镇化、旅游融合、民生发
展问题。还值得关注的是,联盟会议的参与者也不断扩充,除国家考古遗址公
园建设单位外,先后有国际古迹遗址理事会、国家文物局、地方文化与文物行
政主管部门、北京大学等高校、中国文化遗产研究院、故宫博物院、国务院发展
研究中心、中国社会科学院、地方文物考古研究院(所)、考古学会和博物馆协
会等学术组织等单位代表,第六届会议还邀请了文化旅游、动漫创意、信息化
高科技企业经营管理人员参会,显示出国家考古遗址公园越来越得到社会更
广领域的关注,也推动了其建设过程中多领域机构的共同参与和互相支持。
2018 年第八届联席会以"生活·公园·考古"为主题,强调了公园融入大众生
活理念,所形成的《武汉共识》提出国家考古遗址公园"是中华民族的精神标
识和中华文明的物质载体",其建设应"坚持国家主导、积极保护、协调发展、
惠及民生,真正实现公园共建共享",从而推动中华优秀传统文化的创造性转

---

　　① 乔静、张爽:《中国考古遗址公园联盟成立　开启大遗址保护新模式》,http://www.
sxhm.com/index.php? ac＝article&at＝read&did＝6114,2018 年 12 月 17 日。

化、创新性发展。① 2019 年第九届联席会在良渚国家考古遗址公园举行,以"共谋、共创、共赢、共享"为主题,正式推出首届国家考古遗址公园文化艺术周,旨在推动国家考古遗址公园文化品牌建设和文化生态营造,通过嵌套商业模式与核心文化产品打造,实现对我国考古遗址公园文化生态圈营造的新探索。②

2020 年第十届国家考古遗址公园联盟联席会暨第二届国家考古遗址公园文化艺术周在广东省台山市举行,以"海丝系文脉,侨乡联五洲"为主题,强调落实习近平总书记关于文物保护工作的重要指示批示精神,真正让文物"活起来",并正式创立国家考古遗址公园文化艺术周友好城市联盟。③

表 3　第一至三批正式建设国家考古遗址公园统计(36 家)
(截至 2020 年 2 月 4 日)

所在省区市(按音序)	所在地点(地市/区/县)	获批批次	公园名称	遗址时代	遗址类型	遗址区位(城市/城郊或乡村/荒野)	对外开放情况
安徽	凤阳县	第三批(第二批立项)	明中都皇故城国家考古遗址公园	明代	古城遗址	城郊	2018 年 6 月
北京	海淀区	第一批	圆明园遗址公园	清代	古建筑、古园林	城市	1988 年 6 月
	房山区	第一批	周口店考古遗址公园	旧石器	古聚落遗址	乡村	遗址博物馆(1953 年)开放
重庆	合川区	第二批(第一批立项)	钓鱼城国家考古遗址公园	宋、元	古城遗址	城郊	国家级风景名胜区(1982 年)开放

① 张锐、石梅:《生活·公园·考古:国家考古遗址公园联盟第八届联席会在武汉闭幕》,http://culture.gmw.cn/2018-12/04/content_32105793.htm,2018 年 12 月 4 日。
② 杭州良渚遗址管理区管委会:《首届国家考古遗址公园文化艺术周在良渚开幕》,http://www.hangzhou.gov.cn/art/2019/10/28/art_1256343_39489761.html,2019 年 12 月 1 日。
③ 台山市人民政府:《海丝系文脉,侨乡联五洲!第二届国家考古遗址公园文化艺术周正式开幕》,http://www.cnts.gov.cn/gkmlpt/content/2/2191/post_2191908.html#4152,2020 年 12 月 6 日。

续表

所在省区市（按音序）	所在地点（地市/区/县）	获批批次	公园名称	遗址时代	遗址类型	遗址区位（城市/城郊或乡村/荒野）	对外开放情况
福建	三明市三元区	第三批（第二批立项）	万寿岩国家考古遗址公园	旧石器	古聚落遗址	乡村	2019年6月
广西	桂林市象山区	第二批（第一批立项）	甑皮岩国家考古遗址公园	新石器	古聚落遗址	城市	2016年5月
河北	张北县	第三批（第二批立项）	元中都国家考古遗址公园	元代	古城遗址	乡村	2018年6月
河南	安阳市殷都区	第一批	殷墟国家考古遗址公园	商代	古城遗址	城郊	2003年11月
	洛阳市老城区	第一批	隋唐洛阳城国家考古遗址公园	隋、唐、五代	古城遗址	城市	明堂（2014年4月）和应天门（2019年9月）开放
	洛阳市洛龙区	第二批（第一批立项）	汉魏洛阳故城国家考古遗址公园	东汉、魏晋	古城遗址	城郊	未对外开放，市民可参观（2013年12月）
	新郑市	第三批（第二批立项）	郑韩故城国家考古遗址公园	春秋战国	古城遗址	城市	遗址博物馆（1995年）开放
黑龙江	宁安市	第二批	渤海上京国家考古遗址公园	唐代	古城遗址	乡村	遗址博物馆（1985年8月）、新馆（2017年6月）开放
湖北	荆州市荆州区	第二批	熊家冢国家考古遗址公园	春秋战国	古墓葬	乡村	2013年12月
	武汉市黄陂区	第三批（第二批立项）	盘龙城国家考古遗址公园	商代	古城遗址	城市	2018年12月
湖南	长沙市望城区	第二批（第一批立项）	长沙铜官窑国家考古遗址公园	唐代至宋代	古手工业遗址	城郊	2012年6月
	澧县	第三批（第二批立项）	城头山国家考古遗址公园	新石器	古城遗址	乡村	2016年6月

所在省区市（按音序）	所在地点（地市/区/县）	获批批次	公园名称	遗址时代	遗址类型	遗址区位（城市/城郊或乡村/荒野）	对外开放情况
吉林	集安市	第一批	集安高句丽国家考古遗址公园	西汉、唐、辽、金	古城遗址、古墓葬	城郊	丸都山城、好太王陵、将军坟和禹山墓区等开放全面升级（2016年8月）
	和龙市	第二批（第一批立项）	渤海中京国家考古遗址公园	唐代	古城遗址	乡村	西古城和龙头山墓群（2013年12月）开放
江苏	无锡市新吴区	第一批	鸿山国家考古遗址公园	周代	古墓葬	城郊	遗址博物馆（2008年4月）开放
江西	景德镇市珠山区	第二批（第一批立项）	御窑厂国家考古遗址公园	元、明、清	古窑址	城市	遗址博物馆（2018年10月）开放
	吉安县	第三批（第二批立项）	吉州窑国家考古遗址公园	唐、五代、宋	古窑址	乡村	2013年11月
辽宁	建平县	第二批（第一批立项）	牛河梁国家考古遗址公园	新石器	古聚落遗址	乡村	遗址博物馆（2012年9月）开放
宁夏	银川市西夏区	第三批（第二批立项）	西夏陵国家考古遗址公园	西夏	古墓葬	城郊	西夏博物馆（2019年6月）开放
山东	曲阜市	第二批（第一批立项）	曲阜鲁国故城国家考古遗址公园	周代	古城遗址	城郊	模拟考古基地（2019年7月）启用
	汶上县	第二批（第一批立项）	大运河南旺枢纽国家考古遗址公园	明代	古水利工程遗址	乡村	2012年12月建成
	济南市章丘区	第三批（第二批立项）	城子崖国家考古遗址公园	新石器	古城遗址	乡村	遗址博物馆（1994年9月）、提升后改名龙山文化博物馆（2013年10月）开放

续表

所在省区市（按音序）	所在地点（地市/区/县）	获批批次	公园名称	遗址时代	遗址类型	遗址区位（城市/城郊或乡村/荒野）	对外开放情况
陕西	西咸新区	第一批	汉阳陵国家考古遗址公园	西汉	古墓葬	乡村	遗址博物馆（2006年3月）开放
	西安市临潼区	第一批	秦始皇陵国家考古遗址公园	秦代	古墓葬	乡村	2010年10月
	西安市新城区	第一批	大明宫国家遗址公园	唐代	古城遗址	城市	2010年10月
	西安市未央区	第三批	汉长安城未央宫国家考古遗址公园	西汉	古城遗址	城市	2013年11月
四川	广汉市	第一批	三星堆国家考古遗址公园	新时期时代至商周时期	古城遗址	乡村	2014年6月
	成都市金牛区	第一批	金沙国家国家考古遗址公园	商代晚期至西周时期	古聚落遗址	城市	2007年4月
新疆	吉木萨尔县	第二批（第一批立项）	北庭故城国家考古遗址公园	唐代	古城遗址	乡村	西大寺（2010年3月）开放
浙江	杭州市余杭区	第一批	良渚国家考古遗址公园	新石器	古城遗址	城郊	2019年7月
	龙泉市	第三批	大窑龙泉窑国家考古遗址公园	宋元	古手工业遗址	乡村	2018年10月
	慈溪市	第三批	上林湖越窑国家考古遗址公园	唐宋	古手工业遗址	乡村	上林湖越窑博物馆和荷花芯窑遗址（2017年9月）开放

表4　第一至三批立项建设国家考古遗址公园统计（67家）
（截至2020年2月4日）

所在省区市（按音序）	所在地点（地市/区/县）	获批批次	公园名称	遗址时代	遗址类型	遗址区位（城市/城郊或乡村/荒野）
安徽	含山县	第二批	凌家滩考古遗址公园	新石器	古聚落遗址	乡村
	寿县	第三批	寿春城考古遗址公园	战国晚期	古城遗址	城郊
	蚌埠市淮上区	第三批	蚌埠双墩考古遗址公园	新石器早期	古聚落遗址	城郊
	蚌埠市禹会区	第三批	禹会村考古遗址公园	新石器晚期	古聚落遗址	城郊
福建	武夷山市	第二批	城村汉城考古遗址公园	汉代	古城遗址	乡村
甘肃	瓜州县	第一批	锁阳城考古遗址公园	隋代至唐代	古城遗址	荒野
	秦安县	第二批	大地湾考古遗址公园	新石器时期	古聚落遗址	乡村
广东	潮州市湘桥区	第三批	笔架山潮州窑考古遗址公园	北宋	古手工业遗址	城市
	台山市	第三批	方济各沙勿略墓园及大洲湾考古遗址公园	明代	古墓葬	城市
广西	桂林市秀峰区	第一批	靖江王府及王陵考古遗址公园	明代	古建筑、古墓葬	城市
	合浦县	第三批	合浦汉墓群与汉城考古遗址公园	两汉	古墓葬	城郊
贵州	赫章县	第一批	可乐考古遗址公园	战国至汉代	古墓葬	乡村
河北	阳原县	第二批	泥河湾考古遗址公园	旧石器	古聚落遗址	乡村
	邯郸市复兴区和邯山区	第二批	赵王城考古遗址公园	战国	古城遗址	城郊
	平山县	第三批	中山古城考古遗址公园	战国早期	古城遗址	乡村
	临漳县	第三批	邺城考古遗址公园	三国曹魏	古城遗址	乡村

续表

所在省区市（按音序）	所在地点（地市/区/县）	获批批次	公园名称	遗址时代	遗址类型	遗址区位（城市/城郊或乡村/荒野）
河南	郑州市管城区	第一批	郑州商城考古遗址公园	商代	古城遗址	城市
	内黄县	第一批	三杨庄考古遗址公园	汉代	古聚落遗址	乡村
	偃师市	第二批	偃师商城考古遗址公园	商代	古城遗址	城市
	信阳市平桥区	第二批	城阳城址考古遗址公园	战国	古城遗址	城郊
	渑池县	第三批	仰韶村考古遗址公园	新石器晚期	古聚落遗址	城郊
	偃师市	第三批	二里头考古遗址公园	夏代中晚期	古城遗址	城郊
	舞阳县	第三批	贾湖考古遗址公园	新石器早期	古聚落遗址	乡村
	陕县	第三批	庙底沟考古遗址公园	新石器晚期	古聚落遗址	城市
	郑州市金山区	第三批	大河村考古遗址公园	新石器晚期、夏商	古聚落遗址	城郊
黑龙江	哈尔滨市阿城区	第二批	金上京考古遗址公园	金代	古城遗址	城郊
湖北	荆州市荆州区	第一批	楚纪南城（含八岭山、熊家冢）考古遗址公园	战国	古城遗址	城市
	大冶市	第二批	铜绿山考古遗址公园	西周至春秋	古矿业遗址	城郊
	潜江市	第二批	龙湾考古遗址公园	新时期、周、西汉至宋代	古城址、古墓葬	乡村
	荆门市	第三批	屈家岭考古遗址公园	新石器	古聚落遗址	乡村
	天门市	第三批	石家河考古遗址公园	新石器	古聚落遗址	乡村
	京山市	第三批	苏家垄墓群考古遗址公园	西周晚期	古墓葬	乡村

续表

所在省区市（按音序）	所在地点（地市/区/县）	获批批次	公园名称	遗址时代	遗址类型	遗址区位（城市/城郊或乡村/荒野）
湖南	龙山县	第一批	里耶古城考古遗址公园	汉代	古城遗址	乡村
	永顺县	第一批	老司城考古遗址公园	五代至清代	古城遗址	乡村
	宁乡市	第二批	炭河里考古遗址公园	周代	古城遗址	乡村
吉林	柳河县	第二批	罗通山城考古遗址公园	魏晋	古城遗址	乡村
	图们市	第三批	磨盘村山城考古遗址公园	唐代	古城遗址	乡村
江苏	扬州市老城区	第一批	扬州城考古遗址公园	隋、唐、宋	古城遗址	城市
	无锡市滨湖区	第二批	阖闾城考古遗址公园	春秋时期	古城遗址	城郊
	高邮市	第三批	龙虬庄考古遗址公园	新石器早期	古聚落遗址	城郊
江西	樟树市	第三批	吴城考古遗址公园	商代中晚期	古城遗址	乡村
	南昌市新建区	第三批	汉代海昏侯国考古遗址公园	西汉	古墓葬	乡村
辽宁	大石桥市	第二批	金牛山考古遗址公园	旧石器	古聚落遗址	乡村
内蒙古	巴林左旗	第二批	辽上京考古遗址公园	辽代	古城遗址	城郊
	乌审旗	第二批	萨拉乌苏考古遗址公园	旧石器	古聚落遗址	乡村
	和林格尔县	第三批	和林格尔土城子考古遗址公园	汉唐	古城遗址	乡村
青海	民和县	第二批	喇家考古遗址公园	新石器时代	古聚落遗址	乡村
山东	泰安市岱岳区	第一批	大汶口考古遗址公园	新石器	古聚落遗址	乡村
	淄博市临淄区	第二批	临淄齐国故城考古遗址公园	春秋战国	古城遗址	城郊
	日照市东港区	第三批	两城镇考古遗址公园	新石器晚期	古聚落遗址	城郊

续表

所在省区市（按音序）	所在地点（地市/区/县）	获批批次	公园名称	遗址时代	遗址类型	遗址区位（城市/城郊或乡村/荒野）
山西	太原市晋源区	第一批	晋阳古城考古遗址公园	春秋至五代	古城遗址	乡村
	永济市	第二批	蒲津渡与蒲州故城考古遗址公园	唐代	古城遗址	乡村
	襄汾县	第三批	陶寺考古遗址公园	新石器晚期	古城遗址	乡村
陕西	西安市未央区	第一批	汉长安城考古遗址公园	西汉	古城遗址	城市
	西安市渭城区	第一批	秦咸阳城考古遗址公园	秦代	古城遗址	城郊
	靖边县	第二批	统万城考古遗址公园	晋	古城遗址	乡村
	汉中市南郑区	第二批	龙岗寺考古遗址公园	旧石器时代至汉	古聚落遗址	城郊
	乾县	第三批	乾陵考古遗址公园	唐代	古墓葬	乡村
	西咸新区	第三批	阿房宫考古遗址公园	秦代	古建筑遗址	城市
	扶风县	第三批	周原考古遗址公园	周代	古城遗址	乡村
	西安市曲江新区	第三批	杜陵考古遗址公园	西汉晚期	古墓葬	城郊
	神木市	第三批	石峁考古遗址公园	新石器晚期至夏代早期	古城遗址	乡村
四川	邛崃市	第三批	邛窑考古遗址公园	南朝至唐、五代	古手工业遗址	乡村
新疆	库车县	第三批	苏巴什佛寺考古遗址公园	魏晋	古建筑	乡村
云南	大理市	第二批	太和城考古遗址公园	唐代	古城遗址	乡村
浙江	嘉兴市	第三批	马家浜考古遗址公园	新石器中期	古聚落遗址	城郊
	安吉县	第三批	安吉古城和龙山越国贵族墓群考古遗址公园	新石器晚期	古城遗址、古墓葬	城郊

二、理念探索①

虽然建设时间还很短,但是我国国家考古遗址公园已经有效促进了大遗址保护、研究和展示,将大遗址变成了富有意义的公共文化空间;②兼顾了文物安全与人民群众日益增长的公共文化服务需求,将大型古遗址保护利用融入所在区域社会经济发展中,有效实现了文物保护、生态修复、城乡发展、民生改善的相互协调,为国际文化遗产保护领域提供了中国案例和中国经验,③从而逐步建立并完善了符合中国国情的国家考古遗址公园建设理念,实现了对中国特色文化遗产管理思想的积极探索与有效实践。

1.理念渊源:文化遗产保护模式的创新

国家考古遗址公园建设是国家层面文化遗产保护的重要战略,体现的是中央政府对国家重要文化遗产保护的主动承担责任。从这个意义来讲,我国国家考古遗址公园建设理念渊源可追溯至《文物保护管理暂行条例》)所确定的全国重点文物保护单位理念。《国家考古遗址公园管理办法(试行)》明确将"已公布为全国重点文物保护单位"规定为国家考古遗址公园立项申请的首要条件。只不过从功能定位来看,全国重点文物保护单位是着眼于保护,而国家考古遗址公园则是立足于保护与利用的协同。

更进一步来看,我国国家考古遗址公园建设理念的直接来源是大遗址保护理念。20世纪90年代,我国更加关注文化遗产保护与利用之协调问题。1997年《国务院关于加强和改善文物工作的通知》提出,要从根本上改变古文

---

① 王京传:《中国特色文化遗产管理思想的新实践》,《中国社会科学报》2019年12月19日。

② 国家文物局:《国家文物局完成首批12家国家考古遗址公园运行评估》,http://www.sach.gov.cn/art/2015/3/27/art_1699_117846.html,2018年9月22日。

③ 国家文物局:《国家考古遗址公园发展报告》,http://www.gov.cn/fuwu/2018-10/12/content_5329798.htm,2018年10月16日。

化遗址保护的被动局面,正确处理好文物保护与经济建设的关系、文物事业发展中社会效益和经济效益的关系。① 2001 年《文物事业"十五"发展规划》提出,要逐步完善和实施既有利于文物保护,又有利于发挥文物作用的管理模式和运作形式。② 同时,还提出实施大型文化遗址保护工程,建设国家级大遗址保护展示园区,提出了后来为国家考古遗址公园所特别重视的遗址展示问题。在此基础上,《国家"十一五"时期文化发展规划纲要》提出建设汉长安城、大明宫、隋唐洛阳城、殷墟、偃师商城等一批重点大遗址保护展示园区;③《国家文物事业"十一五"发展规划》提出要探索由大遗址群组成的若干历史文化保护片区综合保护模式,建成和完善具有较高质量和标准的大遗址保护和展示示范园区;④《"十一五"期间大遗址保护总体规划》则在大遗址保护展示示范园区建设规划中,明确提出了遗址公园概念。⑤ 这些文件表明,我国对大型文化遗产整体性保护理念的确立,以及通过遗址公园创新文化遗产保护模式之理念的形成,从而为后来国家考古遗址公园所实践的整体性、综合性保护理念奠定了基础。

2. 理念确立:文化遗产保护利用协同机制的形成

2009 年 6 月 12 日,国家文物局在浙江良渚举办主题为"大遗址保护与考古遗址公园建设"的大遗址保护论坛。时任国家文物局局长单霁翔在主题演讲中基于"在继续加强考古和保护工作的基础上,遗址的展示与利用将是今

---

① 国务院:《关于加强和改善文物工作的通知》,国家文物局编:《中国文化遗产事业法规文件汇编(上)》,文物出版社 2009 年版,第 316—319 页。

② 国家文物局:《文物事业"十五"发展规划和 2015 年远景目标纲要》,国家文物局编:《中国文化遗产事业法规文件汇编(下)》,文物出版社 2009 年版,第 410—421 页。

③ 文化部:《国家"十一五"时期文化发展规划纲要》,http://www.gov.cn/jrzg/2006-09/13/content_388046.htm#,2018 年 9 月 17 日。

④ 国家文物局:《国家文物事业"十一五"发展规划》,http://www.zj.gov.cn/art/2011/7/25/art_5495_271254.html,2018 年 9 月 17 日。

⑤ 国家文物局:《"十一五"期间大遗址保护总体规划》,http://www.ccsc.gov.cn/qwfb/200810/t20081029_4035464.html,2018 年 9 月 17 日。

后面临的重要课题"之判断,全面分析了考古遗址公园建设的国际经验、中国理念以及时代价值。① 本次论坛所形成的《关于建设考古遗址公园的良渚共识》,系统阐述了我国考古遗址公园建设思想。该共识基于"加强遗址保护、深化遗址展示与利用的有效途径",界定了考古遗址公园"符合现阶段大遗址保护的实际需要""具有鲜明的中国文化遗产保护特色"之属性;基于"以保护展示遗址本体及其内涵和价值为根本目的",明确了考古遗址公园"立足于遗址及其背景环境的保护、展示与利用,兼顾教育、科研、游览、休闲等多项功能"之定位。② 这标志着我国考古遗址公园建设理念已经形成。

2009 年 12 月,《国家考古遗址公园管理办法(试行)》系统规定了我国国家考古遗址公园建设理念以及相应的实践路径。该办法是我国国家考古遗址公园建设的首部专项法规,也是国家层面对考古遗址公园建设理念的首次官方阐释。该办法所强调的"促进考古遗址的保护、展示与利用","有效发挥文化遗产保护在经济社会发展中的作用",③标志着我国依托国家考古遗址公园来探索文化遗产保护利用协同机制之理念的正式确立。同时,该办法在实践层面对国家考古遗址公园申报、管理、运营等的明确规定,以及所附之评定细则和评定分值表,更是体现出我国国家考古遗址公园建设理念的进一步发展。

2010 年 10 月我国评定第一批国家考古遗址公园后,各级地方政府积极响应,纷纷启动国家考古遗址公园建设或申报准备工作,但是各地实践中"考古与研究不足、定位不清、急于求成、重建设轻保护、重建设轻运营等问题"很快出现。④ 在此背景下,2012 年 12 月国家文物局发布《关于进一步规范考古

---

① 单霁翔:《让大遗址如公园般美丽——在 2009 年大遗址保护良渚论坛上发言》,http://www.zjww.gov.cn/culture/2009-06-12/184136904.shtml,2018 年 7 月 11 日。

② 论坛全体代表:《关于建设考古遗址公园的良渚共识》,安磊编:《国家考古遗址公园实用手册》,文物出版社 2015 年版,第 215 页。

③ 国家文物局:《国家考古遗址公园管理办法(试行)》,https://wenku.baidu.com/view/b69f22d0b1717fd5360cba1aa8114431b90d8e82.html,2018 年 12 月 11 日。

④ 国家文物局:《关于进一步规范考古遗址公园建设暨启动第二批国家考古遗址公园评定工作的通知》,安磊编:《国家考古遗址公园实用手册》,文物出版社 2015 年版,第 157—160 页。

遗址公园建设暨启动第二批国家考古遗址公园评定工作的通知》，要求国家考古遗址公园建设要进一步加强可行性研究，强化科学性，明确建设内容，规范建设过程，探索运营模式。该通知提出的充分评估考古遗址的区位条件、资源条件，审慎开展遗址公园建设；重视考古工作的基础性作用，全面贯彻保护为主、考古先行原则，加强考古研究；注重考古遗址的保护展示及其价值的阐释，区分考古遗址公园与主题公园，强化规划编制；坚持公益性，纳入公共文化服务体系，同时注重文化产品的开发，延长文化产业链，进而反哺遗址保护等理念，①都是基于我国国情对国家考古遗址公园建设思想的进一步丰富和提升。自此，坚持原生态保护，协同遗址考古、保护、研究、展示和合理利用，探索创新运营模式，充分发挥在公共文化服务体系中的作用，成为我国国家考古公园建设理念的重要内容。

3. 理念深化：中华优秀传统文化传承体系的融入

2014 年 4 月，国家文物局出台《国家考古遗址公园评估导则（试行）》，委托第三方专业机构对首批 12 家国家考古遗址公园 2011—2013 年运行情况进行评估。2015 年 3 月完成的《国家考古遗址公园评估总报告（2011—2013 年度）》，提出国家考古遗址公园已经成为传承和感知中华民族传统文化的重要空间，是我国优秀传统文化传承体系的重要组成部分。② 这标志着我国在指导思想和实践路径两个层面对国家考古遗址公园的认识都已经进一步深化，传承中华优秀传统文化被纳入国家考古遗址公园建设理念之中，国家考古遗址公园日益融入中华优秀传统文化传承体系。

党的十八大以来，习近平总书记"让收藏在禁宫里的文物、陈列在广阔大

---

① 国家文物局：《关于进一步规范考古遗址公园建设暨启动第二批国家考古遗址公园评定工作的通知》，安磊编：《国家考古遗址公园实用手册》，文物出版社 2015 年版，第 157—160 页。

② 国家文物局：《国家文物局完成首批 12 家国家考古遗址公园运行评估》，http://www.sach.gov.cn/art/2015/3/27/art_1699_117846.html，2018 年 9 月 22 日。

地上的遗产、书写在古籍里的文字都活起来"①和"讲好中国故事,传播好中国声音,阐释好中国特色"之重要指示,推动我国文化遗产保护利用思想不断提升和完善。国务院《关于进一步加强文物工作的指导意见》强调发挥文物资源在传承和弘扬中华优秀传统文化中的重要作用,并提出要加强大遗址保护和国家考古遗址公园建设;②《国家文物事业发展"十三五"规划》提出继续实施国家考古遗址公园建设工程,推动考古、保护、研究与展示、利用的良性循环;③《关于实施中华优秀传统文化传承发展工程的意见》将保护传承文化遗产列为重点任务,提出"规划建设一批国家文化公园,成为中华文化重要标识"。④ 在上述国家文化遗产管理重要精神指导下,我国完成对国家考古遗址公园建设的顶层设计,实现了对国家考古遗址公园建设理念的全面深化。2017 年 10 月出台的《国家考古遗址公园创建及运行管理指南(试行)》在我国大遗址保护和国家考古遗址公园建设进入新的历史阶段之背景下,更全面体现出我国基于中华优秀传统文化传承体系的国家考古遗址公园建设理念。《管理指南》强调国家考古遗址公园创建所依托的考古遗址应具备突出的历史、艺术和科学价值,具有不可替代的国家重要性,在实证中华文明的起源发展、传承融合,彰显中华文明的特质方面具有典型性和独特性;运行中要进一步阐释遗址价值、内涵、历史背景及其所承载的中华优秀传统文化,致力于社会主义核心价值观的涵养与弘扬。⑤ 2017 年 12 月,国家文物局局长刘玉珠在"国家考古遗址公园现场工作会"会议讲话中强调"国家考古遗址公园作为中

① 习近平:《"平语"近人——习近平谈文物工作》,《中国文物科学研究》2016 年第 2 期。

② 国务院:《关于进一步加强文物工作的指导意见》,http://www.gov.cn/zhengce/content/2016-03/08/content_5050721.htm,2017 年 11 月 3 日。

③ 国家文物局:《国家文物事业发展"十三五"规划》,http://www.sach.gov.cn/art/2017/2/21/art_722_137348.html,2017 年 4 月 21 日。

④ 中共中央办公厅、国务院办公厅:《关于实施中华优秀传统文化传承发展工程的意见》,http://www.gov.cn/zhengce/2017-01/25/content_5163472.htm,2017 年 2 月 17 日。

⑤ 国家文物局:《国家考古遗址公园创建及运行管理指南(试行)》,http://www.sach.gov.cn/art/2018/1/30/art_1036_146797.html,2018 年 7 月 11 日。

华优秀传统文化创造性转化和创新性发展的重要举措,具有鲜明的时代特色,符合中国国情"。①

4. 理念创新:文化遗产类国家公园体系的探索②

2014年8月,《国务院关于促进旅游业改革发展的若干意见》强调要"稳步推进建立国家公园体制,实现对国家自然和文化遗产地更有效的保护和利用";③2017年12月,国务院《关于文化遗产工作情况的报告》提出要"积极探索依托国家公园推进文化遗产与自然遗产协同保护的有效机制"。④ 这表明建设文化遗产类国家公园,通过国家公园体系来实现对重要文化遗产的国家保护已经在国内文化遗产管理思想之中有初步体现。基于属性定位、功能设计、建设基础以及运营实践等,国家考古遗址公园较为具备成为文化遗产类国家公园建设探索者之条件。实际上早在2015年11月,国家考古遗址公园联盟第五届联席会《桂林宣言》就提出"建议将国家考古遗址公园纳入国家公园体系,成为国家公园的重要组成部分";⑤12月,时任国家文物局副局长童明康在《中国文物报》发表文章,强调科学推进考古遗址公园建设,丰富我国国家公园体系。⑥ 2018年10月,《国家考古遗址公园发展报告》提出要进一步

---

① 文化部:《国家考古遗址公园现场工作会召开》,http://www.sohu.com/a/208325741_543931,2018年2月1日。

② 王京传:《文明的魔方:文化遗产类国家公园》,《中国社会科学报》2017年第8期;王京传:《文化遗产类国家公园建设:美国实践和中国探索》,山东省文物考古研究院、山东大学历史文化学院、临淄区齐文化发展研究中心、齐文化博物馆编:《传承与创新:考古学视野下的齐文化学术研讨会论文集》,上海古籍出版社2019年版,第713—718页。

③ 国务院:《关于促进旅游业改革发展的若干意见》,http://www.gov.cn/zhengce/content/2014-08/21/content_8999.htm,2018年7月13日。

④ 雒树刚:《国务院关于文化遗产工作情况的报告》,http://npc.people.com.cn/n1/2017/1225/c14576-29726955.html,2018年7月13日。

⑤ 韩江:《中国大遗址保护与旅游融合高峰论坛暨国家考古遗址公园联盟第五届联席会在桂林召开》,http://www.gxwht.gov.cn/culture/show/14054.html,2018年7月15日。

⑥ 童明康:《科学推进考古遗址公园建设　丰富我国国家公园体系》,《中国文物报》2015年第3期。

突出国家属性,系统、全面地展现中华文明的历史文化价值和中华民族的精神追求,建成一批能够代表中华文明发展历程和一体多样格局的国家考古遗址公园,成为国家文化地标和精神标识。①

2017 年 9 月我国出台的《建立国家公园体制总体方案》,主要是立足于生态文明体制改革和生态文明建设,着重于自然景观类国家公园建设,没有对文化遗产类国家公园建设进行具体规划。但是,基于国际经验借鉴和中国现实之需,随着我国国家公园体制逐步完善,文化遗产类国家公园应该成为其重要内容。正如本书在前面"国家公园建设理论"部分已经分析的情况,国际视野来看,美国、加拿大、意大利、希腊、日本、柬埔寨、巴基斯坦等许多国家已经在依托文化遗产建设国家公园方面提供了很丰富的实践案例,②为我国扩充国家公园体系、建设文化遗产类国家公园提供了理论依据和实施路径。进一步从现实之需来看,我国文化遗产资源数量众多、类型多样、内涵丰富、价值深远,文化遗产保护责任巨大,文化遗产利用亟需创新。这也要求我国依托正在建设的国家考古遗址公园、国家文化公园等试点建设文化遗产类国家公园,并基于文化遗产功能属性定位、空间分布特征、遗存丰富程度、文化生态系统完整度等因素之差异而建立其他类型文化遗产类国家公园成员,探索中国特色的文化遗产类国家公园体系,建立中央政府对国家重要文化遗产保护利用的有效实现机制。③

---

① 国家文物局:《国家考古遗址公园发展报告》,http://www.gov.cn/fuwu/2018 - 10/12/content_5329798.htm,2018 年 10 月 16 日。

② 王京传:《文化遗产类国家公园建设:美国实践和中国探索》,山东省文物考古研究院、山东大学历史文化学院、临淄区齐文化发展研究中心、齐文化博物院编:《传承与创新:考古学视野下的齐文化学术研讨会论文集》,上海古籍出版社 2019 年版,第 713—718 页。

③ 王京传:《美国国家历史公园建设及对中国的启示》,《北京社会科学》2018 年第 1 期。

第三章　国家考古遗址公园的
功能定位

　　根据联合国教科文组织《保护世界文化和自然遗产公约》，国家考古遗址公园所依托的考古遗址属于文化遗产的三种类型之一，其在历史、审美、人种学或人类学角度具有突出价值。从国际理念来看，当代国际文化遗产管理正在实现"以物为本"向"以人为本"的回归，基于社会关系视角重视遗产在社会生活中的作用和关注过去被忽略的遗产相关群体（如社区、公众），"重新思索遗产与民众的关系，在新的框架下推进遗产的保护与利用"；[①]从国内实践来看，习近平总书记强调要"让收藏在禁宫里的文物、陈列在广阔大地上的遗产、书写在古籍里的文字都活起来"，[②]中央深化改革领导小组《关于加强文物保护利用改革的若干意见》提出，文物保护利用要不断满足人民日益增长的美好生活需要，让文物活起来、文化遗产活起来而实现与人民群众生活的对接已经成为新时代中国文化遗产管理的新理念。[③] 在此背景下，国家考古遗址公园功能定位要基于"以人为本"之国际文化遗产管理理念，融合文化遗产管

---

　　① 马庆凯、程乐：《从"以物为本"到"以人为本"的回归：国际遗产学界新趋势》，《东南文化》2019年第2期。

　　② 习近平：《"平语"近人——习近平谈文物工作》，《中国文物科学研究》2016年第2期。

　　③ 中共中央办公厅、国务院办公厅：《关于加强文物保护利用改革的若干意见》，http://www.gov.cn/zhengce/2018-10/08/content_5328558.htm，2019年3月1日。

理国际公约所确立的国际理念体系和国内法律法规所构建的中国实践模式，整合考古遗址的公共资源属性和国家考古遗址公园的公共产品属性。①

一、国际公约视野下的国家考古遗址公园功能定位

自 1931 年《关于历史性纪念物修复的雅典宪章》以来，联合国教科文组织、国际古迹理事会等先后颁布了一系列文化遗产管理国际公约，对考古遗址管理进行了较为全面的阐释，确立了遗址保护与利用的理念和途径。具体来看，《雅典宪章》确立了考古遗址国家立法保护、回填保护、监护式保护（custodial protection）之原则；②《关于适用于考古发掘的国际原则的建议》（1956）强调应作出"一切必要安排"以便于公众接近遗址；③《关于保护景观和遗址的风貌与特征的建议》（1962）强调遗址应开展公共教育活动和设立专门博物馆，或者现有博物馆内部设立专门部门开展研究和展示工作。④ 此后，《威尼斯宪章》（1964）明确提出了保护与利用的关系——"为社会公用之目的使用古迹永远有利于古迹的保护"，首次确立了利用在古迹遗址管理工作中的合法地位。⑤《保护世界文化和自然遗产公约》（1972）强调保护文化遗产"对全世界人民都很重

---

① 刘以慧、王京传：《国家考古遗址公园功能定位的三重向度》，《中国社会科学报》2021 年1 月 7 日。

② 第一届历史纪念物建筑师及技师国际会议：《关于历史性纪念物修复的雅典宪章》，联合国教科文组织世界遗产中心、国际古迹遗址理事会、国际文物保护与修复研究中心、中国国家文物局编：《国际文化遗产保护文件选编》，文物出版社 2007 年版，第 1—4 页。

③ 联合国教科文组织：《关于适用于考古发掘的国际原则的建议》，联合国教科文组织世界遗产中心、国际古迹遗址理事会、国际文物保护与修复研究中心、中国国家文物局编：《国际文化遗产保护文件选编》，文物出版社 2007 年版，第 39—45 页。

④ 联合国教科文组织：《关于保护景观和遗址的风貌与特征的建议》，联合国教科文组织世界遗产中心、国际古迹遗址理事会、国际文物保护与修复研究中心、中国国家文物局编：《国际文化遗产保护文件选编》，文物出版社 2007 年版，第 46—51 页。

⑤ 吴铮铮、刘军民：《百年来世界文化遗产保护理论体系的形成与发展》，《西北大学学报（哲学社会科学版）》2013 年第 5 期。

要"，对具有突出重要性的文化遗产需作为全人类世界遗产加以保护，国际社会都有责任来参与保护工作；将文化遗产管理工作范畴更全面界定为"确定、保护、保存、展出和遗传后代"以及科学研究、教育，并将之明确为"主要是有关国家的责任"。①《国际文化旅游宪章》（1999）体现出对古迹遗址功能的更进一步认识，强调文化遗产是日常生活和社会进步的参照点，是社会资产的主要来源之一，保护是为了让来访者和东道主社区了解文化遗产所在地的重要性，因此古迹遗址旅游应确保带给游客有价值的经历、为东道主社区提供利益。②

　　国际公约强调文化遗产保护要超越遗产本体，拓展至周边环境等要素，实现整体保护。《关于历史性纪念物修复的雅典宪章》提出应注意对古迹周边地区的保护；③《关于保护景观和遗址的风貌与特征的建议》提出保护不应只局限于遗址，应扩展到那些全部或部分由人工形成的遗址；④《威尼斯宪章》进一步强调古迹不能与其所见证的历史和其产生的环境分离，古迹保护"包含着对一定规模环境的保护"。⑤ 以这些理念为引导，《考古遗产保护与管理宪章》）（1990）确立了考古遗址的整体保护政策，提出要划定考古保护区；⑥《西

---

　　① 联合国教科文组织：《保护世界文化和自然遗产公约》，联合国教科文组织世界遗产中心、国际古迹遗址理事会、国际文物保护与修复研究中心、中国国家文物局编：《国际文化遗产保护文件选编》，文物出版社 2007 年版，第 70—79 页。

　　② 国际古迹遗址理事会：《国际文化旅游宪章（重要文化古迹遗址旅游管理原则和指南）》，联合国教科文组织世界遗产中心、国际古迹遗址理事会、国际文物保护与修复研究中心、中国国家文物局编：《国际文化遗产保护文件选编》，文物出版社 2007 年版，第 176—189 页。

　　③ 第一届历史纪念物建筑师及技师国际会议：《关于历史性纪念物修复的雅典宪章》，联合国教科文组织世界遗产中心、国际古迹遗址理事会、国际文物保护与修复研究中心、中国国家文物局编：《国际文化遗产保护文件选编》，文物出版社 2007 年版，第 1—4 页。

　　④ 联合国教科文组织：《关于保护景观和遗址的风貌与特征的建议》，联合国教科文组织世界遗产中心、国际古迹遗址理事会、国际文物保护与修复研究中心、中国国家文物局编：《国际文化遗产保护文件选编》，文物出版社 2007 年版，第 46—51 页。

　　⑤ 第二届历史古迹建筑师及技师国际会议：《关于古迹遗址保护与修复的国际宪章（威尼斯宪章）》，联合国教科文组织世界遗产中心、国际古迹遗址理事会、国际文物保护与修复研究中心、中国国家文物局编：《国际文化遗产保护文件选编》，文物出版社 2007 年版，第 52—54 页。

　　⑥ 国际古迹遗址理事会：《考古遗产保护与管理宪章》，联合国教科文组织世界遗产中心、国际古迹遗址理事会、国际文物保护与修复研究中心、中国国家文物局编：《国际文化遗产保护文件选编》，2007 年版，第 136—140 页。

安宣言》(2005)全面阐释了古迹遗址周边环境的概念、价值,以及对其保护的意义、目的和手段,强调要可持续地管理周边环境,①从而丰富和完善了国际文化遗产管理中的整体性保护思想。这在后来联合国教科文组织发布的《实施〈保护世界文化与自然遗产公约〉的操作指南(2005)》中被直接确定为"实施系列整体政策,旨在使遗产在当地社会生活中发挥作用"。② 在这些国际公约基础上,2015年国际古迹遗址理事会考古公园第一次国际会议《塞拉莱(Salalah)建议》强调考古公园将科学研究与公众有机联系起来。③

对于地处城市之中的文化遗产,《雅典宪章》(1933)提出在城市发展中无论是单体建筑还是城市片区形式的具有历史价值古建筑、代表某种历史文化并引起普遍兴趣的建筑都应该保留,但是历史建筑的保留不应妨碍居民享受健康生活条件的要求,不允许为了保留而不顾其可能带来的贫穷、混乱和疾病,应通过"获得巧妙的解决方案"来解决这种问题。④ 作为对《雅典宪章》的修正和补充,《马丘比丘宪章》(1977)提出城市规划中保护、恢复和重新使用现有历史遗址必须同城市建设过程结合起来,以保证这些文物具有经济意义并继续具有生命力,从而更进一步形成了文化遗产保护与当代社会发展协调之思想。⑤ 2000年,《北京共识》则更直接的提出文化遗产保护与现代化城市

---

① 国际古迹遗址理事会:《西安宣言——关于古建筑、古遗址和历史区域周边环境的保护》,《文物工作》2005年第12期。

② 联合国教科文组织:《实施〈保护世界文化与自然遗产公约〉的操作指南(2005)》,联合国教科文组织世界遗产中心、国际古迹遗址理事会、国际文物保护与修复研究中心、中国国家文物局编:《国际文化遗产保护文件选编》,文物出版社2007年版,第256—325页。

③ International Council on Monuments and Sites, " Salalah Recommendation ", http://whc.unesco.org/en/news/1256,2019-10-16.

④ 国际现代建筑协会:《雅典宪章》,联合国教科文组织世界遗产中心、国际古迹遗址理事会、国际文物保护与修复研究中心、中国国家文物局编:《国际文化遗产保护文件选编》,文物出版社2007年版,第5—29页;世界遗产中心、国际古迹遗址理事会、国际文物保护与修复研究中心、中国国家文物局编:《国际文化遗产保护文件选编》,文物出版社2007年版,第46—51页。

⑤ 国际现代建筑协会:《马丘比丘宪章》,联合国教科文组织世界遗产中心、国际古迹遗址理事会、国际文物保护与修复研究中心、中国国家文物局编:《国际文化遗产保护文件选编》,文物出版社2007年版,第102—107页。

建设的根本利益是一致的。①

这些国际公约或是界定了社会应如何有效管理文化遗产,或是确定了文化遗产应该如何走向社会和为社会提供哪些价值和作用,实际上也就是从考古遗址自身层面规定了国家考古遗址公园的功能定位问题。综合上面分析,基于国际公约已经形成共识,国家考古遗址公园的功能定位应立足三个层面:整体性保护、多元化合理利用(展示、研究、教育、旅游等)、推动保护与当代经济社会发展协调。

二、国内法律法规视野下的国家
考古遗址公园功能定位

新中国成立以来,我国一直在探索中国特色文化遗产管理思想,着力基于国际准则坚守与中国国情创新来确立和完善符合中国国情、民情的文化遗产保护利用之路。多次修订的《文物保护法》、《中国文物古迹保护准则》以及国务院等部门出台的一系列重要文件,全面体现了我国文化遗产管理着力从原状保护模式逐渐完善成为保护利用协同机制的演变过程。

1961 年国务院《文物保护管理暂行条例》确立了国家所有、政府(各级人民委员会)负责的文物保护制度,确定了政府分层级管理的文物保护单位模式;②1962 年文化部《文物保护单位保护管理暂行办法》针对文物保护单位的保护范围划定提出了重点保护区、一般保护区、安全保护区等概念。③ 1982 年

---

① 中国文化遗产保护与城市发展国际会议:《北京共识》,联合国教科文组织世界遗产中心、国际古迹遗址理事会、国际文物保护与修复研究中心、中国国家文物局编:《国际文化遗产保护文件选编》,文物出版社 2007 年版,第 200—201 页。

② 国务院:《文物保护管理暂行条例》,国家文物局编:《中国文化遗产事业法规文件汇编(上)》,文物出版社 2009 年版,第 30—32 页。

③ 文化部:《文物保护单位保护管理暂行办法》,国家文物局编:《中国文化遗产事业法规文件汇编(上)》,文物出版社 2009 年版,第 51—53 页。

我国第一部《文物保护法》,基于文物的历史、艺术、科学价值,确立了包括文物保护、科学研究、继承遗产、爱国主义和革命教育、精神文明建设的文物管理目标,明确了遗址保护不改变原状之原则。具体到考古遗址保护来看,当时除将少数特别具有影响力的遗址(如秦始皇陵兵马俑坑、定陵)开辟为旅游景点而对外开放外,大部分都是采用的回填式封闭保护模式。但是从 20 世纪 90 年代开始,这种模式受到了挑战,其最典型的表现就是地处城市内部及周边的遗址所在地,因受保护的限制而无法参与到城市化进程之中,当地经济社会发展受到严重阻碍。在这种背景下,我国着力探索如何实现文化遗产保护模式的创新,以推动文化遗产保护与当地经济社会发展的协调,使遗址不是发展的包袱而是当地发展的资源、资本和动力。1997 年国务院《关于加强和改善文物工作的通知》强调应贯彻"有效保护,合理利用,加强管理"的原则,正确处理好文物保护与经济建设的关系;[①]2000 年《中国文物古迹保护准则》强调文物古迹应当得到合理利用,但利用必须以坚持社会效益为准则;[②]2001 年《国家文物事业"十五"发展规划》提出要探索合理利用文物的多种方式,逐步完善和实施有效保护文物和发挥文物作用同时实现的管理模式。[③] 也正是在这些理念指导下,我国开始创新大遗址保护模式,建设可视之为国家考古遗址公园前身的大遗址展示示范区,并逐步启动了国家考古遗址公园建设。从这个意义来讲,我国文物工作方针中的保护为主和合理利用应成为国家考古遗址公园功能定位的基本出发点。

2009 年 12 月,国家文物局出台《国家考古遗址公园管理办法(试行)》,明确了"促进考古遗址保护、展示与利用""有效发挥其在经济社会发展中的

---

① 国务院:《关于加强和改善文物工作的通知》,国家文物局编:《中国文化遗产事业法规文件汇编(上)》,文物出版社 2009 年版,第 316—319 页。

② 国际古迹遗址理事会中国国家委员会:《关于〈中国文物古迹保护准则〉若干重要问题的阐述》,《中国长城博物馆》2013 年第 2 期。

③ 国家文物局:《文物事业"十五"发展规划和 2015 年远景目标纲要》,国家文物局编:《中国文化遗产事业法规文件汇编(下)》,文物出版社 2009 年版,第 410—421 页。

作用"的目标,确立了其依托主体的重要性和整体性(重要考古遗址及其背景环境)、功能的综合性和多元化(保护、展示、科研、教育、游憩等)以及定位的示范性和公共性(具有全国性示范意义的特定公共空间),并要求申报单位的遗址公园规划要符合保护规划。① 这正体现出对前面所强调的保护为主、合理利用思想之具体实践。在第二批国家考古遗址公园申报通知中,我国又进一步提出要坚持国家考古遗址公园建设的公益性,将之纳入公共文化服务体系,但同时要重视经济性,注重文化产品开发,延长文化产业链。近年来,我国出台的文化遗产管理法律法规为国家考古遗址功能定位确立了新的指向。2015 年修订版《中国文物古迹保护准则》将文化遗产价值拓展为历史、艺术、科学、社会和文化价值,将合理利用确认为文物古迹保护的重要内容,并提出了合理利用的原则和方式(研究、展示、延续原有功能,赋予当代新的功能);②2016 年国务院《关于进一步加强文物工作的指导意见》要求深入挖掘和系统阐发文物所蕴含的文化内涵和时代价值,切实做到在保护中发展、在发展中保护,大力发展文博创意产业,进一步拓展产业发展空间,开发原创文化产品,打造文化创意品牌;③2017 年《国家文物事业发展"十三五"规划》对文物合理利用模式进行了显著创新,突破了以往单一发展旅游业之视野,强调"促进文化创意产品开发"。新时期我国文化遗产管理思想的上述重要创新和优化,要求国家考古遗址公园的功能定位必须要进一步提升,相应的功能体系也要进一步丰富。2018 年 10 月《国家考古遗址公园发展报告》确立了国家考古遗址公园"日益成为所在地公共文化服务供给的新亮点"之近期目标和"成为国家文化地标和精神标识"之中长期目标,将其纳入中华优秀传统文化传

---

① 国家文物局:《国家考古遗址公园管理办法(试行)》,https://wenku.baidu.com/view/b69f22d0b1717fd5360cba1aa8114431b90d8e82.html,2012 年 10 月 11 日。

② 国际古迹遗址委员会中国国家委员会:《中国文物古迹保护准则(2015)》,国际古迹遗址委员会中国国家委员会 2015 年版,第 33 页。

③ 国务院:《关于进一步加强文物工作的指导意见》,http://www.gov.cn/zhengce/content/2016-03/08/content_5050721.htm,2017 年 11 月 3 日。

承体系,赋予其"促进中华优秀传统文化的创造性转化与创新性发展"的时代使命。①

三、公共性视野下的国家考古
遗址公园功能定位

考古遗址属于公共资源,其不仅属于所在地区、国家,更是全世界共有的文化遗产。正如《威尼斯宪章》基于人类价值统一性所提出的应"把古代遗迹看作共同的遗产",认识到为后代保护这些古迹的共同责任。② 因此,该宪章提出的"为社会公用之目的"是考古遗址利用的最根本立足点,公共利益应是其追求的核心价值所在。这在其他国际、国内文化遗产管理的相关制度设计之中也有诸多体现。国际视野来看,《保护世界文化和自然遗产公约》所提出的"普遍价值"实际上就是基于国家整体和国际社会之公共维度来进行判断,《关于在国家一级保护文化和自然遗产的建议》所确立的国家有责任为国民和国际社会保护自己所拥有的文化遗产之理念亦是公共性之表现,《关于保护可移动文化财产的建议》(1978)等所强调的人类共同遗产、人类遗产、全人类的共同财富等概念也都直接体现了公共性,《国际文化旅游宪章》更直接的要求旅游和保护活动应提供公正的经济、社会、文化效益而使东道主社区受益;③国内情况来看,《文物保护管理暂行条例》规定"一切现在地下遗存的文

---

① 国家文物局:《国家考古遗址公园发展报告》,http://www.gov.cn/fuwu/2018 - 10/12/content_5329798.htm,2018 年 10 月 16 日。

② 第二届历史古迹建筑师及技师国际会议:《关于古迹遗址保护与修复的国际宪章(威尼斯宪章)》,联合国教科文组织世界遗产中心、国际古迹遗址理事会、国际文物保护与修复研究中心、中国国家文物局编:《国际文化遗产保护文件选编》,文物出版社 2007 年版,第 52—54 页。

③ 国际古迹遗址理事会:《国际文化旅游宪章(重要文化古迹遗址旅游管理原则和指南)》,联合国教科文组织世界遗产中心、国际古迹遗址理事会、国际文物保护与修复研究中心、中国国家文物局编:《国际文化遗产保护文件选编》,文物出版社 2007 年版,第 176—189 页。

物,都属于国家所有",①国务院《关于加强历史文物保护工作的通知》(1980)强调"埋藏在地下的历史文物统属国家财产",②《宪法》(1982)明确规定"国家保护名胜古迹、珍贵文物和其他重要历史文化遗产",③《中国文物古迹保护准则(2000)》更清晰提出文物古迹"不但是中国各族人民的,也是全人类共同的财富"和对其利用要坚持以及社会效益为准则,④国务院《关于加强文化遗产保护的通知》再次强调文化遗产是"全人类文明的瑰宝",⑤《关于建设考古遗址公园的良渚共识》强调"考古遗址是全民共有的文化遗产资源,其保护与展示具有公益性",⑥《中国文物古迹保护准则(2015)》明确要求文物古迹合理利用是突出文物古迹公益性的利用,⑦国务院《关于进一步加强文物工作的指导意见(2016)》更全面的对公共性进行了阐释:坚持公益属性、发挥公共文化服务和社会教育功能、保障人民群众基本文化权益、共享文物保护利用成果。⑧

从文化产品供给角度来讲,国家考古遗址公园属于公共产品,其"必然性定位为非营利性公益事业"。⑨ 公益性是国家考古遗址公园的核心特征,因

---

①　国务院:《文物保护管理暂行条例》,国家文物局编:《中国文化遗产事业法规文件汇编(上)》,文物出版社 2009 年版,第 30—32 页。

②　国务院:《关于加强历史文物保护工作的通知》,国家文物局编:《中国文化遗产事业法规文件汇编(上)》,文物出版社 2009 年版,第 108—109 页。

③　第五届全国人民代表大会第五次会议:《中华人民共和国宪法(节选)》,国家文物局编:《中国文化遗产事业法规文件汇编(上)》,文物出版社 2009 年版,第 146 页。

④　国际古迹遗址理事会中国国家委员会:《关于〈中国文物古迹保护准则〉若干重要问题的阐述》,《中国长城博物馆》2013 年第 2 期。

⑤　国务院:《关于加强文化遗产保护工作的通知》,http://www.gov.cn/gongbao/content/2006/content_185117.htm,2017 年 11 月 27 日。

⑥　论坛全体代表:《关于建设考古遗址公园的良渚共识》,安磊编:《国家考古遗址公园实用手册》,文物出版社 2015 年版,第 215 页。

⑦　国际古迹遗址委员会中国国家委员会:《中国文物古迹保护准则(2015)》,国际古迹遗址委员会中国国家委员会 2015 年版,第 29 页。

⑧　国务院:《关于进一步加强文物工作的指导意见》,http://www.gov.cn/zhengce/content/2016-03/08/content_5050721.htm,2017 年 11 月 3 日。

⑨　杜金鹏:《国家考古遗址公园建设中的几个问题》,杜金鹏编:《文化遗产科学研究》,科学出版社 2017 年版,第 204—208 页。

此国家考古遗址公园应该"坚持公益为民,促进社会参与,维护群众的基本文化权益,自觉承担公园的社会服务功能"。① 从理论上来讲,其应该是基于公共资源开发的,由政府主导立项确立、建设过程以及运营管理的纯公共产品,具有典型的非竞争性和非排他性。但是,考虑到所依托考古遗址资源对开发之承受能力和空间容量承载能力的限制,国家考古遗址公园特别是其遗址核心区所能接纳的文化消费者人数无论是瞬时数量还是总体规模都是存在上限的。同时,基于前面国际公约和国内法律所共同强调的保护是文化遗产管理工作之最根本和最核心理念,保护考古遗址应是国家考古遗址公园建设的首要原则,因此将国家考古遗址公园定位为准公共产品会更有利于文化遗产保护与利用之协同实现。据此,一方面,国家考古遗址公园通常会采用门票制或预约制来调控游客数量;另一方面,要通过外部空间拓展或开发非空间依托型文化产品来提高消费者接纳能力以满足更多人们之文化需求。

基于上述国内外文化遗产管理中对考古遗址之公共资源属性的阐释,以及国家考古遗址公园公共产品性质的分析,国家考古遗址公园应立足于"全民共有性质的国家层面文化遗产管理",②基于公共资源价值实现的内在要求,以公共产品为基本属性,以公共利益为效益导向,以建设成果共享为价值追求,以建设与管理过程开放、透明为机制保障,以纳入文化公共服务、传承优秀传统文化、推动区域发展为现实目标。2018 年 10 月,《国家考古遗址公园发展报告》对国家考古遗址公园的定义进行了一定的补充,提出国家考古遗址公园"是指以重要考古遗址及其背景环境为主体,具有历史文化意义及科研、教育、游憩等功能,在考古遗址保护和展示方面具有全国性示范意义的特

---

① 国家文物局:《国家考古遗址公园发展报告》,http://www.gov.cn/fuwu/2018-10/12/content_5329798.htm,2018 年 10 月 16 日。

② 杜金鹏:《国家考古遗址公园建设中的几个问题》,杜金鹏编:《文化遗产科学研究》,科学出版社 2017 年版,第 204—208 页。

定公共空间"。① 该概念较《国家考古遗址公园管理办法(试行)》进一步凸显了国家考古遗址公园的"历史文化意义",进一步明确了其文化属性,并全面确立了其"突出国家属性、坚持价值优先、弘扬优秀文化、促进融合发展"之基本定位。综上,国家考古遗址公园功能定位应是面向全社会开放,服务于全民大众,②惠及民生,满足多元化利益相关者的多层次公共文化需求,实现各利益相关者之公共利益的公共文化空间(图3)。因此,国家考古遗址公园建设实际上是文化空间的生产方式之一。其应以文化遗产保护为核心,以文化氛围营造为重点,同时适当以现代产业意识的指导,形成一个融合传统与现代,具有体验性和互动性的文化空间。③ 进一步来看,该文化空间物质层面既包括考古遗址本身及所拥有的遗迹、遗物等物质遗存和所处空间,又包括周边环境及其所依托的自然空间;精神层面包括考古遗址所承载的历史、文化、社会、生活、区域发展等多维度之信息,涵盖考古遗址的历史、艺术、科学、社会、文化价值;社会生活层面立足我国社会基本矛盾的转变以及《国家文物事业发展"十三五"规划》提出的"社会力量广泛参与文物保护利用格局基本形成"之目标,一方面是公园所在地居民依托公园的文化生活,另一方面是其他利益相关者基于研究、教育、旅游等所进行的生产性(公益性、营利性)或消费性文化活动。其具备保护、研究、展示、教育、休闲、旅游等综合性功能,满足多元化利益相关者的多层次公共文化需求,旨在以考古遗址为载体来构建保护责任共同承担、保护过程开放包容、保护成果惠及公众、满足人民对美好生活向往(精神生活、文化生活为主,兼顾与公园有密切关联的物质生活)的文化遗产保护与利用共享、共责机制。同时,正如前面在国家考古遗址公园建设思想演进中

---

① 国家文物局:《国家考古遗址公园发展报告》,http://www.gov.cn/fuwu/2018-10/12/content_5329798.htm,2018年10月16日。

② 论坛全体代表:《关于建设考古遗址公园的良渚共识》,安磊编:《国家考古遗址公园实用手册》,文物出版社2015年版,第215页。

③ 朴松爱、樊友猛:《文化空间理论与大遗址旅游资源保护开发——以曲阜片区大遗址为例》,《旅游学刊》2012年第4期。

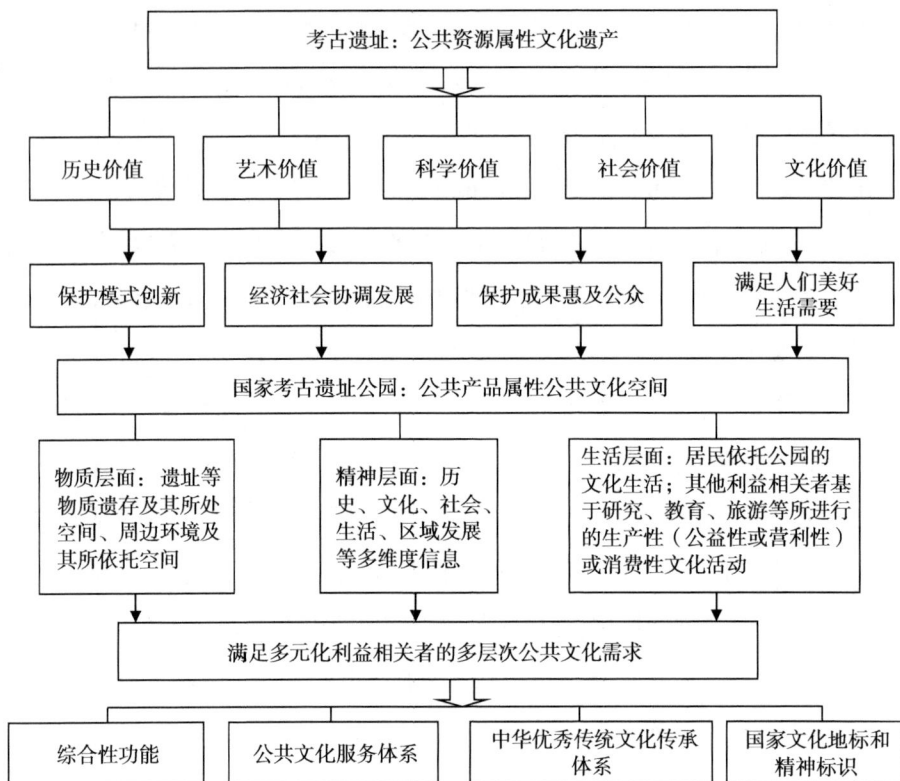

图3 国家考古遗址公园的功能定位

已经提出的,国家考古遗址公园应立足于文化遗产类国家公园进行规划建设和运营管理,积极为纳入国家公园体制创造条件,推动国家层面对重要文化遗产及其周边环境综合性保护、创造性转化和创新性发展之有效实现,从而既成为国家文化地标和精神标识,又体现在全球文化遗产管理中的中国责任、中国精神和中国力量。

第四章 国家考古遗址公园的功能体系

基于国际经验来看，国外许多国家已经建设的考古公园与我国国家考古遗址公园一样，都是依托考古遗址而进行建设。关于考古公园的功能，国外强调考古公园是以文化遗产资源及其相关的土地为特征，能够成为公众之诠释、教育和娱乐资源的特定区域；[1]通过建立考古公园可保护遗址使其免受附近城镇快速、失控性扩张的影响，[2]其应发挥环境教育、休闲和旅游之间的互动作用。[3] 意大利是考古公园建设实践较为丰富的国家，其 Stabiae 考古公园总体规划所确立的发展目标是保护古罗马别墅及其环境、提高可进入性和游客体验、文化旅游发展、区域经济社会发展。[4] 对此，英国学者 McManus 更系统地提出考古公园是以游客为中心的非营利性文化价值表达，是以独特的历史

① E.F.N.Ribeiro, A.Pal, S.Kasiannan, "Kangla Fort Archaeological Park Concept Development Plan", https://architexturez.net/doc/az-cf-21173, 2020-02-26.

② F.Colosi, G. Fangi, R. Gabrielli, et al, "Planning the Archaeological Park of Chan Chan (Peru) by Means of Satellite Images, GIS and Photogrammetry", *Journal of Cultural Heritage*, 2009. (10S).

③ P.RPisa, G. Bitelli, M.Speranza, et al, "Environmental Assessment of an Archaeological Site for the Development of an Archaeological Park", http://dista.unibo.it/~bittelli/articoli/rossi_etal_08. pdf, 2020-03-09.

④ L.Varone, "Libero D'Orsi: A City Gate to the Archaeological Park of Ancient Stabiae, Italy". University of Maryland, College Park 2006 Master dissertation.

遗迹为核心的大型文化景观,具有清晰的边界并拥有可控制的独立性游客入口,拥有服务设施(停车场、景观道路、咖啡厅和厕所等)而适合于游客参观,高度重视旅游业,核心目标是保护。① 近年来,国际社会对考古公园建设的重视程度也在不断提高,国际古迹遗址理事会《塞拉莱建议》强调考古公园是面向公众进行遗产阐释、教育及休闲娱乐的潜在资源,②国际古迹遗址理事会考古遗产管理科学委员会《公共考古遗址管理的塞拉莱(Salalah)指南》提出,考古公园是为公众参观、休闲和教育而设立的保护区域。③

同时,美国国家公园体系中国家历史公园之国家公园定位、公共产品属性、整体保护功能及其所采取的政府有计划、系统性持续推进建设之模式,与我国国家考古遗址公园情况最接近。美国国家历史公园旨在保护利用美国发展历程中具有重大意义的文化遗产,其中代表美国历史发展各个重要阶段的建筑、工程、聚落等遗址是主要对象。其超越侧重单一资产或建筑保护层面的其他类型美国文化遗产类国家公园,表现为对具有历史意义的一系列特征的保护,注重将具有重要价值的文化遗产连同周边环境进行整体保护。④ 基于美国国家公园"保护未经损害的自然资源和文化遗产,以使当代人和后代人都可以享用、受到教育和得到启发"之使命和"发现美国故事"之愿景,美国国家历史公园已经形成了以保护功能为核心,涵盖研究、展示、教育、休闲等功能的综合性功能体系,这也能够为我国国家考古遗址公园功能体系完善提供非常好的国际经验。⑤

基于国内理论与实践来看,随着我国对文化遗产价值理解由革命、历史、

---

① P.M. McManus, "Archaeological Parks: What Are They?" *Archaeology International*, 1999. (3).

② International Council on Monuments and Sites, "Salalah Recommendation", http://whc. unesco.org/en/news/1256,2019-10-16.

③ 国际古迹遗址理事会考古遗产管理科学委员会:《公共考古遗址管理的塞拉莱(Salalah)指南》,http://www.icomoschina.org.cn/download_list.php? class=33,2019 年 12 月 31 日。

④ 王京传:《美国国家历史公园建设及对中国的启示》,《北京社会科学》2018 年第 1 期。

⑤ 王京传:《美国国家历史公园建设及对中国的启示》,《北京社会科学》2018 年第 1 期。

艺术价值逐渐拓展为历史、艺术、科学、社会、文化价值之更全面认知;从最早圆明园遗址公园保护、整修、利用遗址之理念,经过我国遗址公园建设中对保护与利用关系认识与实践的多次调整,到目前中国特色文物保护利用之路的探索,我国已经逐步认识到了遗址公园的保护、展示、研究、教育、休闲、旅游、文化产业等产业带动、区域发展等功能。同时,国内研究对考古遗址公园综合效益的探索也实际上是在一定程度上对其功能体系进行了思考。国内研究强调考古遗址公园的社会效益应包括遗址保护、居民居住条件改善、提供居民游憩空间、提供就业岗位、教育贡献、科研贡献,经济效益应包括文化产业、旅游收入、带动建筑业增值、区域土地价格增值等。① 更为具体和明确的则是,2009 年《国家考古遗址公园管理办法(试行)》将国家考古遗址公园功能体系确定为“考古遗址保护和展示方面具有全国性示范意义”“具有科研、教育、游憩等功能”;②2018 年《国家考古遗址公园发展报告》对国家考古遗址公园功能体系没有进行明显调整,但是结合新时代要求对其各项功能之内涵进行了阐释,提出国家考古遗址公园应“回答何以中国、何为中国的核心问题”“实现精准保护”、进行“持续、科学、严谨的考古研究工作”“全面地展现中华文明的历史文化价值和中华民族的精神追求”,立足弘扬优秀传统文化发挥科研、教育、游憩等基本功能,在保证文物安全、考古先行的前提下实现历史遗址与城乡的融合发展,鼓励依托公园开展文化创意产业、文化旅游、生态农业等低强度开发利用。③ 2020 年 5 月,国家文物局出台的《大遗址利用导则(试行)》提出大遗址利用包括价值利用和相容使用两种类型,其中前者包括文物展示、科学研究、传播教育、产业转化(即依托大遗址的价值内涵和相关信息资源开展文学艺术创作、文化创意、演出、出版、文化节、旅游、体育等相关产业转化

---

① 刘宝山:《考古遗址公园建设与文化民生研究》,科学出版社 2015 年版,第 11 页。

② 国家文物局:《国家考古遗址公园管理办法(试行)》,https://wenku.baidu.com/view/b69f22d0b1717fd5360cba1aa8114431b90d8e82.html,2018 年 12 月 11 日。

③ 国家文物局:《国家考古遗址公园发展报告》,http://www.gov.cn/fuwu/2018－10/12/content_5329798.htm,2018 年 10 月 16 日。

的活动)等方式,后者包括游憩休闲、社会服务(公众文化服务)、环境提升(生态环境和人居环境)、产业协调(调整所在地产业结构:或延续大遗址既有功能,或发展生态农业、文化产业、旅游业、体育业等低能耗低强度的产业)等方式。①

借鉴国际经验,总结国内理论与实践,结合我国新时代背景下的新要求,我国国家考古遗址公园应是具备综合性功能的公共文化空间,其功能体系涵盖保护、展示、研究、教育、休闲、旅游、文化产业、其他产业带动、区域发展等功能,而且其每项功能都应超越遗物、遗迹、遗址及其周边环境之本体层面而延伸到文化遗产的历史、艺术、科学、社会、文化价值等多维度(图4)。以"保护为主、合理利用"为原则,结合新时代我国社会发展目标调整为"满足人民对美好生活的向往",根据 2016 年国务院《关于进一步加强文物工作的指导意见(试行)》提出的充分发挥文物资源传承文明、教育人民、服务社会、推动发

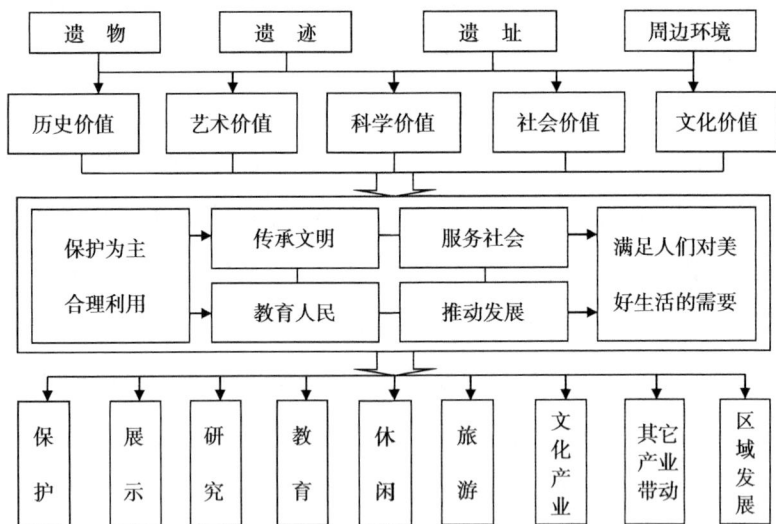

图4　国家考古遗址公园的功能体系

---

① 国家文物局:《大遗址利用导则(试行)》,http://www.ncha.gov.cn/art/2020/8/25/art_2237_44005.html,2020 年 8 月 25 日。

展作用之新要求,①国家考古遗址公园功能体系的基本框架应是遗址所在地经济社会协调发展和人们生活水平提升是导向,保护是根本,研究是前提,展示是基础,教育(包括学校教育和社会教育)是保障,休闲、旅游、文化产业、其他产业带动、区域发展等是拓展。

一、保护功能

保护是国内外文化遗产管理的首要内容,《关于历史性纪念物修复的雅典宪章》提出的严格的监护式保护模式为世界很多国家所遵循。1961年我国《文物保护管理暂行条例》开宗明义规定国家保护"一切具有历史、艺术、科学价值的文物"。② 这确立了保护在我国文化遗产管理工作中的核心地位,"保护为主"成为我国文物管理工作一直坚持的第一原则。这一时期我国还建立了重点文物单位保护模式,公布了全国第一批重点文物保护单位,制定了《文物保护单位保护管理暂行办法》,我国文物管理国家法律迄今一直都是以"文物保护法"命名,"保护为主、抢救第一、合理利用、加强管理"也一直是我国文化遗产管理工作的工作方针,直至2018年中央全面深化改革委员会第三次会议审议通过的《关于加强文物保护利用改革的若干意见》也是再次强调"保护文物功在当代、利在千秋"。世界其他国家亦是如此,《保护世界文化与自然遗产公约》基于全人类视角提出了文化遗产的国家保护和国际保护思路,《古物保护法》(1906)、《历史遗址法》(1935)系统构建了美国的文化遗产保护思想,《巴拉宪章》(1981)明确了澳大利亚"保护是文化遗产管理的有机组成,是

①　国务院:《关于进一步加强文物工作的指导意见(试行)》,http://www.gov.cn/zhengce/content/2016-03/08/content_5050721.htm,2018年11月7日。

②　国务院:《文物保护管理暂行条例》,国家文物局编:《中国文化遗产事业法规文件汇编(上)》,文物出版社2009年版,第30—32页。

一项长期而持续的任务"之理念。①

"保护"一词常与英文中的 preservation、conservation、protection 等词对应，是一个内涵十分丰富的概念。文化遗产保护不是一个静态概念，其内涵随着文化遗产管理工作内容、工作目标的变化而日益丰富。从最初的保存、"原物归位"、回填保护、原地保护，到真实性保护、完整性保护，国内外已经对保护的内涵进行了日益清晰和完整的阐释，也客观上确立了我国国家考古遗址公园保护功能的内涵及其实践的工作内容和原则。《关于保护景观和遗址的风貌与特性的建议》将保护界定为"保存并在可能的情况下修复"，强调保护应包括预防性和矫正性两种类型，提出应"通过划区"保护大面积遗址，从而对保护内涵进行了初步构建；②《威尼斯宪章》提出保护至关重要的一点是日常维护，强调古迹不能与其所见证的历史和其产生的环境分离；③加拿大联邦公园部强调保护包括旨在维护一项文化资源，以保持其历史价值并延长其自然寿命的措施；④《内罗毕建议》(1976)对保护的认识更加全面，将保护阐释为包括鉴定、保存、修复、修缮、维修和复原的综合性工作；⑤《巴拉宪章》更进一步将保护定义为"保护某一场所以保存期文化重要性的一切过程"，其中文化

---

① 国际古迹遗址理事会澳大利亚国家委员会：《巴拉宪章》，联合国教科文组织世界遗产中心、国际古迹遗址理事会、国际文物保护与修复研究中心、中国国家文物局编：《国际文化遗产保护文件选编》，文物出版社 2007 年版，第 158—172 页。

② 联合国教科文组织：《关于保护景观和遗址的风貌与特性的建议》，联合国教科文组织世界遗产中心、国际古迹遗址理事会、国际文物保护与修复研究中心、中国国家文物局编：《国际文化遗产保护文件选编》，文物出版社 2007 年版，第 46—51 页。

③ 第二届历史古迹建筑师及技师国际会议：《关于古迹遗址保护与修复的国际宪章(威尼斯宪章)》，联合国教科文组织世界遗产中心、国际古迹遗址理事会、国际文物保护与修复研究中心、中国国家文物局编：《国际文化遗产保护文件选编》，文物出版社 2007 年版，第 52—54 页。

④ 联合国教科文组织：《会安草案——亚洲最佳保护范例》，联合国教科文组织世界遗产中心、国际古迹遗址理事会、国际文物保护与修复研究中心、中国国家文物局编：《国际文化遗产保护文件选编》，文物出版社 2007 年版，第 340—373 页。

⑤ 联合国教科文组织：《关于历史地区的保护及其当代作用的建议(内罗毕建议)》，联合国教科文组织世界遗产中心、国际古迹遗址理事会、国际文物保护与修复研究中心、中国国家文物局编：《国际文化遗产保护文件选编》，文物出版社 2007 年版，第 92—101 页。

重要性是指对过去、现在和将来的人们具有美学、历史、科学、社会和精神价值，并提出保留或重新推出某一用途、保留相关性和意义、维护、保存、修复、重建、改造和诠释等都属于保护程序，①更明显地体现出对保护内涵的扩充与延伸；《保护非物质文化遗产公约》(2003)针对非物质文化遗产提出保护包括对遗产各个方面的确认、立档、研究、保存、宣传、弘扬、承传（主要通过正规和非正规教育）和振兴；②《会安草案》更概括性地强调保护包括旨在维护一项文化资源，以保持其历史价值并延长其自然寿命的措施。③

　　伴随着对保护内涵认识的不断丰富和提升，国际社会逐渐形成了周边环境保护、整体性保护等理念，并确立了保护的两大原则：真实性、完整性，强调文化遗产保护的首要目标是保护和延续历史真实性和完整性。④ 真实性、完整性原则由《威尼斯宪章》提出，《保护世界文化与自然公约》(1972)确立这两个原则为申报世界遗产基本条件，此后一直被国内外认可为文化遗产的基本原则。《威尼斯宪章》强调绝不能改变建筑布局或装饰，决不允许任何改变主体和颜色的新建、拆除和改动，不得全部或局部搬迁。⑤ 真实性保护是文化遗产保护工作的首要目标和必备条件，保留真实性正是良好保护规范的

---

①　国际古迹遗址理事会澳大利亚国家委员会：《巴拉宪章》，联合国教科文组织世界遗产中心、国际古迹遗址理事会、国际文物保护与修复研究中心、中国国家文物局编：《国际文化遗产保护文件选编》，文物出版社 2007 年版，第 158—172 页。

②　联合国教科文组织：《保护非物质文化遗产公约》(2003)，联合国教科文组织世界遗产中心、国际古迹遗址理事会、国际文物保护与修复研究中心、中国国家文物局编：《国际文化遗产保护文件选编》，文物出版社 2007 年版，第 228—238 页。

③　联合国教科文组织：会安草案——亚洲最佳保护范例》，联合国教科文组织世界遗产中心、国际古迹遗址理事会、国际文物保护与修复研究中心、中国国家文物局编：《国际文化遗产保护文件选编》，文物出版社 2007 年版，第 340—373 页。

④　国际古迹遗址理事会：《木结构遗产保护准则》，联合国教科文组织世界遗产中心、国际古迹遗址理事会、国际文物保护与修复研究中心、中国国家文物局编：《国际文化遗产保护文件选编》，文物出版社 2007 年版，第 196—199 页。

⑤　第二届历史古迹建筑师及技师国际会议：《关于古迹遗址保护与修复的国际宪章（威尼斯宪章)》，联合国教科文组织世界遗产中心、国际古迹遗址理事会、国际文物保护与修复研究中心、中国国家文物局编：《国际文化遗产保护文件选编》，文物出版社 2007 年版，第 52—54 页。

目的所在，①体现的是保护中文化遗产外形和设计、材料和实体、用途和功能、位置和背景环境、精神和感觉等因素的"真实可靠"。② 针对亚洲地区各国对真实性认识尚处在起步阶段之文化背景，联合国教科文组织形成的《会安草案——亚洲最佳保护范例》规范了亚洲背景下"真实性"的诠释与评估，制定了涵盖确认和记录、保护真实性、保护非物质因素的真实性、真实性与社区关系四个方面的"保存真实性的手段"；强调真实性是一个多维度的集合，以真实可靠的信息来源为前提其要涉及位置与环境、形式、材质与设计、用途与功能以及无形的或本质的特征等要素。③ 完整性是指一项遗产资源的"健康和完整"，即遗产被指定的价值没有受到损伤和威胁，能有效的传递给公众，并在所有影响遗产地的决策和行动中得到尊重。④ 完整性保护体现的是对文化遗产的整体性保护，从"应注意对历史古迹周边地区的保护"⑤、保护遗址的风貌与特性⑥、古迹

① 联合国教科文组织：《会安草案——亚洲最佳保护范例》，联合国教科文组织世界遗产中心、国际古迹遗址理事会、国际文物保护与修复研究中心、中国国家文物局编：《国际文化遗产保护文件选编》，文物出版社 2007 年版，第 340—373 页。

② 与世界遗产公约相关的奈良真实性会议：《奈良真实性文件》，联合国教科文组织世界遗产中心、国际古迹遗址理事会、国际文物保护与修复研究中心、中国国家文物局编：《国际文化遗产保护文件选编》，文物出版社 2007 年版，第 141—143 页；联合国教科文组织：《实施〈保护世界文化与自然遗产公约〉的操作指南》，联合国教科文组织世界遗产中心、国际古迹遗址理事会、国际文物保护与修复研究中心、中国国家文物局编：《国际文化遗产保护文件选编》，文物出版社 2007 年版，第 256—325 页。

③ 联合国教科文组织：《会安草案——亚洲最佳保护范例》，联合国教科文组织世界遗产中心、国际古迹遗址理事会、国际文物保护与修复研究中心、中国国家文物局编：《国际文化遗产保护文件选编》，文物出版社 2007 年版，第 340—373 页。

④ 联合国教科文组织：《实施〈保护世界文化与自然遗产公约〉的操作指南》，联合国教科文组织世界遗产中心、国际古迹遗址理事会、国际文物保护与修复研究中心、中国国家文物局编：《国际文化遗产保护文件选编》，文物出版社 2007 年版，第 256—325 页。

⑤ 第一届历史纪念物建筑师及技师国际会议：《关于历史性纪念物修复的雅典宪章》，联合国教科文组织世界遗产中心、国际古迹遗址理事会、国际文物保护与修复研究中心、中国国家文物局编：《国际文化遗产保护文件选编》，文物出版社 2007 年版，第 1—4 页。

⑥ 联合国教科文组织：《关于保护景观和遗址的风貌与特性的建议》，联合国教科文组织世界遗产中心、国际古迹遗址理事会、国际文物保护与修复研究中心、中国国家文物局编：《国际文化遗产保护文件选编》，文物出版社 2007 年版，第 46—51 页。

保护包含对一定规模环境的保护,①到《关于在国家一级保护文化和自然遗产的建议》(1972)提出的"古迹不应与其环境相分离,其与其周围环境的和谐极为重要,不允许破坏周边环境而孤立该古迹,一般不应该将古迹迁移",②再到《西安宣言》对周边环境概念、重要性、保护意义(减少生活方式、农业等进程人对文化遗产真实性、意义、价值、整体性和多样性所构成的威胁)、保护手段和方法的全面阐释,③整体性保护成为文化遗产保护的重要理念。

　　我国对文化遗产保护的认知与理解集中体现在《文物保护法》和《中国文物古迹保护准则》之中。新中国成立初期我国出台了一系列文化遗产保护文件,主要针对的是打击当时存在的文化遗产故意破坏、损毁、散佚、私分、私占、盗卖、盗运出口(擅自运往国外)、盗窃、擅自发掘(包括盗掘)、生产生活性破坏(如农业生产、水库建设、拆砖建房等)、自然力侵袭、火灾等现象。这表明当时我国对文物保护的理解是基于国家所有,以维护、保存为主要方式,属于矫正性、补救式保护范畴。以此为基础,我国逐步确立了"不改变文物原状原则"的原状、原态保护思想。《中国文物古迹保护准则(2000)》全面阐释了我国对文化遗产保护的认识,提出文物保护是指"保存文物古迹实物遗存及其历史环境进行的全部活动",其目的是真实、全面地保存并延续及其历史信息及全部价值,任务是修缮自然力和认为造成的而损伤、制止新的破坏,原则是原址保护、不改变文物原状、保护文物古迹环境、不得重建等体现真实性和完整性的十条原则,程序依次是调查、评估、确定文保单位以及制定、实

---

① 第二届历史古迹建筑师及技师国际会议:《关于古迹遗址保护与修复的国际宪章(威尼斯宪章)》,联合国教科文组织世界遗产中心、国际古迹遗址理事会、国际文物保护与修复研究中心、中国国家文物局编:《国际文化遗产保护文件选编》,文物出版社2007年版,第52—54页。

② 联合国教科文组织:《关于在国家一级保护文化和自然遗产的建议》,联合国教科文组织世界遗产中心、国际古迹遗址理事会、国际文物保护与修复研究中心、中国国家文物局编:《国际文化遗产保护文件选编》,文物出版社2007年版,第80—88页。

③ 国际古迹遗址理事会:《西安宣言——关于古建筑、古遗址和历史区域周边环境的保护》,《文物工作》2005年第12期。

施、定期检查规划。① 国务院《关于加强文化遗产保护工作的通知》(2005)再次强调了我国应坚持保护文化遗产的真实性和完整性。②《中国文物古迹保护准则》2015年修订版进一步丰富和提升了我国文物古迹保护理念,确立了"保护文物古迹,也是保护其反映的文化多样性"思想,将"保护文化传统"纳入文物古迹保护范畴;③基于中国语境将真实性界定为"文物古迹本身的材料、工艺、设计及其环境和它所反映的历史、文化、社会等相关信息的真实性",将完整性界定为"对所有体现文物古迹价值的要素进行保护";重申了"不改变原状"原则,将其内涵明确为"真实、完整地保护文物古迹在历史过程中形成的价值及其体现这种价值的状态,有效地保护文物古迹的历史、文化环境,并通过保护延续相关的文化传统",实现了我国对"原状保护"原则的进一步充实;④国务院《关于进一步加强文物工作的指导意见》(2016)强调在新时代我国依然坚持"重在保护",并提出了国家层面保护工作的重点内容:健全国家文物登录制度、不可移动文物保护、城乡建设中的文物保护、文物保护规划编制实施、可移动文物保护、文物安全防护以及制定鼓励社会参与文物保护的政策措施。⑤

　　整合前面对国内外文化遗产管理中关于保护的认识、理解与实践,保护在国内外文化遗产管理中的地位日益提高,政府和公众对遗产的责任意识不断强化,文化遗产保护的内涵日益丰富,以真实性和完整性为核心的保护原则被

---

① 国际古迹遗址理事会中国国家委员会:《中国文物古迹保护准则(2000)》,《中国长城博物馆》2013年第2期。

② 国务院:《关于加强文化遗产保护工作的通知》(2015),http://www.gov.cn/gongbao/content/2006/content_185117.htm,2017年11月27日。

③ 吕舟:《〈中国文物古迹保护准则〉的修订与中国文化遗产保护的发展》,《中国文化遗产》2015年第3期。

④ 国际古迹遗址理事会中国国家委员会:《中国文物古迹保护准则(2015)》,国际古迹遗址理事会中国国家委员会2015年版,第13页。

⑤ 国务院:《关于进一步加强文物工作的指导意见》(2016),http://www.gov.cn/zhengce/content/2016-03/08/content_5050721.htm,2018年11月7日。

越来越广泛的接受和实践,保护程序越来越健全。国家考古遗址公园保护功能应践行国内外已经形成的保护理念和确立的保护思路,并根据新时代新要求创新其在各地不同背景下的实践路径。

具体来看,国家考古遗址公园保护工作应是"所有旨在了解一项遗产,掌握其历史和意义,确保其自然形态,并在必要时修复和增强的行为",①其既包括体现预防性的主动性保护也包括体现矫正性的被动性保护,主要表现形式为调查、鉴定、规划、保存、监测、维护、维修(修复)、改造、复原、特殊情况时的重建等;其对象应既包括公园所涉及的遗物、遗迹、遗址、周边环境等要素及它们所共同构成的整体,又要涵盖上述要素的历史、艺术、科学、社会、文化价值,实现物质文化遗产与非物质文化遗产的有机结合;其原则是基于不改变文物原状要求的真实性原则和基于整体保护要求的完整性原则;其机制是政府主导,充分调动社会力量参与,推动"保护文化遗产深入人心,成为全社会的自觉行动"。②

二、展示功能

作为"更大规模的保护程序的必要组成部分"③和"保护过程必不可少的组成部分",④展示一直是国际文化遗产管理工作的重要内容。《关于适用于考古发掘的国际原则的建议》较早提出了考古遗址展示问题,强调为向参观

① 与世界遗产公约相关的奈良真实性会议:《奈良真实性文件》,联合国教科文组织世界遗产中心、国际古迹遗址理事会、国际文物保护与修复研究中心、中国国家文物局编:《国际文化遗产保护文件选编》,文物出版社2007年版,第141—143页。

② 国务院:《关于加强文化遗产保护工作的通知》,http://www.gov.cn/gongbao/content/2006/content_185117.htm,2017年11月27日。

③ International Council on Monuments and Sites, "ICOMOS Charter for the Interpretation and Presentation of Cultural Heritage Sites", *International Journal of Cultural Property*, 2008.(15).

④ 东亚地区文物建筑保护理念与实践国际研讨会:《北京文件》,联合国教科文组织世界遗产中心、国际古迹遗址理事会、国际文物保护与修复研究中心、中国国家文物局编:《国际文化遗产保护文件选编》,文物出版社2007年版,第381—385页。

者宣传该考古遗存的意义,在重要考古遗址上"应建立具有教育性质的小型展览——可能的话建立博物馆",并提出要"清楚展示经勘探的考古遗址及发现的纪念物"。① 此后,《威尼斯宪章》指出展示的对象应是古迹遗址的美学与历史价值;②联合国教科文组织《保护世界文化和自然遗产公约》将遗产展示同保护、保存、修复确立为国家责任,并要求国家要为之采取所需的法律、科学、技术、行政和财政措施。③ 同时,联合国教科文组织在《关于在国家一级保护文化和自然遗产的建议》中强调国家有责任展示相关遗产,并要制定相应的国家政策和"提供日益增长的财政资源"以确保对遗产的有效展示,而且展示要确保被展示物品不与其环境相分离。④

在此基础上,自20世纪80年代开始,国际社会对遗址展示之重要性的认识更加明确,对其实现路径的设计日益清晰。《华盛顿宪章》强调展示考古发掘物,应使历史城镇和城区的历史知识得到拓展;⑤《考古遗产保护与管理宪章》更进一步明确了展示的重要性:促进了解现代社会起源和发展的至关重要的方法,也是通过促进了解而对考古遗址进行保护的最重要方法;⑥《国际

---

① 联合国教科文组织:《关于适用于考古发掘的国际原则的建议》,联合国教科文组织世界遗产中心、国际古迹遗址理事会、国际文物保护与修复研究中心、中国国家文物局编:《国际文化遗产保护文件选编》,文物出版社2007年版,第39—45页。

② 第二届历史古迹建筑师及技师国际会议:《关于古迹遗址保护与修复的国际宪章(威尼斯宪章)》,联合国教科文组织世界遗产中心、国际古迹遗址理事会、国际文物保护与修复研究中心、中国国家文物局编:《国际文化遗产保护文件选编》,文物出版社2007年版,第52—54页。

③ 联合国教科文组织:《保护世界文化和自然遗产公约》,联合国教科文组织世界遗产中心、国际古迹遗址理事会、国际文物保护与修复研究中心、中国国家文物局编:《国际文化遗产保护文件选编》,文物出版社2007年版,第70—79页。

④ 联合国教科文组织:《关于在国家一级保护文化和自然遗产的建议》,联合国教科文组织世界遗产中心、国际古迹遗址理事会、国际文物保护与修复研究中心、中国国家文物局编:《国际文化遗产保护文件选编》,文物出版社2007年版,第80—88页。

⑤ 国际古迹遗址理事会:《保护历史城镇与城区宪章(华盛顿宪章)》,联合国教科文组织世界遗产中心、国际古迹遗址理事会、国际文物保护与修复研究中心、中国国家文物局编:《国际文化遗产保护文件选编》,文物出版社2007年版,第128—130页。

⑥ 国际古迹遗址理事会:《考古遗产保护与管理宪章》,联合国教科文组织世界遗产中心、国际古迹遗址理事会、国际文物保护与修复研究中心、中国国家文物局编:《国际文化遗产保护文件选编》,文物出版社2007年版,第136—140页。

文化旅游宪章》提出要向东道主社区和旅游者展示遗产的重要性,并强调展示应当通过适当的、启发性的当代教育形式、媒体、科技和个人对历史、环境、文化信息的解释来实现。① 国际文化遗产管理领域对展示的全面阐释较为集中的体现在国际古迹遗址理事会《文化遗产阐释与展示宪章》(2008)之中。该宪章基于展示"是文化遗产保护和管理整个过程的组成部分"之认识,界定了展示的概念,提出了展示的技术手段,明确了展示的七大原则。② 这标志着国际文化遗产展示思想体系的正式形成,也意味着全球文化遗产展示实践路径的有效构建。该宪章强调展示是指在文化遗产地通过对阐释信息的安排、直接的接触,以及展示设施等有计划地传播阐释内容,其应促进公众接触文化遗产本体和相关知识、应以通过公认的科学和学术方法以及从现行的文化传统中搜集的证据为依据、必须遵守真实性原则、必须是利益相关者共同的有意义合作的结果,并应涵盖文化遗产广泛的社会、文化、历史以及自然的发展脉络和背景环境。③

在上述国际理念引导下,《国家文物事业"十五"发展规划》提出建设国家级大遗址保护展示园区,《国家"十一五"时期文化发展规划纲要》提出建设汉长安城、大明宫、隋唐洛阳城、殷墟、偃师商城等一批重点大遗址保护展示园区,这标志着我国日益重视遗址展示问题。《中国文物古迹保护准则(2015)》系统阐释了新时期我国文化遗产展示思想。其第 35 条提出,在确保遗址安全的前提下,可采取多种展示方式进行合理利用,具有一定资源条件、社会条件和可视性的大型考古遗址可建设为考古遗址公园,但是展示要"以考古先行为原则,充分考虑利益相关方的意见,坚持最小干预原则";第 42 条提出,鼓

---

① 国际古迹遗址理事会:《国际文化旅游宪章(重要文化古迹遗址旅游管理原则和指南)》,联合国教科文组织世界遗产中心、国际古迹遗址理事会、国际文物保护与修复研究中心、中国国家文物局编:《国际文化遗产保护文件选编》,文物出版社 2007 年版,第 176—189 页。

② International Council on Monuments and Sites, "ICOMOS Charter for the Interpretation and Presentation of Cultural Heritage Sites", *International Journal of Cultural Property*, 2008.(15).

③ International Council on Monuments and Sites, "ICOMOS Charter for the Interpretation and Presentation of Cultural Heritage Sites", *International Journal of Cultural Property*, 2008.(15)

励对文物古迹进行展示,应针对不同背景的群体采用易于理解的方式;第43条强调,鼓励根据考古和文献资料通过图片、模型、虚拟展示等科技手段和方法对遗址进行展示。① 特别值得关注的是,该文件提第43条阐释条款,明确将原址重建已毁部分建筑界定为是"对该建筑群原有完整形态的展示",并界定了其适用条件。②

在遗址展示方面具有全国性示范意义是我国国家考古遗址公园的基本目标之一,深化遗址展示是其基本任务,遗址内涵及价值展示是考古遗址公园各类设施及景观设计的前提。③ 这是因为遗址展示是全面表达遗址价值,推动公众全面认知和理解遗址价值内涵的最直接途径。真实性、完整性同样是国家考古遗址公园展示的基本原则。对此,《中国文物古迹保护准则(2015)》要求展示要避免对文物古迹及相关历史和文化作不准确的表述,从而对文物古迹价值做出真实、完整、准确的阐释。④ 展示形式是吸引公众进入考古遗址的重要因素,⑤是确保国家考古遗址公园展示有效性的保障。美国国家公园管理局强调,通过遗址博物馆、重建恢复、普通博物馆展览等方式展示和解说美国人祖辈的生活方式;⑥美国国家历史公园为更直观、形象地向公众展示那些已经消失的文化元素,通常会对一些重要的场所进行复建,并通过静态或动态场景模拟、复原等方式来活化展示当地的重要历史事件和历史人物。⑦《关于

---

① 国际古迹遗址理事会中国国家委员会:《中国文物古迹保护准则(2015)》,国际古迹遗址理事会中国国家委员会2015年版,第30页。

② 国际古迹遗址理事会中国国家委员会:《中国文物古迹保护准则(2015)》,国际古迹遗址理事会中国国家委员会2015年版,第30页。

③ 论坛全体代表:《关于建设考古遗址公园的良渚共识》,安磊编:《国家考古遗址公园实用手册》,文物出版社2015年版,第215页。

④ 国际古迹遗址理事会中国国家委员会:《中国文物古迹保护准则(2015)》,国际古迹遗址理事会中国国家委员会2015年版,第29页。

⑤ Reuben Grima, "Presenting Archaeological Sites to the Public", Gabriel Moshenska, "*Key Concepts in Public Archaeology*", UCL Press, 2017, pp.73-92.

⑥ Harlan D.Unrau, G.Frank Williss, "*Administrative History: Expansion of the National Park Service in the 1930s*", the Denver Service Center, 1983.

⑦ 王京传:《美国国家历史公园建设及对中国的启示》,《北京社会科学》2018年第1期。

保护景观和遗址的风貌与特性的建议》提出应建立专门博物馆或在现有博物馆内设立专门部门以展示特定地区的文化风貌；①《文化遗产阐释与展示宪章》提出展示可通过各种技术手段传达信息，包括（但不限于）信息板、博物馆展览、精心设计的游览路线、讲座和参观讲解、多媒体应用和网站等。② 其中标识系统等辅助解说系统不仅是国家考古遗址公园展示的重要载体，而且本身也是公园景观的构成部分。③ 具有地域特色，能够表达考古遗址所承载的历史、文化信息，体现其价值的标识系统等辅助解说系统也是国家考古遗址公园非常重要的展示方式。基于此，国家考古遗址公园应基于满足多层次公共文化需求，确定多元化的展示内容，针对不同展示对象设计差异化的展示形式，以使公众都能够对考古遗址价值获得符合自己认知水平的理解。同时，还应值得注意的是，国家考古遗址公园展示应实践《威尼斯宪章》"各个时代为一古迹之建筑物所做的正当贡献必须予以尊重"理念，④重视对所依托考古遗址在不同历史时期发展演变之相关信息的展示，实现对考古遗址及其价值的立体化展示。

三、研究功能

研究是遗产保护的先决条件。⑤ 我国 1961 年《文物保护管理暂行条例》

---

① 联合国教科文组织：《关于保护景观和遗址的风貌与特性的建议》，联合国教科文组织世界遗产中心、国际古迹遗址理事会、国际文物保护与修复研究中心、中国国家文物局编：《国际文化遗产保护文件选编》，文物出版社 2007 年版，第 46—51 页。

② International Council on Monuments and Sites, "ICOMOS Charter for the Interpretation and Presentation of Cultural Heritage Sites", *International Journal of Cultural Property*, 2008. (15).

③ 李放：《基于场所精神的遗址公园标识系统研究》，湖南农业大学 2015 年硕士学位论文。

④ 第二届历史古迹建筑师及技师国际会议：《关于古迹遗址保护与修复的国际宪章（威尼斯宪章）》，联合国教科文组织世界遗产中心、国际古迹遗址理事会、国际文物保护与修复研究中心、中国国家文物局编：《国际文化遗产保护文件选编》，文物出版社 2007 年版，第 52—54 页。

⑤ 联合国教科文组织：《会安草案——亚洲最佳保护范例》，联合国教科文组织世界遗产中心、国际古迹遗址理事会、国际文物保护与修复研究中心、中国国家文物局编：《国际文化遗产保护文件选编》，文物出版社 2007 年版，第 340—373 页。

就要求设立专门机构,调查研究是其职责之一;①1982 年《文物保护法》将"有利于开展科学研究工作"列为仅次于加强文物保护的立法目的;1987 年国务院《关于进一步加强文物工作的通知》强调只有通过科学研究,深化对文物价值的认识,才能更好发挥文物作用;②1997 年国务院《关于加强和改善文物工作的通知》再次强调要发挥文物的科学研究作用,③2018 年《关于加强文物保护利用改革的若干意见》将深化中华文明研究、开展考古中国重大研究、把"文化遗产保护利用关键技术研究与示范"纳入国家重点研发计划等列入新时代文物保护利用工作的主要任务,④体现出我国文化遗产管理中对研究工作重要性认识的进一步提高和对其目标思路的更加明确。其实不惟如此,更值得注意的是研究是国家考古遗址公园其他功能有效实现的前提。《关于保护景观和遗址的风貌与特性的建议》提出应建立专门机构或部门,研究特定地区文化风貌以加强公共教育活动;⑤《中国文物古迹保护准则(2000)》提出研究应当贯穿在保护工作全过程,所有保护程序都要以研究的成果为依据,其2015 年修订版则进一步强调展示应"基于对文物古迹全面和深入的研究"以确保真实性。⑥

关于文化遗产管理中研究的范畴,国内外已经基于文化遗产保护进行了界定。联合国教科文组织《内罗毕建议》基于历史地区保护及其当代作用提

① 国务院:《文物保护管理暂行条例》,国家文物局编:《中国文化遗产事业法规文件汇编(上)》,文物出版社 2009 年版,第 30—32 页。

② 国务院:《关于进一步加强文物工作的通知》,国家文物局编:《中国文化遗产事业法规文件汇编(上)》,文物出版社 2009 年版,第 220—226 页。

③ 国务院:《关于加强和改善文物工作的通知》,国家文物局编:《中国文化遗产事业法规文件汇编》,文物出版社 2009 年版,第 316—319 页。

④ 中共中央办公厅、国务院办公厅:《关于加强文物保护利用改革的若干意见》,http://www.gov.cn/zhengce/2018-10/08/content_5328558.htm,2019 年 3 月 1 日。

⑤ 联合国教科文组织:《关于保护景观和遗址的风貌与特性的建议》,联合国教科文组织世界遗产中心、国际古迹遗址理事会、国际文物保护与修复研究中心、中国国家文物局编:《国际文化遗产保护文件选编》,文物出版社 2007 年版,第 46—51 页。

⑥ 国际古迹遗址理事会中国国家委员会:《关于〈中国文物古迹保护准则〉若干重要问题的阐述》,《中国长城博物馆》2013 年第 2 期。

出,应系统研究各级保护与规划之间的相互联系、保护方法、现代技术在保护
中的应用、与保护不可分割的工艺技术等;①我国《省、自治区、直辖市文物考
古研究所工作条例(试行)》提出科学研究应贯穿于一切业务活动,文物普查、
考古发掘、古建筑维修、文物保护、文物考古资料整理汇集等业务活动都同时
是科学研究工作,并要加强文物保护科学技术研究;②《中国文物古迹保护准
则案例阐释》(2000)进行了更加明确的规定,强调研究应贯穿于文物调查、评
估、确定各级保护单位、制定保护规划、实施保护规划、总结调整规划、项目实
施中从整体程序运行到各个细节的始终,其包括历史原状认定、历史衍变、确
定价值、物质现状、管理现状、基本灾害条件损失机理、保存管理条件、保存技
术手段等方面的相关研究。③

　　研究是我国国家考古遗址公园自开始建设即强调的重要功能,考古研究
是目前国内国家考古遗址公园理论与实践中一直关注的重点。国内强调考古
研究是国家考古遗址公园建设的前提,公园不仅是遗址保护平台,同时也应是
国家级的考古研究平台。④ 的确,考古研究是国家考古遗址公园的最基本研
究功能,但是基于公共文化空间定位国家考古遗址公园还应进一步拓宽研究
视角和扩大研究范畴,从而实现多学科介入和多领域融合的学术研究、遗产保
护主导和公众需求导向的应用研究两者的有机结合。进一步来看,结合《国
家考古遗址公园发展报告》提出的"立足于剖析遗址的历史意义,以古鉴今、
以史为镜"之要求,国家考古遗址公园研究应以考古学研究为基础,拓展至历

---

　　① 联合国教科文组织:《关于历史地区的保护及其当代作用的建议(内罗毕建议)》,联合
国教科文组织世界遗产中心、国际古迹遗址理事会、国际文物保护与修复研究中心、中国国家文
物局编:《国际文化遗产保护文件选编》,文物出版社 2007 年版,第 92—101 页。

　　② 国家文物局:《省、自治区、直辖市文物考古研究所工作条例(试行)》,国家文物局编:
《中国文化遗产事业法规文件汇编(上)》,文物出版社 2009 年版,第 194—196 页。

　　③ 国际古迹遗址理事会中国国家委员会:《中国文物古迹保护准则案例阐释》(2000),国
际古迹遗址理事会中国国家委员会 2005 年版,第 16 页。

　　④ 夏晓伟:《考古与遗址公园——国家考古遗址公园建设中的两个定位》,《东南文化》
2011 年第 1 期。

史学、社会学、艺术学、管理学等多学科视角。其中,考古学研究应立足于考古遗址内涵和价值,揭示与阐释公园依托大遗址所反映的中国古代历史各个发展阶段政治、经济、文化等历史信息及其规模宏大、价值重大、意义深远等典型特征,通过持续、科学、严谨的考古研究工作,准确呈现遗址的核心价值、分布范围、整体布局、历史变迁,并以此为基础科学确定保护对象、环境要素和重点区域。① 具体来说,国家考古遗址公园研究要以"旗帜鲜明地回答何以中国、何为中国的核心问题"为出发点,整理、挖掘、揭示、阐释、表达、传播国家考古遗址公园相关的遗物、遗迹、遗址、周边环境及其内涵、价值和意义,确定其年代、归属、分布范围、保存情况(现状与可能性变化)、遗物遗存、性质、重要性、历史演变等,基于"让中华民族最基本的文化基因与当代文化相适应、与现代社会相协调",②确认考古遗址的历史、艺术、科学、社会、文化价值,基于"国家文化地标和精神标识""中华地理的精神标识和国家的文化名片"诠释考古遗址的意义即其所代表、象征、唤起或表达的含义,③基于让遗址更好地'活'起来""实现历史遗址与城乡的融合发展"设计公园服务于当代社会发展的实现路径,同时还应关注对公园保护、展示等其他功能和公园运营管理等问题的研究,以优化公园功能实现机制和完善运营管理机制。

四、教育功能

基于教育在保护过程中的重要作用,国内外文化遗产管理中一直十分重视教育功能,以更好的提高公众的文化遗产保护意识和发挥文化遗产的社会效益。

---

① 国家文物局:《国家考古遗址公园发展报告》,http://www.gov.cn/fuwu/2018 - 10/12/content_5329798.htm,2018 年 10 月 16 日。

② 国家文物局:《国家考古遗址公园发展报告》,http://www.gov.cn/fuwu/2018 - 10/12/content_5329798.htm,2018 年 10 月 16 日。

③ 国际古迹遗址理事会澳大利亚国家委员会:《巴拉宪章》,联合国教科文组织世界遗产中心、国际古迹遗址理事会、国际文物保护与修复研究中心、中国国家文物局编:《国际文化遗产保护文件选编》,文物出版社 2007 年版,第 158—172 页。

　　国际文化遗产管理方面,《关于历史性纪念物修复的雅典宪章》较早认识到了教育在保护过程中的作用,建议通过教育劝阻孩子和年轻人污损纪念物外观的行为和教导其对保护投入更大、更广泛的兴趣。① 此后,《关于适用于考古发掘的国际原则的建议》(1956)明确提出公众教育概念,要求在重要考古遗址建立具有教育性质的小型展览(若有可能则建立博物馆)以宣传考古遗存的意义,开展多种类型的公众教育活动(历史教学、学生参加发掘、报刊发表考古情报、组织游览、展览、考古方法与成果演讲、展示遗址及其考古发现、出版专题材料和指南等)以唤起公众对于过去时代遗存的尊重和热爱;②《关于保护景观和遗址的风貌与特征的建议》提出教育活动应在校内、外进行,其目的是激发和培养公众对景观和遗址的尊重,宣传为确保名胜古迹的保护所制定的规章,校外教育应由新闻界、私人组织、旅游机构、青年或大众教育组织承担,承担校内教育的学校教员应在中、高等院校接受专门课程的特殊培训;③《保护世界文化和自然遗产公约》和《关于在国家一级保护世界文化和自然遗产的建议》要求各国制定教育计划,开展教育活动以唤起公众对世界文化遗产的赞赏与尊重,使公众了解对文化遗产造成威胁的危险因素和已开展的保护活动等;④《内罗毕建议》提出进行专门教育(培养专门从事保护历

---

① 第一届历史纪念物建筑师及技师国际会议:《关于历史性纪念物修复的雅典宪章》,联合国教科文组织世界遗产中心、国际古迹遗址理事会、国际文物保护与修复研究中心、中国国家文物局编:《国际文化遗产保护文件选编》,文物出版社 2007 年版,第 1—4 页。

② 联合国教科文组织:《关于适用于考古发掘的国际原则的建议》(1956),联合国教科文组织世界遗产中心、国际古迹遗址理事会、国际文物保护与修复研究中心、中国国家文物局编:《国际文化遗产保护文件选编》,文物出版社 2007 年版,第 39—45 页。

③ 联合国教科文组织:《关于保护景观和遗址的风貌与特征的建议》,联合国教科文组织世界遗产中心、国际古迹遗址理事会、国际文物保护与修复研究中心、中国国家文物局编:《国际文化遗产保护文件选编》,文物出版社 2007 年版,第 46—51 页。

④ 联合国教科文组织:《保护世界文化和自然遗产公约》,联合国教科文组织世界遗产中心、国际古迹遗址理事会、国际文物保护与修复研究中心、中国国家文物局编:《国际文化遗产保护文件选编》,文物出版社 2007 年版,第 70—79 页;联合国教科文组织:《关于在国家一级保护世界文化和自然遗产的建议》,联合国教科文组织世界遗产中心、国际古迹遗址理事会、国际文物保护与修复研究中心、中国国家文物局编:《国际文化遗产保护文件选编》,文物出版社 2007 年版,第 80—88 页。

史地区的专业技术工人和手工艺者）、行政人员教育、校外教育和大学教育，提高公众对保护工作重要性的认识，而且教育应广泛利用视听媒介及参观历史建筑群的方法；①《木结构遗产保护准则》（1999）提出大力鼓励面向建筑师、保护工作者、工程师、工匠和遗产地管理人员的木结构遗产保存、维护和管理培训项目，再次强调了专业教育；②《关于工业遗产下的塔吉尔宪章》（2003）进一步强调和完善了学校教育，专科学校和综合性大学设置工业遗产专业培训课程、中小学将工业历史和遗产纳入教学内容。③

我国在新中国成立之初就认识到了文化遗产的教育功能，强调革命传统教育和爱国主义教育、文化遗产保护教育，文化部1951年《对地方博物馆的方针、任务、性质及发展方向的意见》和1953年《关于在基本建设工程中保护历史及革命文物的指示》、国务院1961年《关于进一步加强文物保护和管理工作的指示》等对此都有明确表述。随之，《省、市、自治区博物馆工作条例》（1979）明确了博物馆的宣传教育职能，在爱国主义教育基础上增加了历史和科学知识教育、社会主义教育；国务院《关于加强和改善文物工作的通知》（1997）进一步扩充了文化遗产教育的范畴而提出社会教育理念，强调充分发挥文物的社会教育作用，并提出了专业人才教育问题，④从而确立了我国文化遗产教育的思路；《关于〈中国文物古迹保护准则〉若干重要问题的阐述》（2000）将成为"历史、艺术、科学等知识的教育场所"确立为文物古迹的重要

---

① 联合国教科文组织：《关于历史地区的保护及其当代作用的建议（内罗毕建议）》，联合国教科文组织世界遗产中心、国际古迹遗址理事会、国际文物保护与修复研究中心、中国国家文物局编：《国际文化遗产保护文件选编》，文物出版社2007年版，第92—101页。

② 国际古迹遗址理事会：《木结构遗产保护准则》（1999），联合国教科文组织世界遗产中心、国际古迹遗址理事会、国际文物保护与修复研究中心、中国国家文物局编：《国际文化遗产保护文件选编》，文物出版社2007年版，第196—199页。

③ 国际工业遗产保护联合会：《关于工业遗产下的塔吉尔宪章》，联合国教科文组织世界遗产中心、国际古迹遗址理事会、国际文物保护与修复研究中心、中国国家文物局编：《国际文化遗产保护文件选编》，文物出版社2007年版，第251—255页。

④ 国务院：《关于加强和改善文物工作的通知》，国家文物局编：《中国文化遗产事业法规文件汇编（上）》，文物出版社2009年版，第316—319页。

社会实用功能。① 新时期,国务院《关于进一步加强文物工作的指导意见》再次强调要发挥文物的社会教育功能和教育人民的作用;②《国家文物事业发展"十三五"规划》对此进行了具体谋划,有 22 处提到了教育问题,将"社会教育作用更加彰显"确立为发展目标,把发挥社会教育功能作为"多措并举让文物活起来"的重要措施;强调完善博物馆社会教育机制,推出一批具有鲜明教育作用、彰显社会主义核心价值观的陈列展览;提出完善博物馆青少年教育功能,建立馆校合作机制,定期开展中小学生教育活动;要求在急需人才培养方面给予支持和倾斜,将文物传统工艺的保护传承纳入职业教育;提出开展长城保护宣传教育活动,加强水利遗产保护宣传教育,从而明确了新时期我国文化遗产社会教育机制和确立了其目标体系。③

基于上述国内外文化遗产教育理念,根据《国家文物事业发展"十三五"规划》要求,《国家考古遗址公园发展报告》提出教育"是立足于涵养社会主义核心价值观,内化于神、外显于形",这进一步推动了文化遗产教育融于当代社会建设、文化建设,也再次体现出了国家考古遗址公园建设的"国家站位"。④ 根据《国家考古遗址公园发展报告》,2014 至 2016 年我国第二批国家考古遗址公园中有 22 处开展了面向青少年的公众考古活动,开展了公众考古进校园、考古发掘现场参观、考古夏令营、移动课堂等活动;共开展社会活动 1076 次,接纳实习学生或业务交流人员 1382 人次。⑤ 但是客观来说,无论是

① 国际古迹遗址理事会中国国家委员会:《关于〈中国文物古迹保护准则〉若干重要问题的阐述》,《中国长城博物馆》2013 年第 2 期。

② 国务院:《关于进一步加强文物工作的指导意见》,http://www.gov.cn/zhengce/content/2016-03/08/content_5050721.htm,2017 年 11 月 3 日。

③ 国家文物局:《国家文物事业发展"十三五"规划》,http://www.sach.gov.cn/art/2017/2/21/art_722_137348.html,2017 年 4 月 21 日。

④ 国家文物局:《国家考古遗址公园发展报告》,http://www.gov.cn/fuwu/2018-10/12/content_5329798.htm,2018 年 10 月 16 日。

⑤ 国家文物局:《国家考古遗址公园发展报告》,http://www.gov.cn/fuwu/2018-10/12/content_5329798.htm,2018 年 10 月 16 日。

从教育形式，还是教育活动规模来说，国家考古遗址公园教育功能的实际实现程度与上述我国《国家文物事业发展"十三五"规划》等所提出的要求还存在很大差距。这表明我国国家考古遗址公园还需进一步完善教育机制，构建不同教育功能的具体实现路径。

整合来看，国家考古遗址公园教育功能应该定位为以考古遗址为核心依托的公共教育，包括社会教育和学校教育两个方面，涵盖宣传教育、普及教育、专业教育三种类型。其中，社会教育是指面向社会公众（以公园所在地为基础，并不断对外拓展）进行的教育活动；学校教育是指公园与各级各类学校合作，进校组织文化遗产教育活动，纳入课程体系，并常规性接纳学生进入公园而使公园成为课堂（即美国国家公园重视和实践的"Park as classroom"）；宣传教育旨在引导公众了解文化遗产管理制度，增强文化遗产保护意识，强化爱国主义和民族情感，传播与公园相关的中华传统美德、社会公德；普及教育旨在向公众传播文化遗产相关知识，引导了解、认知与理解文化遗产价值及其与当地经济社会发展的关系；专业教育旨在合作培养文化遗产保护利用所需的专业人才，包括学历教育和非学历教育。

五、休闲功能

《关于〈中国文物古迹保护准则〉若干重要问题的阐述》（2000）提出文物古迹可以成为"为身心健康活动的休闲场所"；①《国家考古遗址公园发展报告》提出"'游憩'是立足于培养人民群众亲近遗址、阅读遗址、感受遗址的文化习惯，融入生活，寓教于乐、寓教于游"，并强调位于城市的国家考古遗址公园"可以承担公共文化服务功能，作为具有遗产保护特色和历史记

---

① 国际古迹遗址理事会中国国家委员会：《关于〈中国文物古迹保护准则〉若干重要问题的阐述》，《中国长城博物馆》2013年第2期。

忆的城市公园"。① 这明确界定了国家考古遗址公园面向当地居民的休闲功能,体现出公园建设融于当地人们生活,满足居民公共文化需求的功能指向。

遗产地居民受益是国内外文化遗产管理一直都坚守的重要原则。关注社区参与、社区受益的诸多国际公约,本身就包含着对当地居民休闲特别是文化休闲的重视。如,《关于保护景观和遗址的风貌与特性的建议》鼓励社区获得那些需要保护的构成景观或遗址组成部分的地区;②《佛罗伦萨宪章》(1982)基于历史园林提出应划出适合于生动活泼的游戏和运动的单独区域;③《华盛顿宪章》强调保护历史城镇与城区意味着其和谐地适应现代生活之中;④《塞拉莱建议》更明确提出考古公园是在有关遗产资源价值及相关土地范围的限定区域内之面向公众进行休闲娱乐的潜在资源,明确提出了考古遗址公园的休闲功能。⑤

我国 20 世纪 80 年代的遗址公园建设本身就是基于城市公园理念而进行的,直接面向的就是市民休闲,特别是文化休闲。作为国家考古遗址公园建设前身的大遗址保护工程,也一直将所在地居民生活质量作为重要目标。《"十一五"期间大遗址保护总体规划》提出要坚持既有利于文物保护、又有

---

① 国家文物局:《国家考古遗址公园发展报告》,http://www.gov.cn/fuwu/2018-10/12/content_5329798.htm,2018 年 10 月 16 日。

② 联合国教科文组织:《关于保护景观和遗址的风貌与特性的建议》,联合国教科文组织世界遗产中心、国际古迹遗址理事会、国际文物保护与修复研究中心、中国国家文物局编:《国际文化遗产保护文件选编》,文物出版社 2007 年版,第 46—51 页。

③ 国际古迹遗址理事会国际历史园林委员会:《佛罗伦萨宪章》,联合国教科文组织世界遗产中心、国际古迹遗址理事会、国际文物保护与修复研究中心、中国国家文物局编:《国际文化遗产保护文件选编》,文物出版社 2007 年版,第 124—127 页。

④ 国际古迹遗址理事会:《保护历史城镇与城区宪章(华盛顿宪章)》,联合国教科文组织世界遗产中心、国际古迹遗址理事会、国际文物保护与修复研究中心、中国国家文物局编:《国际文化遗产保护文件选编》,文物出版社 2007 年版,第 128—130 页。

⑤ International Council on Monuments and Sites, "Salalah Recommendation", http://whc.unesco.org/en/news/1256,2019-10-16.

利于提高人民群众生活质量的原则,①《大遗址保护"十二五"专项规划》提出大遗址保护有利于美化城乡环境;②《大遗址保护西安共识》更全面地强调创造美好的人居环境、提高城市生活品质是大遗址保护的出发点和落脚点,大遗址正在逐渐变为城市中最美丽的地方、最有文化品位的空间。③"让大遗址如公园般美丽"是我国考古遗址公园建设之初就已经确立的现实愿景,城市公共文化空间是其发展目标,休闲是其功能之一。④ 满足居民等当地利益相关者的公共文化需求,成为所在地社区的文化休闲场所是考古遗址公共资源属性的直接体现,也是国家考古遗址公园公共产品性质的内在要求,更是国家考古遗址公园从生活层面进行文化空间生产方的核心所在。当然,基于所处地理位置不同,休闲功能主要由位于城市、位于城郊或乡村的国家考古遗址公园承担,城市公园和乡村文化活动中心是其主要形式。

六、旅游功能

《关于〈中国文物古迹保护准则〉若干重要问题的阐述》同时还提出文物古迹可以成为"以历史文化为主题的观光场所";⑤《国家考古遗址公园发展报告》提出的"游憩"也涵盖了公园面向外地游客的旅游功能,同时还进一步

---

① 国家文物局、财政部:《关于印发〈"十一五"期间大遗址保护总体规划〉的通知》,http://www.nbwb.net/info.aspx? Id=2551,2020 年 1 月 30 日。

② 国家文物局、财政部:《关于印发〈大遗址保护"十二五"专项规划〉的通知》http://wwj.zhengzhou.gov.cn/tztg/169317.jhtml,2020 年 1 月 30 日。

③ 中国大遗址保护高峰论坛:《大遗址保护西安共识》,《中国文物报》2008 年 10 月 24 日。

④ 单霁翔:《让大遗址如公园般美丽——在 2009 年大遗址保护良渚论坛上的发言》,http://www.zjww.gov.cn/culture/2009-06-12/184136904.shtml,2018 年 7 月 11 日。

⑤ 国际古迹遗址理事会中国国家委员会:《关于〈中国文物古迹保护准则〉若干重要问题的阐述》,《中国长城博物馆》2013 年第 2 期。

提出位于城郊或乡村的公园要成为文化旅游目的地,①直接体现出对国家考古遗址公园发展文化旅游、承担旅游功能以满足外地游客文化需求之功能要求。

国际范围来看,以文化遗产为吸引物的旅游活动由来已久,埃及的金字塔、意大利庞贝城遗址、希腊迈锡尼王宫遗址和克里特宫殿遗址等都很早就成为旅游胜地。②《关于适用考古发掘的国际规则的建议》(1956)提出应作出一切必要安排以便于接近遗址,从而鼓励公众参观。③ 到 20 世纪六七十年代,依托文化遗产发展旅游业已经较为普遍,同时国际社会也关注到了旅游业的负面影响。④《关于国家一级保护文化和自然遗产的建议》要求应审慎制定旅游发展计划,以不影响遗产的内在特征和重要性。⑤ 但是正如《文化旅游宪章》(1976)所强调的"旅游业是一个不可逆转的社会、人文、经济和文化事实",⑥文化遗产地发展旅游业日益成为越来越多国家和地区的现实选择。《保护和发展历史城市国际合作苏州宣言》(1998)强调要保证旅游能尊重文化、环境和当地居民的生活方式,旅游收入的合理部分能用于保护遗产;⑦《国际文化旅游宪章》强调旅游正日益成为文化保护的积极力量,其可以

---

① 国家文物局:《国家考古遗址公园发展报告》,http://www.gov.cn/fuwu/2018 – 10/12/content_5329798.htm,2018 年 10 月 16 日。

② 王京传:《考古旅游:互动视野下的考古与旅游》,《旅游学刊》2009 年第 8 期。

③ 联合国教科文组织:《关于适用考古发掘的国际规则的建议》,联合国教科文组织世界遗产中心、国际古迹遗址理事会、国际文物保护与修复研究中心、中国国家文物局编:《国际文化遗产保护文件选编》,文物出版社 2007 年版,第 39—45 页。

④ 张朝枝、郑艳芬:《文化遗产保护与利用关系的国际规则演变》,《旅游学刊》2011 年第 1 期。

⑤ 联合国教科文组织:《关于国家一级保护文化和自然遗产的建议》,联合国教科文组织世界遗产中心、国际古迹遗址理事会、国际文物保护与修复研究中心、中国国家文物局编:《国际文化遗产保护文件选编》,文物出版社 2007 年版,第 80—88 页。

⑥ 张朝枝、郑艳芬:《文化遗产保护与利用关系的国际规则演变》,《旅游学刊》2011 年第 1 期。

⑦ 中国—欧洲历史城市市长会议:《保护和发展历史城市国际合作苏州宣言》,联合国教科文组织世界遗产中心、国际古迹遗址理事会、国际文物保护与修复研究中心、中国国家文物局编:《国际文化遗产保护文件选编》,文物出版社 2007 年版,第 156—157 页。

为文化遗产创造经济利益,能够通过创造资金、教育社区和影响政策实现以保护为目的的管理,①进一步推动了旅游与文化遗产之间的对接,确立了确保游客的有价值经历、社区参与旅游规划、东道主社区受益等文化旅游发展原则。这意味着旅游与保护之间冲突在理论与实践层面都进一步得到调控,体现出国际社会对依托考古遗址发展旅游之更全面、更理性认识。同时该宪章还确立了文物古迹遗址可持续旅游发展理念,此后的《绍兴宣言》所提出的"作为遗产保护手段之一的负责任旅游"②、世界遗产中心《世界遗产可持续旅游工作手册》(2014)、国际文化财产保护与修复研究中心《世界遗产与可持续发展——世界遗产管理的新方向》(2018)等都直接体现出文化遗产旅游发展中可持续发展理念的不断强化。

我国也较早就关注文化遗产旅游发展,《文物保护管理暂行条例》规定核定为文物保护单位的纪念建筑物或者古建筑,可以辟为参观游览场所。③ 从20世纪80年代开始,故宫、长城、定陵、兵马俑等重要文化遗产逐渐成为我国最为重要的观光旅游产品。我国首部《文物保护法》再次规定文物保护单位可开辟为参观游览场所。当然,我国也意识到了旅游发展的负面影响,出台多项法律法规来规范文化遗产旅游发展,国家文物局《关于加强古建筑和文物古迹保护管理工作的请示报告》(1980)要求"新建旅馆及旅游设施,都必须由城市规划部门统一安排"④、国家建委等《关于保护我国历史文化名城的请

---

① 国际古迹遗址理事会:《国际文化旅游宪章(重要文化古迹遗址旅游管理原则和指南)》,联合国教科文组织世界遗产中心、国际古迹遗址理事会、国际文物保护与修复研究中心、中国国家文物局编:《国际文化遗产保护文件选编》,文物出版社2007年版,第176—189页。

② 第二届文化遗产保护与可持续发展国际会议:《绍兴宣言》,联合国教科文组织世界遗产中心、国际古迹遗址理事会、国际文物保护与修复研究中心、中国国家文物局编:《国际文化遗产保护文件选编》,文物出版社2007年版,第378—380页。

③ 国务院:《文物保护管理暂行条例》,国家文物局编:《中国文化遗产事业法规文件汇编(上)》,文物出版社2009年版,第30—32页。

④ 国家文物事业管理局、国家基本建设委员会:《关于加强古建筑和文物古迹保护管理工作的请示报告》,国家文物局编:《中国文化遗产事业法规文件汇编(上)》,文物出版社2009年版,第104—107页。

示》(1982)强调对非法占用文物古迹而不利于文物安全和旅游开放的都应限期迁出①,《关于加强在假日旅游中做好文物保护宣传工作的意见》(2000)强调要注意假日旅游给文物保护工作带来的影响而限制游客数量或暂停开放②,《文物保护法》(2002年修订)再次强调"旅游发展必须遵守文物保护工作的方针,其活动不得对文物造成损害"。③ 同时,我国强调旅游收入反哺文化遗产保护,《关于进一步加强长城保护管理工作的通知》(2003)要求在已经将长城开辟为参观游览场所的地方,应把长城的事业性收入专门用于保护以逐步实现长城保护资金来源的良性循环。④ 总体来说,我国文化遗产保护与旅游发展关系日益协调,文化遗产的旅游功能也越来越得到有效发挥。"九五"期间文物古迹就成为我国重要旅游资源,⑤目前许多重点文物保护单位也已成为地方旅游业发展的重要品牌和依托。⑥ 近年来,我国对依托文化遗产发展旅游的思路更加清晰,目标更加明确。《大遗址保护西安共识》强调要深挖大遗址内涵和价值,促进旅游等相关产业理性发展;⑦国务院《关于进一步加强文物工作的指导意见》基于发挥文物资源在壮大旅游业中的重要作用,更具体的提出打造文物旅游品牌,培育以文物保护单位、

---

① 国家基本建设委员会、国家文物事业管理局、国家城市建设总局:《关于保护我国历史文化名城的请示》,国家文物局编:《中国文化遗产事业法规文件汇编(上)》,文物出版社2009年版,第136—138页。

② 国家文物事业管理局、国家基本建设委员会:《关于加强古建筑和文物古迹保护管理工作的请示报告》,国家文物局编:《中国文化遗产事业法规文件汇编(上)》,文物出版社2009年版,第372—373页。

③ 第九届全国人民代表大会常务委员会第三十次会议:《中华人民共和国文物保护法》,《浙江政报》2003年第2期。

④ 文化部、国家文物局、公安部、国土资源部、建设部、国家环境保护总局、国家旅游局:《关于进一步加强长城保护管理工作的通知》,http://wwj.shanxi.gov.cn/e/action/ShowInfo.php?classid=229&id=17185,2020年1月27日。

⑤ 国家文物局:《文物事业"十五"发展规划和2015年远景目标纲要》,国家文物局编:《中国文化遗产事业法规文件汇编(下)》,文物出版社2009年版,第410—421页。

⑥ 雒树刚:《国务院关于文化遗产工作情况的报告》,http://npc.people.com.cn/n1/2017/1225/c14576-29726955.html,2018年7月13日。

⑦ 中国大遗址保护高峰论坛:《大遗址保护西安共识》,《中国文物报》2008年10月24日。

博物馆为支撑的体验旅游、研学旅行和传统村落休闲旅游线路,设计生产较高文化品位的旅游纪念品。①

国家考古遗址公园的旅游功能是考古遗址之文化遗产属性的内在要求,也是公园融于当地经济社会发展的现实之需。旅游功能是国家考古遗址公园满足外部利益相关者文化需求的直接途径,体现的是考古遗址公共资源价值的向外延伸,实现的是考古遗址所带来之公共利益受众面的进一步拓展。根据《关于加强文物保护利用改革的若干意见》提出的新要求,促进文物与旅游融合发展,依托考古遗址发展研学旅行、体验旅游、休闲旅游是国家考古遗址公园旅游功能的主要指向。进一步来看,国家考古遗址公园旅游功能面向的是文化旅游需求,应以实现文化与旅游的深度融合为宗旨,基于合理的功能分区针对旅游者需求层次差异开发包括文化认知、文化学习、文化观光、文化娱乐、文化体验等多种类型之旅游产品,以使不同层次旅游者都有可能根据自身需求层次选择自己所愿意消费的旅游产品,并根据“五看”标准,即愿意看、看得见(旅游者能够看到自己所期望看到的考古遗址及其周边环境的价值与承载的相关信息)、看得懂(能够认知和理解游览对象)、看得满意、看得有获得感(满足文化需求)来进一步设计具体旅游产品形式和旅游活动内容。

七、文化产业功能

《关于〈中国文物古迹保护准则〉若干重要问题的阐述》(2000)强调的“利用文物古迹创造经济效益”,②虽未直接提出但较早涉及了依托文物古迹

---

① 国务院:《关于进一步加强文物工作的指导意见》,http://www.gov.cn/zhengce/content/2016-03/08/content_5050721.htm,2017 年 11 月 3 日。

② 国际古迹遗址理事会中国国家委员会:《关于〈中国文物古迹保护准则〉若干重要问题的阐述》,《中国长城博物馆》2013 年第 2 期。

发展文化产业问题。这主要体现在其所提出的经济效益之中的两个方面：与文物古迹相连系的文化市场和无形资产、知识产权；依托文物古迹的文艺作品创造。①

《大遗址保护荆州宣言》倡议将文化产业作为大遗址保护的重要助力，并进一步延伸文化产业链；②国务院《关于进一步加强文物工作的指导意见》提出大力发展文博创意产业，进一步拓展产业发展空间，开发原创文化产品，打造文化创意品牌。③ 在此基础上，国家文物局《关于促进文物合理利用的若干意见》强调落实文化创意产品开发政策，支持文博单位依托文物资源，采取合作、授权、独立开发等方式进行文化创意产品开发，面向社会提供知识产权许可服务，④从而明确了新时期我国推进文化遗产事业与文化产业融合发展的主要理念和基本思路。《国家文物事业发展"十三五"规划》对此进行了更为具体的谋划，将"促进文化创意产品开发"列入"多措并举让文物活起来"的实现途径，提出支持各方力量利用文物资源开发文化创意产品，推出一批具有示范带动作用的文化创意产品开发项目和优秀企业，到2020年文物单位文化创意产品体系逐步形成；强调大力发展文博创意产业，深入挖掘文物资源的价值内涵和文化元素，延伸文博衍生产品链条，进一步拓展产业发展空间，培育新型文化业态；鼓励众创、众筹，以创新创意为动力，以文博单位和文化创意设计企业为主体，开发原创文化产品，打造文化创意品牌。⑤

国家考古遗址公园的文化产业功能贯彻的是习近平总书记"让收藏在禁

---

① 国际古迹遗址理事会中国国家委员会：《关于〈中国文物古迹保护准则〉若干重要问题的阐述》，《中国长城博物馆》2013年第2期。

② 中国文化遗产研究院：《大遗址保护行动跟踪研究（上编）》，北京文物出版社2016年版，第148页。

③ 国务院：《关于进一步加强文物工作的指导意见》，http://www.gov.cn/zhengce/content/2016-03/08/content_5050721.htm，2017年11月3日。

④ 国家文物局：《关于促进文物合理利用的若干意见》，http://www.gov.cn/xinwen/2016-10/19/content_5121126.htm，2018年11月7日。

⑤ 国家文物局：《国家文物事业发展"十三五"规划》，http://www.sach.gov.cn/art/2017/2/21/art_722_137348.html，2017年4月21日。

宫里的文物、陈列在广阔大地上的遗产、书写在古籍里的文字都活起来"重要指示,①践行的是我国文化遗产管理工作的"合理利用"基本方针,体现的是对文化遗产价值的全面认知和深度实现。同时,《关于推动文化文物单位文化创意产品开发的若干意见》提出的"依托重点文化文物单位,培育一批文化创意领军单位和产品品牌",②实际上也是对依托重要大遗址而建设之国家考古遗址公园要发挥文化产业功能直接提出了要求,并确立了其应在同领域文化产业发展中的引领者之定位。具体来看,依托国家考古遗址公园的文化产业业态,包括资源本体依托型和资源价值依托型两种类型。前者是指依托作为公园组成部分的相关物质和非物质文化遗产本身而发展的复制、复原、展示性业态,后者是指依托上述文化遗产历史、艺术、科学、社会、文化价值而发展的创意性业态。其中,后者为当前我国国家文化战略所积极倡导,而且其最能够拓展考古遗址与公众生活对接渠道,最有利于公园的可持续发展。当然要必须强调的是,国家考古遗址公园的文化产业功能并非仅仅局限于公园自身,需要将公园周边地区甚至所在地整个区域统筹协调、布局与规划,从而实现以公园为核心的文化产业关联带动。这就要求在公园内部及其外围地区进行合理的功能区划分,开发多层次、多类型文化产品。不同分区、不同类型产品针对的是不同群体,满足的是其不同层次的文化需求,最终实现对考古遗址的有效保护利用。

八、其他产业带动功能

带动其他产业发展功能是国家考古遗址公园更进一步发挥文化遗产的经济效益,更充分的实现文化遗产保护与所在地经济社会发展协调之重要体现。

---

① 习近平:《"平语"近人——习近平谈文物工作》,《中国文物科学研究》2016 年第 2 期。

② 文化部、国家发展改革委员会、财政部、国家文物局:《关于推动文化文物单位文化创意产品开发的若干意见》,http://www.sach.gov.cn/art/2016/6/14/art_1329_131739.html,2018 年 11 月 8 日。

这对建设与运营较为成熟的公园来说,既是自身发展目标的内在要求,又是其发展之正外部性效应的客观结果。该项功能涉及两个层面:一是公园自身或所在地政府主动性进行的其他相关产业谋划,其中所在地政府往往会重视公园对周边服务业等关联性产业的带动发展,但是要注意把准文化遗产保护原则和公园建设定位、确保相关产业谋划符合公园性质和文化遗产属性而不能把公园开发附加于或者直接等同于商业开发项目;另一方面则是公园建设会在多方面带来"正外部性",特别是基于过去因保护模式限制而普遍存在发展滞后的实际情况,我国遗址所在地往往被社会发展忽视、被公众生产生活所忽略而"负外部性"效应凸显,但公园建设将会直接推动所在地生态环境美化、人文环境优化并形成文化品牌,产生显著的品牌效应,产生涉及多个领域的"正外部性"效应,从而能客观推动公园周边地区休闲业、商业、房地产业等其他产业的集聚发展。

九、区域发展功能

区域发展功能是指国家考古遗址公园建设推动所在地(特别是当地社区)经济社会协调发展,并带动整个城市或乡村区域的整体发展。《内罗毕建议》提出政府应把保护遗产"并使之与我们时代的社会生活融为一体作为自己的义务";①《华盛顿宪章》更进一步阐释了该思想,将历史城镇和城区的发展并和谐的适应现代生活所需明确界定为保护工作的内容,并强调历史城镇与城区保护应成为当地经济与社会发展政策的完整组成部分。② 从 20 世纪

---

① 联合国教科文组织:《关于历史地区的保护及其当代作用的建议(内罗毕建议)》,联合国教科文组织世界遗产中心、国际古迹遗址理事会、国际文物保护与修复研究中心、中国国家文物局编:《国际文化遗产保护文件选编》,文物出版社 2007 年版,第 92—101 页。

② 国际古迹遗址理事会:《保护历史城镇与城区宪章(华盛顿宪章)》,联合国教科文组织世界遗产中心、国际古迹遗址理事会、国际文物保护与修复研究中心、中国国家文物局编:《国际文化遗产保护文件选编》,文物出版社 2007 年版,第 128—130 页。

90 年代开始,国际社会日益重视文化遗产保护与利用中的社区参与问题,其中社区受益是其重要主题。《保护和发展历史城市国际合作苏州宣言》(1998)提出支持能够保证历史地区在发展中发挥关键作用的社会和经济政策;①《国际文化旅游宪章》强调文化遗产是社会资产的主要来源,旅游和保护活动应该使东道主社区受益,为其提供公正的经济、社会和文化利益,提高社会经济发展水平并为减少贫困作贡献;②《绍兴宣言》(2005)再次强调文化遗产管理和文化旅游发展中当地社区要能够平等的享受经济利益的分配。③

与国际社会比较来看,我国对文化遗产与所在地经济社会发展关系的重视程度更显著。从改革开放之初,我国就重视依托文化遗产发展旅游业,以推动当地经济发展。到 20 世纪 90 年代,我国基于依托文化遗产推动区域发展的思路已经十分清晰。国务院《关于加强和改善文物工作的通知》将有利于经济建设和提高人民群众生活水平确立为文物工作的原则之一,提出"扶持既有利于遗址保护又能提高当地群众生活水平的产业"。④"十五"期间,我国着力优化文化遗产保护与所在地经济建设的关系。2006 年 3 月,我国已经形成"文化遗产就不再被看做城市发展的包袱,而是城市中无可替代的重要财富,是城市可持续发展的资本和动力"的全面认识。⑤ 我国国家考古遗址公园建设正是基于此背景而启动建设的,使文化遗产保护成果惠及公众、推动所

---

① 中国—欧洲历史城市市长会议:《保护和发展历史城市国际合作苏州宣言》,联合国教科文组织世界遗产中心、国际古迹遗址理事会、国际文物保护与修复研究中心、中国国家文物局编:《国际文化遗产保护文件选编》,文物出版社 2007 年版,第 156—157 页。

② 国际古迹遗址理事会:《国际文化旅游宪章(重要文化古迹遗址旅游管理原则和指南)》,联合国教科文组织世界遗产中心、国际古迹遗址理事会、国际文物保护与修复研究中心、中国国家文物局编:《国际文化遗产保护文件选编》,文物出版社 2007 年版,第 176—189 页。

③ 第二届文化遗产保护与可持续发展国际会议:《绍兴宣言》,联合国教科文组织世界遗产中心、国际古迹遗址理事会、国际文物保护与修复研究中心、中国国家文物局编:《国际文化遗产保护文件选编》,文物出版社 2007 年版,第 378—380 页。

④ 国务院:《关于加强和改善文物工作的通知》,国家文物局编:《中国文化遗产事业法规文件汇编(上)》,文物出版社 2009 年版,第 316—319 页。

⑤ 单霁翔:《注重保护城镇历史文化》,《人民日报(海外版)》2006 年 2 月 27 日。

在地经济社会发展等是其建设之初就确立的重要理念。《关于建设考古遗址公园的良渚共识》明确阐释了考古遗址公园的区域发展功能，即"有效缓解文化遗产保护与城市化进程之间的矛盾，优化土地资源的利用，带动相关产业发展，进一步改善人居环境，扩展和丰富城市文化内涵"；①《国家考古遗址公园管理办法（试行）》明确将有效发挥考古遗址在经济社会发展中的作用界定为国家考古遗址公园之建设目的。② 新时期，我国进一步强调要"协调文物保护与地方经济社会发展、民生改善的关系"，更好的促进经济社会发展，到2025年"文物工作在促进经济社会发展中的重要作用进一步发挥，文物保护利用成果更多更好惠及人民群众"。③ 我国国家考古遗址公园十余年的建设成绩也已经发挥了区域发展功能，实现了"将大型古遗址保护利用融入所在区域社会经济发展中"，推动了文物保护、生态修复、城乡发展、民生改善的有效协调。④ 但这与《国家文物事业发展"十三五"规划》对文物合理利用的新谋划、新要求还有较大差距，国家考古遗址公园需要以"增强人民群众的幸福感与获得感"和"不断满足人民日益增长的美好生活需要"为追求，在改善当地生态环境状况、优化公共文化服务设施配置、创造就业机会、带动产业调整、增加群众收入基础上，⑤实现与区域文化、经济、社会发展的深度融合，在新型城镇化、新农村建设、扶贫攻坚、美丽中国建设、人文城市建设、特色小镇和美丽乡村建设等国家重要战略实施中发挥更广泛的作用，从而将作为重要文化遗产之考古遗址所蕴含的价值更全面的转化为区域发展的动力、活力和支撑力。

---

① 论坛全体代表：《关于建设考古遗址公园的良渚共识》，安磊编：《国家考古遗址公园实用手册》，文物出版社2015年版，第215页。

② 国家文物局：《国家考古遗址公园管理办法（试行）》，https://wenku.baidu.com/view/b69f22d0b1717fd5360cba1aa8114431b90d8e82.html，2018年12月11日。

③ 中共中央办公厅、国务院办公厅：《关于加强文物保护利用改革的若干意见》，http://www.gov.cn/zhengce/2018-10/08/content_5328558.htm，2019年3月1日。

④ 国家文物局：《国家考古遗址公园发展报告》，http://www.gov.cn/fuwu/2018-10/12/content_5329798.htm，2018年10月16日。

⑤ 国家文物局：《国家考古遗址公园发展报告》，http://www.gov.cn/fuwu/2018-10/12/content_5329798.htm，2018年10月16日。

第五章　国家考古遗址公园的
功能实现机制

国家考古遗址公园公共文化空间功能定位及相应之包括保护、展示、研究、教育、休闲、旅游、文化产业、带动其他产业、区域发展等功能在内的综合性功能体系,体现出了国际公约和中国制度的融合创新。国家考古遗址公园概念提出以及上述功能定位和功能体系的确立是中国在理念创新和路径优化两个层面对全球文化遗产管理的重要贡献,也表明中国正在日益成为国际文化遗产管理理念的倡导者。2015 年 2 月,国际古迹遗址理事会召开了考古公园第一次国际会议,并建议将"考古公园"这一术语纳入《世界遗产公约操作指南》等国际社会官方通用术语中。① 基于此,探索国家考古遗址公园的功能实现机制,不仅是一个中国语境下的重要课题,更是一个面向全球背景的国际性课题。

一、功能实现机制构建的依据②

基于遗址的公共资源属性和国家公园的公共产品性质,以及我国传统遗

---

① International Council on Monuments and Sites, "Salalah Recommendation", http://whc. unesco.org/en/news/1256,2019-10-16.

② 王京传:《国家考古遗址公园功能定位的几点思考》,《中国旅游报》2014 年 12 月 29 日。

址保护模式所带来的很多遗址所在地经济社会发展缓慢的现实情况,我国国家考古遗址公园功能实现需要统筹处理好保护与利用的协同、精英化与大众化的统筹、公益性与经济性的互补、文化性和通俗性的融合、国际原则和中国国情的结合,从而探索符合国情、民情的中国特色文化遗产保护利用之路。

1. 保护与利用的协同

从冲突视角下保护与利用的对立与割裂,到收入补偿保护经费视角下两者的互动与调和,一直到目前可持续发展视角下两者的协同实现,国内对遗址保护与利用关系的认识正在深化和提升。国家考古遗址公园要实现的是通过对遗址的保护、展示与利用,推动遗址所在地经济社会发展。应该说,发展是遗址保护与利用的目的所在,也是其绩效评价、绩效判断的最根本标准。基于推动当地经济社会发展之最终目的,国家考古遗址公园建设要变封闭式的"死保"模式为开放式的动态性保护模式,变经济导向的资源攫取式利用为可持续发展导向的综合性利用。遗址保护的目的应是更优化的利用,遗址利用的目的则应是更强化的保护,从而实现两者过程的一体化。因此,国家考古遗址公园要实现的是保护与利用的协同。

首先,动态性保护是国家考古遗址公园保护功能的提升。其要保护遗址及其周围环境所凝聚的全部历史信息,确保其历史信息叠加得到保存。正如《威尼斯宪章》第一条所规定的,各个时代所做的正当贡献必须予以尊重,不同历史时期的信息都要尽可能的保存,而不能为揭示底层历史信息便轻易破坏其他历史信息。[①] 目前,我国不少国家考古遗址公园建设所依托的遗址正属于此种情况。如,曲阜鲁国故城遗址考古发掘中已经发现诸如战国古井、唐代房址等其他历史时期的遗迹、遗物,这些都应该作为该遗址历史信息叠加而

---

① 第二届历史古迹建筑师及技师国际会议:《关于古迹遗址保护与修复的国际宪章(威尼斯宪章)》,联合国教科文组织世界遗产中心、国际古迹遗址理事会、国际文物保护与修复研究中心、中国国家文物局编:《国际文化遗产保护文件选编》,文物出版社 2007 年版,第 52—54 页。

加以保存和展示。更进一步来看,动态性保护还应超越对文物、遗迹、遗址等本体层面的保护,而扩展到基于文化遗产价值的历史、文化、社会、生活等多个层面信息的保护。

其次,可持续利用是国家考古遗址公园利用功能的优化。其要基于惠及公众的原则,既要满足公众的文化公共需求,又要从公众支持、资金补偿等方面提高遗址的自我保护能力,实现其与保护在目的、手段和过程等多维度的协同。国家考古遗址公园对遗址利用要超越传统的遗址博物馆模式,要实现对遗址所承载的物质和精神层面元素的展示方式创新和利用层次提升。基于此,国家考古遗址公园要采用静态展示、多媒体展示、虚拟展示、场景模拟、活动参与、情景体验等多种展示方式,开发满足不同层次公众需求的多元化、特色化文化产品。在此要强调的是,正如《国际文化旅游宪章》所提出的,旅游可以充分发挥遗产的经济效益,并通过创造资金、教育社区和影响政策等方式实现保护的目的,成功的旅游管理可以成为遗产地发展的重要促进因素。[1]我国的实践也表明,文化旅游是遗址最直接、最易于实现的利用途径,也是国家考古遗址公园应有之重要功能。国家考古遗址公园建设虽不同于纯粹市场导向旅游开发,但是旅游者本身就是遗址资源的公众主体,旅游活动是公众感受遗址价值的直接方式,旅游收入是通过遗址利用来取得保护资金支持的重要来源。近年来国内外遗址旅游的快速发展,其实已经在探索遗址利用方式的优化,推动遗址保护与利用的协同实现。新时代,我国更加注重文化与旅游的融合,发展文化旅游是国家考古遗址公园实现旅游功能的主要形式。

2. 精英化与大众化的兼顾

长期以来,考古学在外界心目中一直是深居象牙塔的神秘之学,考古工作

---

① 国际古迹遗址理事会:《国际文化旅游宪章(重要文化古迹遗址旅游管理原则和指南)》,联合国教科文组织世界遗产中心、国际古迹遗址理事会、国际文物保护与修复研究中心、中国国家文物局编:《国际文化遗产保护文件选编》,文物出版社 2007 年版,第 176—189 页。

也通常采取的是对外封闭和与公众隔离的方式。因此,遗址通常被考古工作者视为专属领域,仅供少数专业人员研究之用。国家考古遗址公园要实现的是让遗址走进公众的生活,感受遗址的价值,使遗址保护成果惠及公众。这就要求改变遗址的封闭状态,使其对公众开放,让公众有机会通过多种途径利用遗址。但是,这并不意味着遗址要无限制地、全面地对所有公众开放。这一方面是基于遗址保护的需要,另一方面则是基于不同公众对遗址本身及其所承载之历史信息认知和接受水平的差异。国家考古遗址公园要满足的是不同层次公众的文化需求,其功能定位要兼顾公众的多元化文化产品需求。其既要开发精英化文化产品,以彰显其文化价值;又要开发大众化文化产品,以满足普通公众的休闲娱乐需求,从而实现精英化与大众化的兼顾。

首先,精英化是遗址作为珍贵文化资源的价值体现形式,也是国家考古遗址公园所依托考古遗址之国家重要文化遗产属性的直接体现。国家考古遗址公园是依托国家特别重要之大遗址建设,在遗址保护和展示方面具有全国性示范意义的战略性文化工程。大遗址是规模宏大、价值重大、影响深远的遗址,是中华民族文明发展中最具代表性的见证和弥足珍贵的文化遗产。因此,依托其所进行的文化项目建设和文化产品开发要体现其文化品位的高端性,展示其在中国乃至全球文化发展中的重要地位。

其次,大众化是遗址与公众生活对接,实现将其本体及所承载的历史、文化等信息与所在地城市或社区发展进行融合的保障。让文化遗产保护成果惠及公众是国家考古遗址公园建设的初衷所在。满足普通公众的文化需求亦是国家考古遗址公园的功能,这就要求其要依托遗址核心区外围开发文化休闲、文化娱乐、文化体验等一般文化产品。当然,要注意的是大众化不等于庸俗化,也并非要求国家考古遗址公园一味地迎合公众的需求。其文化产品开发绝对不能脱离遗址的属性、功能及其所承载的历史、科学、艺术、文化和社会价值。

3.公益性与盈利性的互补

考古遗址的公共资源属性以及国家考古遗址公园的公共产品属性,都要求国家考古遗址公园经营管理的公益性。但是,基于我国传统封闭式保护模式所导致的遗址所在地发展滞后的现实情况,国家考古遗址公园又必须要兼有推动当地经济社会发展的功能,其经营管理亦应具有盈利性。可见,国家考古遗址公园应兼具公益性与盈利性。其中,公益性是前提和基础;盈利性是手段,是公益性得以实现的保障,两者是互补的。

首先,公益性是国家考古遗址公园自身的内在要求,是其本质功能。国家考古遗址公园是可供公众共享的公共空间,是具有综合性功能的公众文化活动区域。其要立足公益性,一方面是在公园建设区域设置免费的公众文化活动空间,满足公众特别是当地居民的文化休闲需求;另一方面要创新展示解说方式,依托现代信息技术建立多功能的互动式展示解说系统,建立全时段、跨空间的遗址展示与利用虚拟空间,从而使公众能够跨时空消费公园供给的文化产品。

其次,盈利性是我国国情对国家考古遗址公园的现实要求,是其延伸功能。我国遗址所在地长期以来受制于传统保护模式,而无法与当地进行同步开发建设,经济发展水平和居民收入水平往往相对较低。因此,提高当地经济发展水平、增加当地居民收入是国家考古遗址公园必须要兼有的功能。同时,遗址及其环境的维护、公益性文化项目的开发和运营也需要持续的资金投入。这也要求国家考古遗址公园同时要适度开发盈利性的文化产品(特别是文化创意产品)以及带动其他相关产业发展,取得相应的经济利益。

4.文化性和通俗性的融合

考古遗址属于物质性文化资源,其所承载的信息属于精神性文化资源。国家考古遗址公园作为文化遗产保护与利用的载体,其首先要体现文化性。

满足公众的文化需求是其最基本的功能,实现公共文化利益是最直接目标。但是,基于公众文化需求的层次性,文化性并不排斥通俗性,其需要融入通俗性而提高公众对遗址所承载文化信息的感知、认知与体验。文化性与通俗性融合,是国家考古遗址公园文化产品开发的方向所在。

首先,文化性是国家考古遗址公园的基本特征,也是其与其他类型国家公园的功能区别所在。其是公众的文化活动空间,不同层次文化产品开发是其建设的主要任务。这就要求其既要充分展示遗址本体及其周边环境的综合价值,又要深入挖掘其在历史发展中所不断叠加的文化信息,实现全方位的文化展示,开发具有当地特色的文化产品。

其次,通俗性是国家考古遗址公园及其相关文化产品的衍生特征,是公众文化需求差异性对其提出的现实要求。文化元素并非都是感性和形象的,加之遗址本身的残缺性及其与原生环境的脱离性,并非所有公众都能够直接认知和理解遗址承载的文化信息。这就要求国家考古遗址公园要创新文化元素的表现方式,以易于为公众所认知和接受的形式来展示相应的文化元素。以文化为基础兼具通俗性的休闲型、娱乐型文化产品,一方面可以使公众能够以通俗易懂、直接感知的形式来认知、学习和体验文化,另一方面则又满足了公众的休闲娱乐、参与体验等文化需求,从而可避免公众对国家考古遗址公园不愿意来看、来了后看不懂和看得累等问题。

5. 国际原则和中国国情的结合

目前,国际组织和区域性组织已经制定了诸多关于文化遗产保护与利用的国际原则。这是基于全球视野、先进理念以及实践经验的,具有广泛适用性的准则。遵守这些国际准则是我国遗址保护和利用水平提高的保障。但是,同时也要考虑中国国情而探索遗址保护与利用的特殊实现方式,从而实现国际原则的坚守与实现方式的灵活性的有机结合。

首先,国际原则的坚守是国家考古遗址公园实现遗址保护、展示与利用的基本准则。目前,国际古迹遗址理事会的《威尼斯宪章》和《考古遗产保护与管理宪章》所确定的原真性和整体性原则,已经得到世界各国广泛认同。正如本文前面所述,这是我国国家考古遗址公园建设必须要遵循的原则,也是其功能定位的首要依据。基于此,国家考古遗址公园要保护遗址及其周围环境,尽可能保存不同历史时期的信息,充分保护利用文化遗产价值,核心区要严格保护、实现原状展示,同时要注重建设过程中的社区参与和建设成果推动社区发展。从实践的层面来看,只有遵守这些原则,遗址的价值才不会被破坏,文化产品才能保持对公众的持续吸引力。

其次,实现方式的灵活性是国家考古遗址公园更好的推动区域经济社会协调发展的现实选择。国际原则的坚守并不排斥不同国家或地区对其具体实现方式进行灵活选择。国际原则主要是基于发达国家的国情和实践经验来确定的,侧重于遗址的非经济属性,其资金来源主要依靠公共投资和社会捐赠。但是,我国现实的国情是:文化遗产数量多、规模大,政府财政力量不足;遗址所在地经济社会发展水平普遍较低,需要将遗址作为当地经济发展和居民增收的资源依托;封闭式保护模式下公众作为遗址所有者的利益长期得不到实现,导致其文化资源珍视意识和遗址保护参与意识缺失;公众的文化需求正在快速显现,但是其文化认知水平和文化学习能力层次差异较大。基于此,我国国家考古遗址公园要关注大众化、休闲性和娱乐性文化产品开发,兼顾经济属性而探索自身经营管理的赢利机制和当地居民等公众参与文化产品供给的实现方式。

二、功能实现机制

国家考古遗址公园具有综合性功能之公共文化空间功能定位和功能体系的实现,要基于国际理念所构建的全球文化遗产管理经验借鉴、中国国情所要求的中国特色文化遗产管理制度创新、国家示范性所决定的文化遗产保护利用新模式探索与引领,以公共性、文化性为核心特征,以考古遗址保护为首要目标,"强化国家站位、主动服务大局",突破传统保护思想,优化新型保护模式,创新合理利用途径,让文物活起来,"更好促进经济社会发展,不断满足人民日益增长的美好生活需要",①探索中国特色的文化遗产保护利用之路。

(一)基于文化遗产保护利用的协同性机制

新时代我国文化遗产保护利用思想及相应的实践思路已经确立。尤其是2018年10月中共中央全面深化改革领导小组通过《关于加强文物保护利用改革的若干意见》,这标志着以习近平总书记要求的让文化遗产活起来为特征、"更多更好惠及人民群众"为追求,彰显国际准则,体现中国国情的我国文化遗产保护利用实践路径越来越清晰,也为国家考古遗址公园功能实现提出了更明确的要求。该意见提出的"加强文物价值的挖掘阐释和传播利用,发挥文物资源独特优势,为推动实现中华民族伟大复兴中国梦提供精神力量"为国家考古遗址公园功能实现提出了新要求;所列举的十六项主要任务之中的构建中华文明标识体系、创新文物价值传播推广体系、建立健全不可移动文物保护机制、大力推进文物合理利用、健全社会参与机制、完善文物保护投入机制等,②都是国家考古遗址公园通过自身功能实现而要进行理念创新和路径探索的重要领域。同时,"努力走出一条符合国情的文物保护利用之路"是《国家文物事业发展"十三五"规划》提出的新时代我国文化遗产管理工作的重要指导思想,是国家考古遗址公园功能实现的总体引领。

基于此,国家考古遗址公园的功能实现,实质上就是通过保护理念提升与模式优化,利用方式创新与路径探索,示范性构建国家重要考古遗址保护利用

---

① 中共中央办公厅、国务院办公厅:《关于加强文物保护利用改革的若干意见》,http://www.gov.cn/zhengce/2018-10/08/content_5328558.htm,2019年3月1日。

② 中共中央办公厅、国务院办公厅:《关于加强文物保护利用改革的若干意见》,http://www.gov.cn/zhengce/2018-10/08/content_5328558.htm,2019年3月1日。

的新型机制。具体来说,要以可持续发展思想为引导,以包容性发展理念为基础,实现对考古遗址本体及其周边环境和它们所承载的历史、艺术、科学、社会、文化价值的整体保护;以"在保护中发展、在发展中保护"为原则,通过反哺保护、展现遗产价值、传承优秀文化、实现文化需求、经济社会发展、满足美好生活需要等层面来实现对上述受保护要素的综合利用。其中,反哺保护包括理念层面之通过合理利用来引导公众认知、理解、尊重、珍视考古遗址以及为之采取的相关保护行动和提高保护意识,资源层面之取得公众舆论支持、人力资本、经济投入等方面对保护工作的资源支持;展现遗产价值是指对文化遗产及其价值的保存保真、整理挖掘和阐释展示;传承优秀文化则旨在基于对文化遗产及其价值的传承弘扬坚定文化自信,实现转化再造和创新发展;实现文化需求是以文化休闲、文化旅游、文化创意为主要形式,全方位满足公众的精神文化需求;经济社会发展是指公园推动所在地经济发展、社会进步,实现遗址保护成功惠及当地居民和推动当地社区发展;满足美好生活需要,则是指公园立足公共文化空间定位,以所在地为基础全面融入国家物质文明、政治文明、精神文明、社会文明、生态文明建设,实现文化遗产保护和当代发展的充分融合。综上可见,基于新时代我国文化遗产保护利用新理念、新思想,国家考古遗址公园功能实现机制应是针对保护、展示、研究、教育、休闲、旅游、文化产业等产业带动、区域发展等综合性功能,涵盖理念创新、制度创新、规划创新、产品创新、市场创新、技术创新和管理创新的协同性机制(图5)。

具体来看,理念创新是指转变封闭式保护理念,树立基于保护利用协同实现的可持续发展理念、基于惠及公众之公共性和公益性的包容性发展理念,依托国家考古遗址公园推动当地实现可持续发展和包容性发展。这就要求国家考古遗址公园要坚持"既能满足当代人的需要,又不对后代人满足其需要的能力构成危害的发展"之可持续发展理念,立足文化遗产及其价值全面保护,实现对考古遗址、周边环境及它们的历史、艺术、科学、社会、文化价值的真实性、完整性保护,并探索满足当代社会人们文化需求的实现方式,以研究、展

保护	展示	研究	教育	休闲	旅游	文化产业	其他产业带动	区域发展

基于文化遗产保护利用的协同性机制
整体保护：考古遗址、周边环境和它们所承载的历史、艺术、科学、社会、文化价值；
合理利用：反哺保护、展现遗产价值、传承优秀文化、实现文化需求、经济社会发展、满足美好生活需要

理念创新	基于保护利用协同实现的可持续发展理念、基于惠及公众的包容性发展理念	
制度创新	国家文化遗产管理制度 国家考古遗址公园专门性管理制度	基于地方政府和各公园层面的正式制度创新：省级政府制定区域性国家考古遗址公园管理制度、县（市）级政府制定本地国家考古遗址公园管理办法；各公园制定自身运营管理制度
		基于社区层面的非正式制度创新：考古遗址所承载之价值内涵、公园建设之价值目标融于居民的行为准则，转化为当地的精神追求和文化品牌
规划创新	突出国家属性 坚持价值优先 弘扬优秀文化 促进融合发展	规划定位创新：立足于建设文化遗产类国家公园，定位为建立"具有全国性示范意义"的国家文化遗产保护地、建设国家文化地标和精神标识、强化规划的法制属性
		规划理念创新：以精准保护、为世人呈现出中华优秀传统文化的灿烂辉煌、让遗址更好地"活"起来、实现历史遗址与城乡的融合发展为理念，科学、合理地进行功能分区，实行差异化保护利用策略
		规划方法创新：借鉴但要超越城市规划和城市公园规划方法，注重考古遗址的公共资源性质、公园自身的国家公园属性，关注规划中的公众参与
产品创新	产品载体创新：遗址本体（代表性文物、体现遗址不同时期重要信息的考古遗存、遗址整体）、遗址周边环境、遗址价值（历史、艺术、科学、社会、文化价值）	
	产品领域创新：历史、艺术、科学、社会、文化、生活、生态	
	产品层次创新：文化认知、文化学习、文化休闲、文化旅游、文化创意等	
	产品形式创新：静态展示、动态展示、虚拟展示、场景模拟、活动参与、情境体验等，实现文化产品的动静结合、虚实互补、情景交融	
	产品时空创新：空间维度由遗址区向周边地区拓展，时间维度要展现历史发展的纵向演变过程而更全面表现考古遗址的历史变迁，更充分体现遗址"是中华文明源远流长的历史见证"	
市场创新	改变目前整体性市场策略，依据公众需求差异化进行市场细分而有针对性开发适合不同群体需要的多元化产品；强化文化与科技融合，创新文化产品形式	
管理创新	基于特许经营制度、捐赠制度、志愿者制度、伙伴关系模式建立健全公众参与机制	

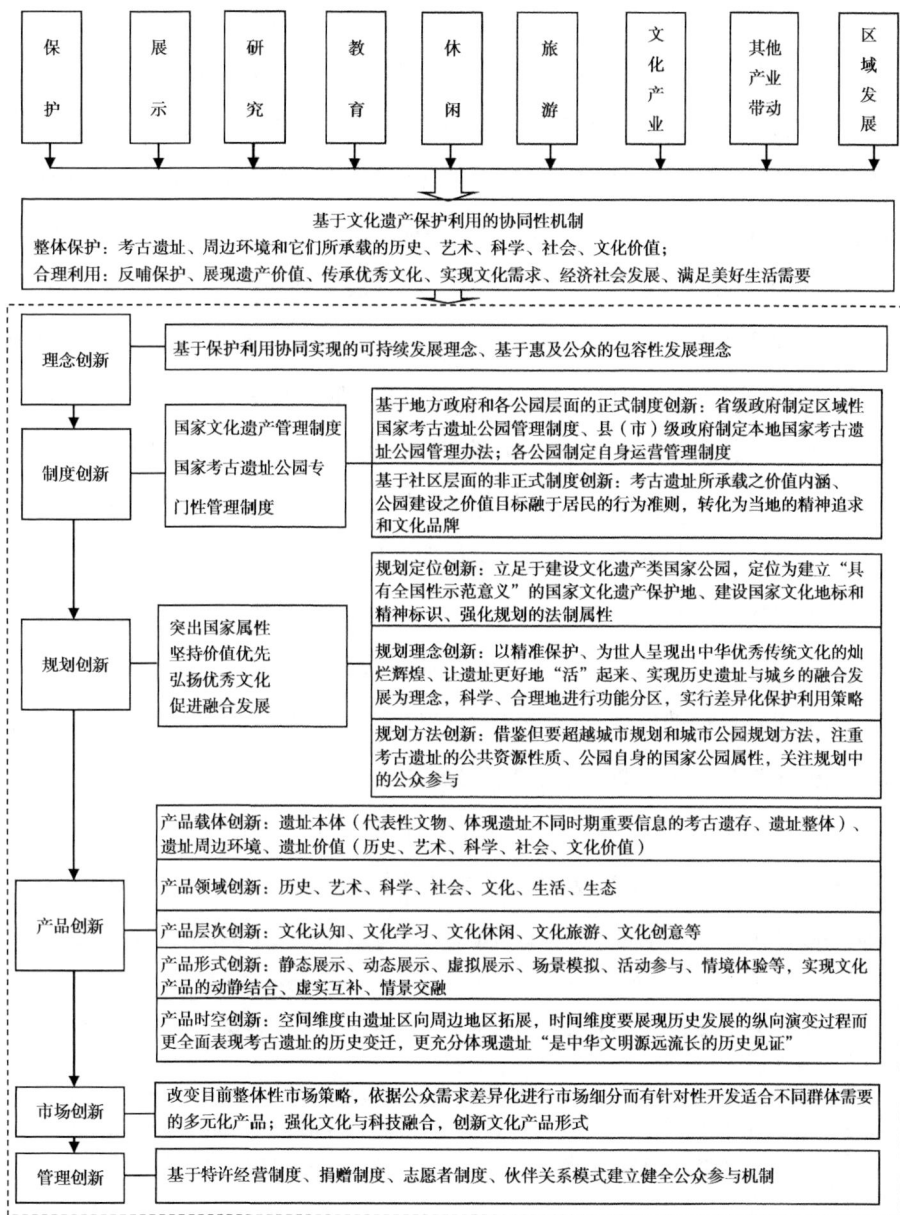

图 5　国家考古遗址公园功能实现机制：基于文化遗产保护利用的协同性机制

示、教育为基础,结合公园所处地理位置、公众对其需求等实际情况积极创新休闲、旅游、文化产业、当地经济社会发展等其他功能实现的具体方式。同时,要接纳亚洲开发银行和世界银行等倡导的"既注重创造发展机会,又注重让所有人都能平等地得到这些机会"①之包容性发展理念,经济维度实现收入分配的公平,社会维度要重视支持穷人、低收入者和弱势群体和加大扶贫力度,政治(制度)维度实现社会包容和权利增强以使每个人都有机会参与发展进程,②保证社会成员能够更广泛地参与并从发展中获得利益,③并践行《公共考古遗址管理的塞拉莱(Salalah)指南》提出的监测和管理中的"透明"原则(即利益相关者,从地方社区团体到对遗址感兴趣的国际组织,与他们感兴趣的内容相关的任何管理项目和活动都应及时告知;监测结果应定期向所有利益相关者公开)。④ 基于此,国家考古遗址公园一方面要坚持遗址保护惠及公众原则,将公园发展所带来的社会、文化和经济效益转化为当地经济社会发展的支撑力;另一方面要注重决策和运营管理中的公众参与,建立多元化的公众参与机制,让公众能够有机会了解、参与相关决策和推动其意愿、影响力在决策结果中得到合理的体现,并在公园运营管理中尽可能地创造公众参与机会和增加公众参与渠道,以更全面地取得公众支持。

制度创新是指基于国际理念和中国国情建立中国特色国家考古遗址公园管理制度,即以新时代国家文化遗产管理制度顶层设计为依据,完善国家考古遗址公园管理制度,构建适合各地实际情况的差异化实践路径。目前,我国已

---

① 王京传、李天元:《包容性旅游增长的概念内涵、实现机制和政策建议》,《旅游科学》2011年第6期。

② Ganesh Rauniyar, Ravi Kanbur, "Inclusive Growth and Inclusive Development: A review and synthesis of Asian Development Bank literature", Ganesh Rauniyar, Ravi Kanbur, "Inclusive Development: Two papers on conceptualization, application, and the ADB perspective", Cornell University, 2010, pp.26–48.

③ Juzhong Zhuang, "Inclusive growth toward a harmonious society in the People's Republic of China: Policy implications", Asia Development Review, 2008.25(1,2).

④ 国际古迹遗址理事会考古遗产管理科学委员会:《公共考古遗址管理的塞拉莱(Salalah)指南》,http://www.icomoschina.org.cn/download_list.php? class=33,2019年12月31日。

经建立了以《文物保护法》、《中国文物古迹保护准则》为基础,五年规划(如国家文化事业五年规划、国家文物与博物馆事业五年规划、大遗址保护五年规划)、中共中央和国务院意见与通知等(如《关于加强文化遗产保护的通知》、《国务院关于进一步加强文物工作的指导意见》、中央全面深化改革领导小组《关于加强文物保护利用改革的若干意见》)为支撑的国家文化遗产管理制度,明确了基于"保护为主"和"合理利用"的文化遗产保护利用体制机制改革战略,确立了探索中国特色文化遗产保护利用之路的现实目标。以此为依据,我国已经形成了包括《国家考古遗址公园管理办法(试行)》、《国家考古遗址公园规划编制要求》、《国家考古遗址公园评估导则》、《国家考古遗址公园创建及运行管理指南(试行)》在内的国家考古遗址公园管理制度,构建了涵盖国家考古遗址公园申报、建设、运营、管理的行业制度体系和整体层面相应之实践机制。应该说,目前我国文化遗产管理制度的顶层设计已经在借鉴引入国际理念、全面结合中国国情背景下进行了中国特色制度创新,体现出了国际文化遗产管理中的中国贡献、中国创造。其实,我国建设国家考古遗址公园本身就是"国际文化遗产保护理念与中国国情民情相结合的产物,是中国文化遗产保护领域的重要创新"。① 进一步的制度创新,应主要体现在两个方面:基于地方政府和各国家考古遗址公园层面的正式制度创新、基于社区层面的非正式制度创新。首先,地方和各国家考古遗址公园层面的正式制度创新主要是指地方政府建立本区域内国家考古遗址公园建设与管理的相关法律法规、立法或行政机构批准的各公园规划或管理条例、各公园自身运营管理的相关制度。具体来说,一方面基于我国属地管理、属地建设模式,省级政府应制定本省国家考古遗址公园申报、建设、管理的条令、条例,以科学谋划、有序推进、统筹支持区域性国家考古遗址公园体系建设,县(市)级政府则应具体针对本地计划申报或获得立项的国家考古遗址公园制定具体的管理办法,以明

---

① 国家文物局:《国家考古遗址公园发展报告》,http://www.gov.cn/fuwu/2018-10/12/content_5329798.htm,2018 年 10 月 16 日。

确公园建设中的政策支持、用地保障、机构设置、资金筹集等关键问题；另一方面是各公园建设规划和运营管理制度，申报时同时要求提交的建设规划是公园开展各项工作的最直接、最主要依据，除国家文物局审批外，还要注意将该建设规划提交所在地人民代表大会通过以确立其立法地位，同时各公园要以之为依据制定自身运营管理的各项制度以规范和优化日常管理、职能履行、社会服务、公众参与等各项工作，《国家考古遗址创建及运行管理指南（试行）》规定各公园业务管理制度应涵盖遗址保护（遗址监测、日常巡查和维护、保护展示工程等）、考古研究（发掘、研究等）、参观讲解（讲解内容、标准）、社会教育活动和反馈、遗址档案管理（四有档案、监测巡查档案、文保展示工程档案等）、公园服务管理（设施设备维护、园林保洁维护规范等）、资产财务管理（日常财务、专项资金、固定资产、无形资产）、人力资源管理（人员培训、职称评定、绩效、考核）等方面。① 其次，社区层面的非正式制度创新则是指考古遗址所承载之价值内涵、国家考古遗址公园建设之价值目标融入所在地社区居民的行为准则，转化为当地人们的精神追求和所在地区的文化品牌。具体来说，一方面是基于考古遗址所拥有之文化遗产价值而进行的转化再造和创新发展，"涵养社会主义核心价值观"是国家考古遗址公园对考古遗址实现当代转化的基本定位，"让遗址更好地'活'起来，让中华民族最基本的文化基因与当代文化相适应、与现代社会相协调"是考古遗址历史、艺术、科学、社会、文化价值实现创新发展的主要目标；另一方面是国家考古遗址公园成为当地文化品牌的主要载体，并充分实现这一文化品牌在当地社区的内化，即通过内部营销、社区参与等让当地居民等感受、认同该品牌并将其所强调的价值观融入日常生活之中，推动品牌理念成为当地人们的行为

---

① 国家文物局：《国家考古遗址创建及运行管理指南（试行）》，http://wwj.gansu.gov.cn/content/2017/10522.html，2018 年 10 月 12 日。

规范和品牌价值融入当地文化建设与发展,①从而使公园能够引导当地"树立正确的历史观、文化观、民族观、国家观,增强文化自信、巩固国家的凝聚力、形成良好社会风尚","为人民提供精神指引"。②

　　规划创新是指国家考古遗址公园以探索国家层面文化遗产保护利用协同机制为目标,基于"突出国家属性、坚持价值优先、弘扬优秀文化、促进融合发展",创新规划定位、规划理念和规划方法。具体来看,规划定位创新即公园规划要提高站位、体现国家属性,立足于建设文化遗产类国家公园,以国家公园属性为要求致力于建立"具有全国性示范意义"的国家文化遗产保护地,依托作为国家"中华地理的精神标识和国家的文化名片"的重要考古遗址建设国家文化地标和精神标识,同时规划定位创新还包括强化规划的法制属性而注重以县级以上政府正式批准或人大审议通过的形式来纳入地方立法体系;规划理念创新即规划要立足于实现综合性功能和形成公共文化空间,以精准保护、以科学的实物证据为世人呈现出中华优秀传统文化的灿烂辉煌、让遗址更好地"活"起来、实现历史遗址与城乡的融合发展③为理念,坚持真实性和完整性原则,遵照国际文化遗产管理公约提出的纳入周边地区④、划区管理⑤、设立缓冲区⑥等

---

　　① S.Vasudevan,"The role of internal stakeholders in destination branding:Observations from Kerala Tourism",*Place Branding and Public Diplomacy*,2008.4(4).

　　② 国家文物局:《国家考古遗址公园发展报告》,http://www.gov.cn/fuwu/2018-10/12/content_5329798.htm,2018 年 10 月 16 日。

　　③ 国家文物局:《国家考古遗址公园发展报告》,http://www.gov.cn/fuwu/2018-10/12/content_5329798.htm,2018 年 10 月 16 日。

　　④ 第二届历史古迹建筑师及技师国际会议:《关于古迹遗址保护与修复的国际宪章(威尼斯宪章)》,联合国教科文组织世界遗产中心、国际古迹遗址理事会、国际文物保护与修复研究中心、中国国家文物局编:《国际文化遗产保护文件选编》,文物出版社 2007 年版,第 52—54 页。

　　⑤ 联合国教科文组织:《关于保护景观和遗址的风貌与特性的建议》,联合国教科文组织世界遗产中心、国际古迹遗址理事会、国际文物保护与修复研究中心、中国国家文物局编:《国际文化遗产保护文件选编》,文物出版社 2007 年版,第 46—51 页。

　　⑥ 联合国教科文组织:《实施〈保护世界文化与自然遗产公约〉的操作指南》,联合国教科文组织世界遗产中心、国际古迹遗址理事会、国际文物保护与修复研究中心、中国国家文物局编:《国际文化遗产保护文件选编》,文物出版社 2007 年版,第 256—325 页。

思想,依据《文物保护单位保护管理暂行办法》提出的重点、一般、安全三等级保护区划分标准和《国家考古遗址公园规划编制要求》建议的遗址展示区、管理服务区、预留区功能分区并可酌情细化的要求,借鉴国内外国家公园功能区划分的成功方案,科学、合理的进行功能分区,在不同的功能区实行差异化的保护利用策略(通常可划分为核心区、过渡区、延伸区,其中核心区一般包括保护区、展示区两个次分区,主要进行考古遗址的原态保护和原态展示;过渡区主要进行考古遗址相关的历史、文化等信息展示;延伸区一般包括产业区和设施区两个次分区,主要发展文化产业、文化旅游等相关产业和建设相应的文化服务设施,①实现对考古遗址从资源本体型、资源依托型、价值依托型到资源脱离型的多元化合理利用;规划方法创新则主要是借鉴但要超越城市规划和城市公园规划方法,注重考古遗址的公共资源性质、公园自身的国家公园属性,避免当前已经出现的"遗址文化内涵表现力不强、遗址利用过度、景观建设违背历史原真性等问题",②其中规划中的公众参与是确保公园规划能够通过融入社区意愿、吸收专家建议等途径提高决策阶段的透明性、包容性、科学性和取得实施阶段公众支持的关键所在,也是针对当前规划过程缺少参与性、开放性和透明性之最重要的规划方法创新之处。

产品创新是指国家考古遗址公园基于考古遗址的资源特征和自身公共文化空间功能定位,以功能分区为基础完善保护性和展示性文化产品,并创新产品载体、产品领域、产品层次和产品形式,从而形成能够满足多元化利益相关者文化需求的特色文化产品体系。功能分区是公园各区域开发相应类型文化产品的空间载体,公园从核心区、过渡区到延伸区的不同分区和次分区之不同空间可开发的文化产品具有从精英化到大众化逐渐延伸的特点,由此相应的产品载体、产品领域、产品层次和产品形式都具有一定的差异性。目前,我国

---

① 王京传:《大遗址旅游:保护与开发的协同实现》,《社会科学家》2009 年第 1 期。

② 何光磊:《遗址公园规划设计理论和方法研究》,西安建筑科技大学 2010 年硕士学位论文。

国家考古遗址公园文化产品主要是保护性和展示性产品。根据《国家考古遗址公园评估总报告（2011—2013 年度）》，公园“最吸引人的仍是以出土文物为主要内容的遗址博物馆”，这表明公园文化产品在载体方面还存在单一性，依托遗址本体、周边环境等的产品尚缺失或不完善；部分公园在展示和阐释方面“用力过度”，“大明宫的大量展示尝试使全园景观失于驳杂，整体性和系统性有待提高”，①这表明公园展示性产品存在与功能分区的不匹配问题，且产品层次、产品形式等尚亟需优化和创新。进一步来看，首先，我国国家考古遗址公园文化产品创新要实现产品载体的扩充，即由目前以代表性文物为主要载体逐渐拓展至对考古遗址本体、遗址周边环境、遗址价值的全面依托，实现对考古遗址物质意义和精神价值的综合性合理利用，其中遗址本体包括代表性文物、体现遗址不同时期重要信息的考古遗存、遗址整体三个层面，遗址价值是指遗址作为文化遗产所具备的历史、艺术、科学、社会、文化价值；其次，要实现产品领域的拓展，即全面挖掘考古遗址价值，充分阐释其所承载的多学科、多领域之丰富信息，基于历史、艺术、科学、社会、文化、政治、生活、生态等多领域规划设计相应的文化产品，以公园为载体“系统、全面地展现中华文明的历史文化价值和中华民族的精神追求”；②第三，要实现产品层次的优化，即面向公园的各项功能有针对性地设计不同层次的文化产品，形成包括文化认知、文化学习、文化观光、文化旅游、文化创意的多层次性产品体系，从而能够在保护的基础上更好地满足公众的多元化文化需求，实现我国文物保护利用改革“不断满足人民日益增长的美好生活需要”之重要目标；第四，要实现产品形式的丰富，即基于考古遗址所承载信息的难以解读性以及公众文化理解能力的差异性，规划设计静态展示、动态展示、虚拟展示、场景模拟、活动参与、情境体验等多种形式的产品，实现公园文化产品的动静结合、虚实互补、情景

---

① 杭侃：《从年度报告看国家考古遗址公园的展示问题》，《中国文物报》2015 年 5 月 22 日。

② 国家文物局：《国家考古遗址公园发展报告》，http://www.gov.cn/fuwu/2018－10/12/content_5329798.htm，2018 年 10 月 16 日。

交融,以更好地"发挥文物资源传承文明、教育人民、服务社会、推动发展的作用";①第五,要实现产品时空的延伸,即空间维度基于功能分区而推动文化产品存在空间由遗址区向周边地区拓展,时间维度要展现历史发展的纵向演变过程而使文化产品要涵盖公园所依托遗址发展的不同历史时期特别是重要历史节点,更全面地表现考古遗址的整体布局、历史变迁,更充分地体现遗址"是中华文明源远流长的历史见证"。

市场创新是指国家考古遗址公园改变当前的整体性市场策略,依据公众需求差异化进行市场细分而有针对性开发适合不同群体需要的多元化文化产品,以提高公园产品的市场吸引力,使公园能够更好地实现满足人民日益增长的美好生活需要之目标。当前我国国家考古遗址公园开发的主要是展示性产品,且"基于遗址现场的展示内容与形式,距离人民大众的文化需求仍差距较大;如何在业界口味和民众口味之间寻找平衡,仍是需要广泛研究的课题"。②这就要求公园要采取细分化市场策略,不同功能分区采取不同水平的利用方式,形成不同类型的文化产品,允许不同程度的公众行为方式,分别满足不同需求性质和需求强度之公众所追求的多元化利益,建立如图6所示之基于功能分区的公园利用模式、行为方式、利益主体实现市场细分机制。同时,为更好地实现上述市场机制创新,公园还需强化文化与科技融合,提升考古遗址保护能力,创新文化产品形式与类型,增强文化产品的直观性与可解读性,以践行"探索建立文化和科技融合路径,全面提升文化科技创新能力","不断满足人民群众日益增长的精神文化需求"。③ 这就要求一方面,引入先进的科技手段来加强遗址保护,离开科技支撑考古遗址就难以保持其原貌,公园也就不可

---

① 国务院:《关于进一步加强文物工作的指导意见》,http://www.gov.cn/zhengce/content/2016-03/08/content_5050721.htm,2017年11月3日。

② 杭侃:《更好的展示,更好的考古遗址公园》,《世界遗产》2015年第7期。

③ 科技部、中宣部、财政部、文化部、广电总局、新闻出版总署:《国家文化科技创新工程纲要》,http://www.most.gov.cn/tztg/201208/t20120824_96391.htm,2018年9月27日。

能维持原态保护和展示；另一方面，引入现代数字技术或作为间接辅助手段（主要以产品载体、传输媒介形式，进行辅助展示、解说、传播、营销等）或直接开发新型文化产品（数字化虚拟体验产品），从而丰富公园文化产品类型与形式，为公众接近、认知与理解公园文化产品提供更多元化渠道和更简单途径，使公众能够更有机会、更有兴趣、更直观、更易于理解地消费公园所提供的文化产品。

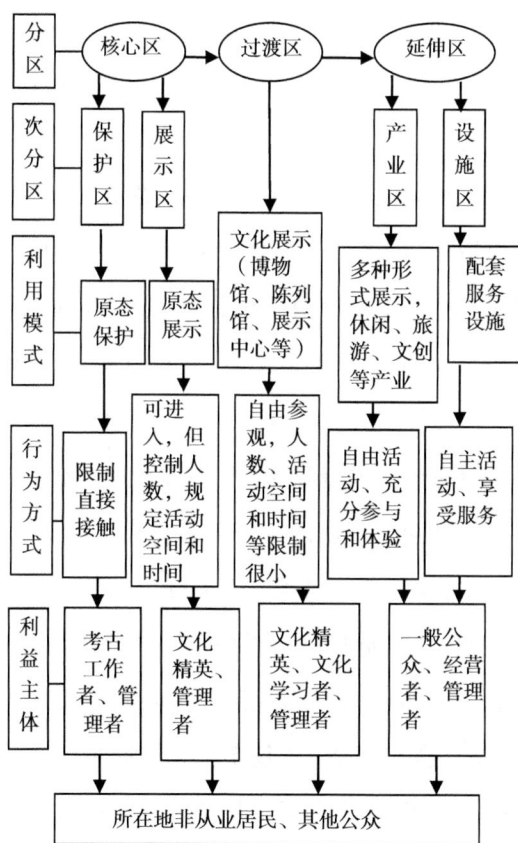

图6　国家考古遗址公园的市场细分机制

此外，管理创新是国家考古遗址公园功能实现的保障条件，其中建立健全公众参与机制应是其未来的重要创新之处。目前，我国国家考古遗址公园的管理模式是文物部门"上级监管评估、属地建设管理"模式。但是这种模式会因属地发展目标、地方利益诉求与文化遗产之公益性的不匹配,以及文物部门的职能限制等原因,导致公园建设中出现功能定位错位、建设资源不足、项目进展缓慢等问题。① 这就迫切要求我国国家考古遗址公园管理中要建立有效的公众参与机制,提高管理过程的民主化和科学化,使公众了解、理解公园为考古遗址保护利用所采取的相关行动及其意义,增强他们对公园建设的主人翁意识和提供不同形式资源支持的意愿。基于此,国家考古遗址要践行国务院《关于进一步加强文物工作的指导意见》和《国家文物事业发展"十三五"规划》提出的"广泛动员社会参与"和"拓宽人民群众参与渠道"之要求,立足到2020 年"社会力量广泛参与文物保护利用格局基本形成"之目标,从社会参与文物保护、社会资本参与原创文化产品研发和经营活动、政府和社会资本合作(PPP)、培育文物保护社会组织、建立文物保护志愿者制度、提高文化公共政策制定的公众参与度、畅通文物保护社会监督渠道等层面示范性构建文化遗产管理的有效公众参与机制。② 在这方面,借鉴美国国家历史公园的有效经验,国家考古遗址公园要探索建立特许经营制度、捐赠制度、志愿者制度、伙伴关系模式,以取得公众对公园的资源支持和提高公众对公园的认识、理解。进一步来看,公园特别是其遗址博物馆在公众参与机制健全方面应注重博物馆2.0 时代的新趋势,借鉴美国学者妮娜·西蒙提出的"参与式博物馆"理论,逐步形成针对不同类型观众的贡献型(方案征集,参观后的反馈、意见、留言和网络发布照片及回忆等)、合作型(与社区成员共同开发新项目、新展览和新成果的合作伙伴关系)、合作创造型(基于社区与博物馆双重需要,以社区利益为基础、服务于观众需求)到招待型(与社区确定正式的合作伙伴关系,把某一展厅或活动直接交给社区成员进行管理)之多元化参与模式,实现公众

---

① 王京传:《美国国家历史公园建设及对中国的启示》,《北京社会科学》2018 年第 1 期。
② 王京传:《新中国文化遗产管理制度的发展演变》,《光明日报》2018 年 1 月 24 日。

的多层次参与。①

（二）基于多元化功能有效实现的整合性机制

作为公共文化空间,国家考古遗址公园是一个文化生产空间、文化消费空间,更是一个文化生活空间。基于此,国家考古遗址公园保护、展示、研究、教育、休闲、旅游、文化产业、其他产业带动、区域发展等功能的实现,需要基于前面提出的理念、制度、规划、产品、市场和管理等多维度创新,以满足公共文化需求为导向,通过有效融合国际规则与中国理念来确立各项功能的范畴、对象以及相应的实现原则与方法,依托多元化利益主体共同参与来供给适合公众需求的多种类型文化产品,实现以公共文化利益为核心的多层面之公共利益。从这个层面来讲,国家考古遗址公园功能实现机制应是一个基于多元化功能有效实现的整合性机制(图7),需要依据"保护为主、抢救第一、合理利用、加强管理"方针,将保护、展示、研究和教育作为基本功能,并根据实际情况逐步拓展其他功能,从而进一步推动"将大型古遗址保护利用融入所在区域社会经济发展中",更加有效地实现"文物保护、生态修复、城乡发展、民生改善的相互协调"。②

当前阶段在实际建设过程中,各国家考古遗址公园需要基于自身区位条件和现有其他支持性要素的具备情况,按照《国家考古遗址公园发展报告》提出的不同区位类型有重点、有步骤地循序渐进式实现自身功能,形成发展目标符合所在区域地情民情、体现遗址文化特色的公共文化空间。根据《国家考古遗址公园发展报告》所确立的基本定位,国家考古遗址公园要坚持文物本体安全和文物价值优先原则,依托作为"中华文明源远流长的历史见证"与

---

① [美]妮娜·西蒙:《参与式博物馆:〈迈入博物馆2.0时代〉》,喻翔译,浙江大学出版社2018年版,第213—308页。

② 国家文物局:《国家考古遗址公园发展报告》,http://www.gov.cn/fuwu/2018-10/12/content_5329798.htm,2018年10月16日。

保护功能实现

- 保护理念的提升：基于文化遗产概念的全面保护理念、基于公众需求的人本化保护理念、基于美好生活需求的开放性保护理念
- 保护工作的拓展：将保护延伸为调查、鉴定、规划、监测、保存、维护、维修（修复）、改造、复原、特殊情况时的重建等一系列活动
- 保护对象的延伸：由重视"物"的保护转向兼具"物""人"之保护，由文物和遗址扩展到所涉及的全部文化遗产，由遗址局部保护转向包括遗址及其周边环境的整体保护，并拓展到保护"物"所承载的人类生产生活信息以及它们所拥有的"文化重要性"和"意义"
- 保护主体的扩充：着力"健全社会参与机制"，建立健全公众参与机制及其实现路径，推动当地社区、游客、文化和旅游企业、非政府组织、教育机构、研究机构、专家学者、媒体等公众的有效参与
- 保护方式的创新：封闭式保护转向开放式保护、被动性保护转向主动性保护、单体性保护转向整体性保护、静态性保护转向动态性保护

展示功能实现

- 展示理念的提升：规划先行、整体展示、确保原真、措施可逆、层次差异、信息可达
- 展示对象的拓展：遗址本体、遗址周边环境、遗址价值要素、"遗址化"过程
- 展示方式的优化：遗址本体的基础性展示(直接、间接展示)、遗址周边环境的整体性展示、遗址价值要素的综合性展示、"遗址化"过程的情景化展示、遗址标识系统的辅助性展示

研究功能实现

- 基于田野考古的综合性考古研究
- 基于全国示范性定位的公园各项功能实现方式研究
- 基于创造性转化和创新性发展的文化遗产价值研究
- 基于文化遗产保护惠及公众的运营管理机制研究

公众教育功能实现

- 社会教育
- 学校教育
- 宣传教育
- 普及教育
- 专业教育

休闲功能实现

- 日常时间休闲：日常生活中的闲暇时间依托公园所进行的休闲活动
- 特殊时间休闲：重要节假日、特殊纪念日、重大主题日等依托公园所进行的休闲活动

旅游功能实现

- 内部导向的居民生产生活需求实现：尊重和改善文化遗产和东道主社区的生活文化
- 外部导向的游客旅游需求实现：确保带给游客一段有价值的、满意的和愉快的经历
  四种开发模式：文物+旅游、文化遗产+旅游、文化遗产价值+旅游、文化创意+旅游
  五种产品类型：遗产本体型、遗产依托型、价值展示型、价值依托型、资源脱离型

文化产业以及其他产业带动功能实现

- 文化产业功能：培育新型文化业态
  其他产业带动功能：文化创意产业与其他相关产业跨界融合、基于协调保护与发展的低强度开发利用

区域发展功能实现

- 社会效益和经济效益协调：文化传承、文化发展、经济发展、精神凝聚、公民素质提高、社会进步

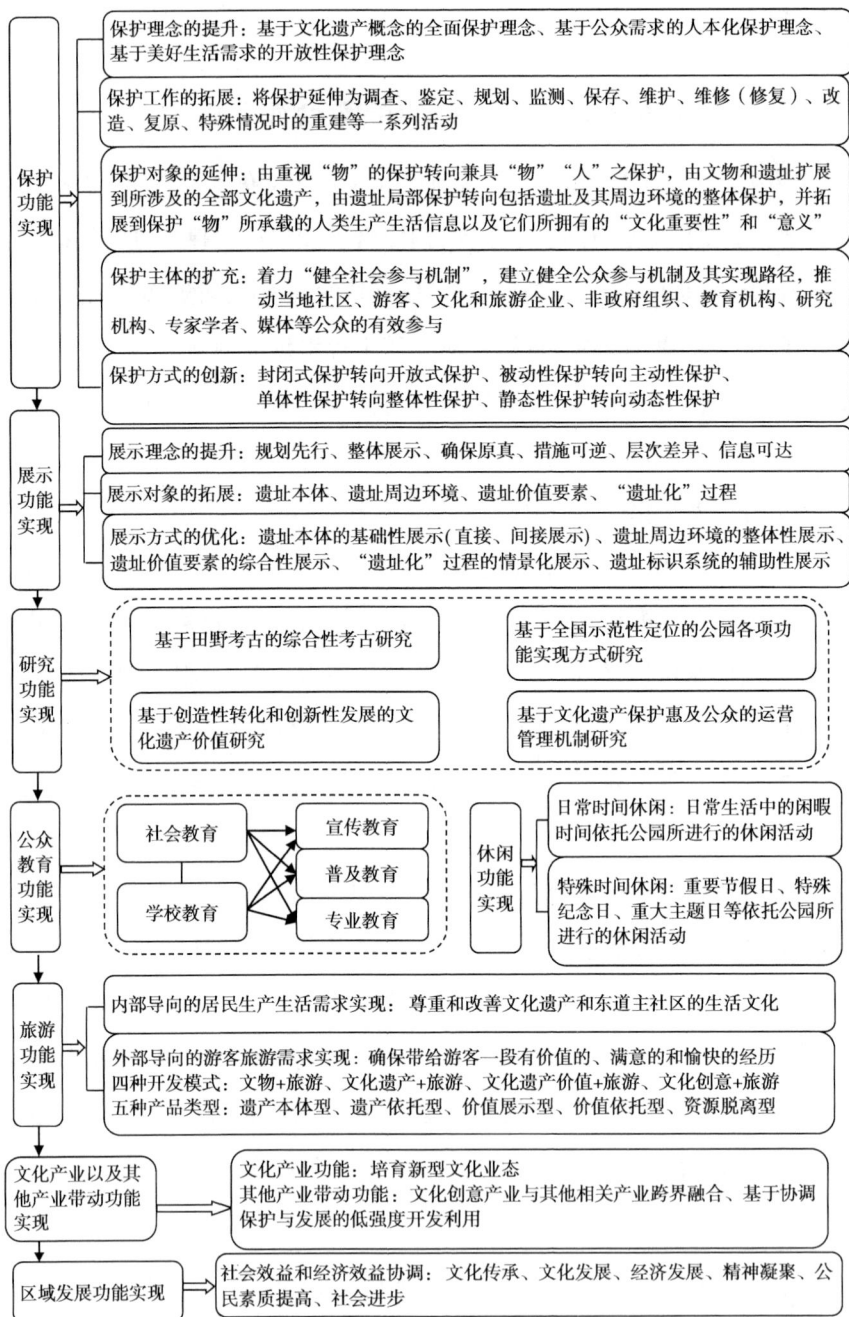

图7 国家考古遗址公园功能实现机制:基于多元化功能有效实现的整合性机制

"中华地理的精神标识和国家的文化名片"的大型古遗址,建设"当代社会的文化坐标",通过发挥科研、教育、游憩等基本功能而让遗址更好地"活"起来,区分区位条件从不同方面实现考古遗址与城乡的融合发展:位于城市者作为具有遗产保护特色和历史记忆的城市公园,位于城郊或乡村者成为文化旅游的目的地、美丽乡村建设的重要载体,位于荒野者重在保持文化遗址现状和周边景观环境而成为实现科研教育的保护基地。[①] 具体来看,大遗址保护模式创新是国家考古遗址公园建设的最基本出发点,展示的科学性和有效性是公园建设的基础工作,教育是其自身公共属性的内在要求,而研究是保护、展示、教育有效实现的前提和保障。因此,保护、研究是所有区位条件的公园都要充分实现之基本功能,展示和教育功能会因公园区位不同而在对象、形式、内容等方面存在实现程度的差异,如位于城市、城郊或乡村的公园要实现对遗址及其价值的全面展示和开展面向不同层次对象的全方位教育活动;位于荒野的公园则主要是遗址本体展示和专业教育。同时,位于城市、城郊或乡村的公园还要进一步实现休闲、旅游、产业带动等功能,其需要根据自身发展阶段和周边已具备的经济基础、产业布局等条件具体确定优先实现之功能,并逐渐拓展和延伸自身功能体系,从而实现对当地经济社会发展的全面推动。

1. 保护功能的实现

国家考古遗址公园的遗产保护应是"保护某一场所以保存文化重要性的一切过程",[②]涵盖从最小限度到最大限度(即从维护到改造)对文化资源进

---

①　国家文物局:《国家考古遗址公园发展报告》,http://www.gov.cn/fuwu/2018−10/12/content_5329798.htm,2018 年 10 月 16 日。

②　国际古迹遗址理事会澳大利亚国家委员会:《巴拉宪章》,联合国教科文组织世界遗产中心、国际古迹遗址理事会、国际文物保护与修复研究中心、中国国家文物局编:《国际文化遗产保护文件选编》,文物出版社 2007 年版,第 158—172 页。

行连续介入的一个或多个战略。① 基于自身区位条件、相关支持条件的差异性及所依托考古遗址类型、保存状况等的区别性,各公园保护的具体实现手段和方式应具有特殊性,要体现"一址一策"、精准保护原则。具体来说,国家考古遗址公园保护功能实现的核心是文化遗产保护模式创新,即基于国内外文化遗产管理新理念以及新时代我国公众文化新需求的中国特色文化遗产保护新路径的设计。进一步来看,国家考古遗址公园要实现的文化遗产保护模式创新主要体现在保护理念的提升、保护工作的拓展、保护对象的延伸、保护主体的扩充、保护方式的创新共五个方面。

(1)保护理念的提升

国家考古遗址公园要实现我国文化遗产保护理念的重要转变,推动我国超越文物保护、遗址保护而确立基于文化遗产层面的全面性保护思想,实现由"物"导向性保护向"人"主体性保护转型,突破保护与利用冲突之二元悖论认识而提升为保护利用协同论新理念。基于保护理念的提升,国家考古遗址公园保护功能实现要涉及如下 3 个方面:

①基于文化遗产概念的全面性保护理念

国家考古遗址公园要实现的是对以重要考古遗址为核心之相关文化遗产的综合性保护,是对相关物质和非物质文化遗产的全面保护。习近平总书记"要系统梳理传统文化资源,让收藏在禁宫里的文物、陈列在广阔大地上的遗产、书写在古籍里的文字都活起来"②是文化遗产保护理念的时代要求,国家战略、全民行动、社会共享、惠及民众是新时代文化遗产保护理念超越过去文物保护、遗址保护的直接表现。国家考古遗址公园不仅要保护文物、建筑群、遗址等传统的物质遗产,还要注重保护与人类生产生活密切相关的遗存、环

---

① 联合国教科文组织:《会安草案——亚洲最佳保护范例》,联合国教科文组织世界遗产中心、国际古迹遗址理事会、国际文物保护与修复研究中心、中国国家文物局编:《国际文化遗产保护文件选编》,文物出版社 2007 年版,第 340—373 页。

② 习近平:《"平语"近人——习近平谈文物工作》,《中国文物科学研究》2016 年第 2 期。

境、非物质文化遗产以及能够展示与体现人"物"、人地关系的相关信息,保护文化遗产所蕴含的"中华民族特有的精神价值、思维方式、想象力"。

②基于公众需求的人本化保护理念

实现由"以物为本"向"以人为本"的回归是当前国际文化遗产管理理论与实践的重要趋势。在此背景下,"遗产不仅仅是物质遗存,更是与民众密切相关的文化实践"①和"遗产的价值并不是内在地蕴藏在遗产的物质形态,而是人赋予的"②是国际文化遗产管理领域正在日益得到践行的新理念。基于"以人为本"的批判性遗产研究(遗产思辨研究)(Critical heritage studies),将文化遗产置于社会关系之中,为思考文化遗产管理中"为谁保护"问题提供了新视角,为解决当前文化遗产管理中普遍存在的"保护与民众生活、社会可持续发展呈对立状态"问题③提供了新思路。基于这些理念,国家考古遗址公园保护工作应特别关注当地社区,以为满足公众需求而保护为导向探索人本化保护路径,注重把保护过程与社区发展、居民生活以及其他利益相关者的公共利益实现对接,通过保护来实现保持民族文化的传承,维护世界文化多样性和创造性,促进人类共同发展之重要目标。④

③基于美好生活需求的开放性保护理念

国家考古遗址公园建设本身就是对我国封闭式、隔离式保护模式的超越,其针对的是我国过去片面性的"为保护而保护",将保护与利用二元对立的旧思维,是对保护与利用关系的新探索。保护与利用的协同关系已经在我国得到明确,惠及全体人民是我国文化遗产保护之根本目的,合理利用是最积极、

---

① 马庆凯、程乐:《从"以物为本"到"以人为本"的回归:国际遗产学界新趋势》,《东南文化》2019 年第 2 期。

② M.D.L.Torre, "Values and Heritage Conservation", Heritage & Society, 2013.6(2).

③ 马庆凯、程乐:《从"以物为本"到"以人为本"的回归:国际遗产学界新趋势》,《东南文化》2019 年第 2 期。

④ 国务院:《关于加强文化遗产保护工作的通知》, http://www.gov.cn/gongbao/content/2006/content_185117.htm,2017 年 11 月 27 日。

最有效、最有利于文化遗产可持续发展的保护和传承方式也已经在我国得到认同。①《关于加强文物保护利用改革的若干意见》明确提出坚持新发展理念,统筹推进文物保护利用传承,更好促进经济社会发展,不断满足人民日益增长的美好生活需要,进一步强调了文化遗产保护利用协同机制,确立了新时期基于美好生活的我国文化遗产管理开放性保护理念。基于此,国家考古遗址公园要确立为公众合理利用而进行保护的新思想,以"让民众'零门槛''无障碍'接触文化遗产为新导向,②将文化遗产对公众开放而使他们可了解、可进入、可使用文化遗产,把文化遗产保护过程与当地经济社会发展密切结合,探索符合中国国情和各地民情之中国特色文化遗产保护利用路径;树立共享理念,以惠及公众为导向,注重将文化遗产保护行动融入当地经济社会发展战略,实现文化遗产保护效益的合理分配机制,使公众能够以适当的形式分享文化遗产保护成果,以实现文化遗产让人们生活更美好的目标;建立共建机制,注重文化遗产保护行动中的公众参与,推动文化遗产保护由过去的政府独自承担之封闭模式转变为多元化主体共同参与之开放模式,使公众特别是当地社区能够参与到文化遗产保护行动之中,能够知晓、了解、理解、参与和支持相关文化遗产保护活动。

(2)保护工作的拓展

基于全面性保护、人本化保护、开放性保护理念,国家考古遗址公园保护工作应超越原状、原态保护模式下片面重视保存工作的思维,将保护延伸为调查、鉴定、规划、监测、保存、维护、维修(修复)、改造、复原、特殊情况时的重建等一系列活动。依据《中国文物古迹保护准则(2015)》,调查是文化遗产保护程序的第一步,其具体涉及普查、复查、重点调查、专项调查、文献汇集,旨在对国家考古遗址公园所包括之以考古遗址为主体的相关文化遗产进行全面了

---

① 王京传、李天元:《世界遗产与旅游发展:冲突、调和、协同》,《旅游学刊》2012年第6期。

② 雒树刚:《让民众"零门槛""无障碍"接触文化遗产》,http://www.chinanews.com/gn/2018/03-13/8466879.shtml,2019年8月3日。

解,以确定保护的空间范围、遗产数量、遗产构成及其开发利用状况;鉴定即对调查所取得的文化遗产资料进行研究评估,确定其历史时期及年代演变,分析其保存现状和价值构成,进一步明确公园所涉及文化遗产的文化重要性和意义,实现对文化遗产"物"层面了解的深化和"人"层面认识的拓展,从而在保护工作中更充分地体现人本化;规划即制定国家考古遗址公园保护工作专项规划,是将保护的工作程序、开展步骤以及具体措施"合法化"的过程,旨在通过科学手段、民主程序、行政体系等对保护工作进行规范化、制度化和科学化,其主要包括确定目标、保护措施、展陈方案、管理手段等内容。①

在前述相关工作基础上,保护工作实施过程中,通常要涉及保存、监测、维护、维修(修复)、改造、复原、特殊情况时的重建等具体措施。依据《巴拉宪章》《会安草案》等国内外文化遗产管理重要文件,保存是保护的最基础性工作,也是早期各国最为关注的活动,其内涵是维护文化遗产的现存构造状态并延缓其退化,②即在保护历史地点遗产价值过程中维护和稳定其现存物质材料、形式和完整性以保留其遗产价值和延长其寿命。③ 监测是持续性了解和掌握文化遗产保存状态及其变化,预先判断和及时了解文化遗产可能面临之安全隐患的直接手段,主要手段为人员定期巡查、仪器设备检测记录。国家考古遗址公园应该建立全时段、全空间的专业化监测机制,确保全面、准确掌握文化遗产的动态性信息。维护是指对"遗产地的构造和环境所采取的持续保

---

① 国际古迹遗址委员会中国国家委员会:《中国文物古迹保护准则(2015)》,国际古迹遗址委员会中国国家委员会 2015 年版,第 13 页;国际古迹遗址理事会中国国家委员会:《关于〈中国文物古迹保护准则〉若干重要问题的阐述》,《中国长城博物馆》2013 年第 2 期。

② 国际古迹遗址理事会澳大利亚国家委员会:《巴拉宪章》,联合国教科文组织世界遗产中心、国际古迹遗址理事会、国际文物保护与修复研究中心、中国国家文物局编:《国际文化遗产保护文件选编》,文物出版社 2007 年版,第 158—172 页。

③ Canada's Historic Places, "Standards and Guidelines for the Conservation of Historic Places in Canada", Canada's Historic Places, 2010.

护措施"，①《威尼斯宪章》强调"保护至关重要的一点在于日常的维护"，既具有矫正性又具有预防性，旨在预先避免文化遗产保护中可能出现的问题或尽可能最快的采取措施补救文化遗产已经受到的破坏，其是国家考古遗址公园的一项持续性的日常文化遗产保护活动。维修是对文化遗产已经存在的破坏现象进行补救，使其受到的破坏不再继续，并尽可能地恢复到某一正常状态②（从这个角度来看，维修与修复含义近同），包括加固、整修、修复等具体措施，③目的是"保存和展示古迹的历史和美学价值"。"不改变原状"是我国文物古迹维修的基本原则，④这就要求国家考古遗址公园维修工作要根据《中国文物古迹保护准则（2015）》要求，通过科学研究与充分论证来鉴别来"确定原状的内容"，并确定"保存现状"还是"恢复原状"⑤（图8），从而能够真实、完整地保护文物古迹在历史过程中形成的价值以及体现这种价值的状态。进一步来看，改造是指在不改变原状原则下对部分文化遗产（特别是建筑类和场所类遗产）基于合理利用而进行的有限性改变，旨在使文化遗产价值得到更好的展示与体现和更易于为公众所感知与体验，推动文化遗产更好地发挥其当代价值，体现的是保护的开放性和动态性。国家考古遗址公园保护工作中

---

① 国际古迹遗址理事会澳大利亚国家委员会：《巴拉宪章》，联合国教科文组织世界遗产中心、国际古迹遗址理事会、国际文物保护与修复研究中心、中国国家文物局编：《国际文化遗产保护文件选编》，文物出版社 2007 年版，第 158—172 页。

② 对此处"正常状态"的理解，不同时期不同国家存在不同的认识。法国强调"修旧如初"，英国强调"修旧如现"，意大利学者布兰迪强调整体性但"不取消它在时间形成的种种痕迹"，《威尼斯宪章》强调兼顾审美和材质的双重原则：既"作为历史的见证，又当作艺术作品，我国基于"不改变文物原状的原则"要求"修旧如旧"（详见李军：《文化遗产保护与修复：理论模式的比较研究》，《文艺研究》2006 年第 2 期）。

③ 第二届历史古迹建筑师及技师国际会议：《关于古迹遗址保护与修复的国际宪章（威尼斯宪章）》，联合国教科文组织世界遗产中心、国际古迹遗址理事会、国际文物保护与修复研究中心、中国国家文物局编：《国际文化遗产保护文件选编》，文物出版社 2007 年版，第 52—54 页。

④ 国际古迹遗址理事会中国国家委员会：《关于〈中国文物古迹保护准则〉若干重要问题的阐述》，《中国长城博物馆》2013 年第 2 期。

⑤ 国际古迹遗址委员会中国国家委员会：《中国文物古迹保护准则（2015）》，国际古迹遗址委员会中国国家委员会 2015 年版，第 9 页。

的改造主要有两种情况:现存建筑的空间适度优化和功能调整、遗址部分空间场所的功能拓展。复原和重建都是指把主体受损严重或已经消失之文化遗产恢复到某一个历史时期的一定状态,两者目的一致但实施手段存在较大差异,复原可采取场景模拟、虚拟仿真、活态表演等,而重建则是基于物态实体的恢复再造。《中国文物古迹保护准则(2015)》强调只有在特殊情况下(缺失建筑对现存建筑群具有特别重要的意义,且资料充分、依据充足、可准确复原)才能够对缺失建筑进行重建;①《国家考古遗址公园创建与运行管理指南》(试

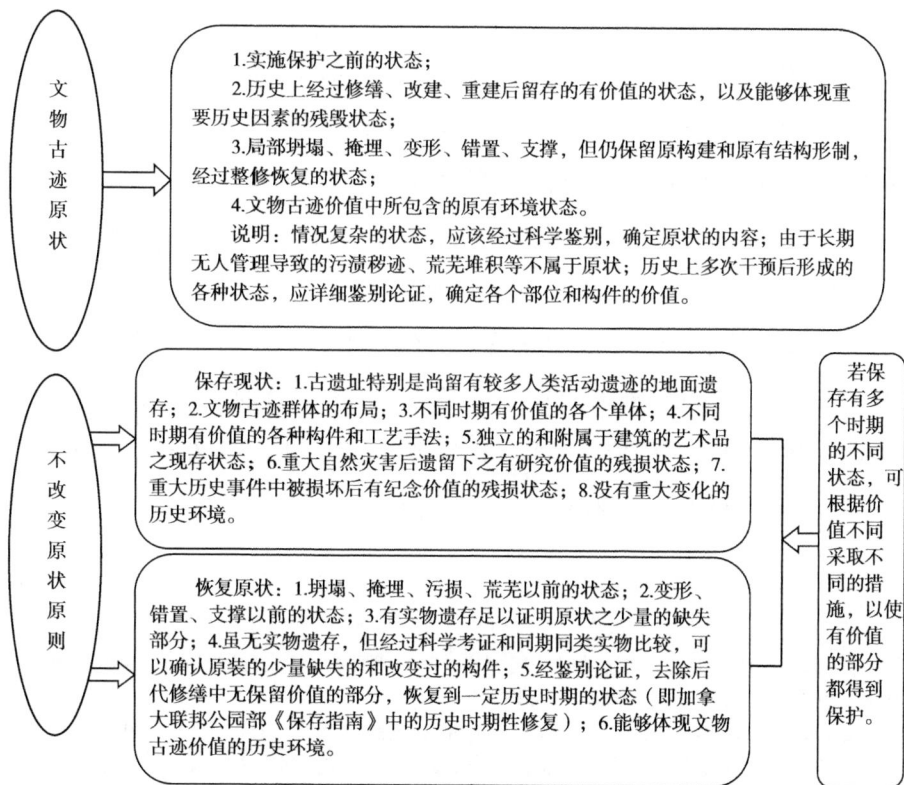

图8 中国文物古迹保护的"不改变原状原则"

资料来源:国际古迹遗址委员会中国国家委员会:《中国文物古迹保护准则(2015)》,国际古迹遗址委员会中国国家委员会2015年版。

---

① 国际古迹遗址委员会中国国家委员会:《中国文物古迹保护准则(2015)》,国际古迹遗址委员会中国国家委员会2015年版,第30页。

行)规定"遗址原则上不得原址重建,若确因展示需要,需在原址重建的,应具备坚实的考古研究基础,慎重论证,并按程序报批"。①

（3）保护对象的延伸

基于全面性保护理念,国家考古遗址公园应实现由重视"物"的保护转向兼具"物"和"人"之保护的转变,同时在"物"的保护方面由文物和遗址扩展到所涉及的全部文化遗产、由遗址局部保护转向包括遗址及其周边环境的整体保护,并拓展到保护"物"所承载的人类生产生活信息以及它们所拥有的"文化重要性"和"意义"。

根据联合国教科文组织《会安草案——亚洲最佳保护范例》的界定,文化重要性是指文化遗产对过去、现在及将来的人们具有的美学、历史、科学和精神价值,②实际上也就是目前我国所强调的文化遗产五大价值:历史、艺术、科学、文化和社会价值。这些文化重要性包含于"遗产地本身,遗产地的构造、环境、用途、关联、含义、记录、相关场所及物质之中"。③ 而"意义"则是文化遗产所"代表、象征、唤起或表达的含义",④是"物""人"交互的产物。这也正是《中国文物古迹保护准则(2015)》所强调的保护之目的——"真实、完整地保存其历史信息及其价值"。同时,国家考古遗址公园还要在保护文化遗产本体的存在之基础上,重视保护其功能性的存在,注重保存体现遗址、周边环

---

① 国家文物局:《国家考古遗址公园创建及运行管理指南(试行)》,http://www.sach.gov.cn/art/2018/1/30/art_1036_146797.html,2018 年 7 月 11 日。

② 联合国教科文组织:《会安草案——亚洲最佳保护范例》,联合国教科文组织世界遗产中心、国际古迹遗址理事会、国际文物保护与修复研究中心、中国国家文物局编:《国际文化遗产保护文件选编》,文物出版社 2007 年版,第 340—373 页。

③ 国际古迹遗址理事会澳大利亚国家委员会:《巴拉宪章》,联合国教科文组织世界遗产中心、国际古迹遗址理事会、国际文物保护与修复研究中心、中国国家文物局编:《国际文化遗产保护文件选编》,文物出版社 2007 年版,第 158—172 页。

④ 国际古迹遗址理事会澳大利亚国家委员会:《巴拉宪章》,联合国教科文组织世界遗产中心、国际古迹遗址理事会、国际文物保护与修复研究中心、中国国家文物局编:《国际文化遗产保护文件选编》,文物出版社 2007 年版,第 158—172 页。

境及其重要遗迹功能的相关遗存和信息，[①]在可能的情况下，对于那些可延续功能的古建筑等则要特别重视保护那些保障其功能正常发挥的空间布局、内部结构、场所设施、所处环境等关键要素，从而实现对文化遗产功能的全面表达和有效转化。

（4）保护主体的扩充

文化遗产管理不是政府的单边行动，而是多元化主体共同参与的协作进程。《华盛顿宪章》提出"居民参与对保护计划的成功起着重大作用"，[②]《考古遗产保护与管理宪章》强调"民众的积极参与必须构成考古遗产保护政策的组成部分"，[③]这已经在许多国家文化遗产保护工作中得到较多实践。积极有效的公众参与是文化遗产保护决策和具体行动取得成功的前提条件，健全的公众参与机制是各地文化遗产保护目标全面实现的基本保障。[④]

新世纪以来，我国也开始探索社会力量参与文化遗产保护的实现机制，逐步"建立以国家保护为主，动员全社会力量参与保护的文物保护新体制"。[⑤] 2002年10月修订的《中华人民共和国文物保护法》提出"国家鼓励通过捐赠等方式设立文物保护社会基金，专门用于文物保护"，[⑥]并进一步认可和规范了民间文物收藏。2004年2月文化部等九部门联合发布的《关于加强我国世界文化遗产保护管理工作的意见》更明确地提出广泛动员全社会关心并支持

① 曹兵武：《本体·信息·价值·作用：关于文化遗产保护传承的几个理论问题》，《中国文化遗产》2019年第1期。

② 张朝枝、郑艳芬：《文化遗产保护与利用关系的国际规则演变》，《旅游学刊》2011年第1期。

③ 国际古迹遗址理事会：《考古遗产保护与管理宪章》，联合国教科文组织世界遗产中心、国际古迹遗址理事会、国际文物保护与修复研究中心、中国国家文物局编：《国际文化遗产保护文件选编》，文物出版社2007年版，第136—140页。

④ 张维亚、喻学才、张薇：《欧洲文化遗产保护与利用研究综述》，周武忠编：《旅游学研究》，东南大学出版社2007年版，第266—271页。

⑤ 国家文物局：《文物事业"十五"发展规划和2015年远景目标纲要》，国家文物局编：《中国文化遗产事业法规文件汇编（下）》，文物出版社2009年版，第410—421页。

⑥ 第九届全国人民代表大会常务委员会第三十次会议：《中华人民共和国文物保护法》，《浙江政报》2003年第2期。

世界文化遗产保护工作,努力形成全社会关心、爱护并参与遗产保护的风气;①2005 年 12 月国务院《关于加强文化遗产保护工作的通知》提出到 2015 年要实现保护文化遗产深入人心,成为全社会的自觉行动,在全社会形成保护文化遗产的良好氛围,②从而确立了我国构建全社会保护文化遗产新格局的新战略。近年来,国务院《关于进一步加强文物工作的指导意见》和《国家文物事业发展"十三五"规划》更进一步要求广泛动员社会参与,拓宽人民群众参与渠道,切实提高全民文物保护意识,确立了到 2020 年"社会力量广泛参与文物保护利用格局基本形成"的战略目标。③

基于此,国家考古遗址公园保护工作需要树立公园建设过程是"动员各界参与保护的过程"之理念,④广泛吸纳社会力量参与,以增强决策的民主化、科学化,获得公众对工作过程的民意支持、资源支持,推动"大遗址保护从仅靠文物工作者孤军奋战的行业行为,晋升为得到广泛理解和参与的社会文化公益事业"。⑤国家考古遗址公园要更进一步落实《国家文物事业发展"十三五"规划》《关于加强文物保护利用改革的若干意见》等新时代我国重要文化遗产管理文件的精神,着力"健全社会参与机制"。其次,要充分借鉴国际社会公众参与文化遗产保护的成功做法,建立健全公众参与机制及其实现路径。公众参与文化遗产保护已经在欧洲、美洲以及亚洲的日本等国家或地区得到诸多实践,"参与主体的多元化促进了遗产的保护的良性发展"。⑥基于依托

---

① 国务院办公厅:《国务院办公厅转发文化部、建设部、文物局等部门关于加强我国世界文化遗产保护管理工作意见的通知》,http://www.gov.cn/gongbao/content/2004/content_62691.htm,2017 年 10 月 21 日。

② 国务院:《关于加强文化遗产保护工作的通知》,http://www.gov.cn/gongbao/content/2006/content_185117.htm,2017 年 11 月 27 日。

③ 国务院:《关于进一步加强文物工作的指导意见》,http://www.gov.cn/zhengce/content/2016-03/08/content_5050721.htm,2017 年 11 月 3 日;国家文物局:《国家文物事业发展"十三五"规划》,http://www.sach.gov.cn/art/2017/2/21/art_722_137348.html,2017 年 4 月 21 日。

④ 单霁翔:《试论考古遗址公园的科学发展》,《中国博物馆馆刊》2011 年第 1 期。

⑤ 单霁翔:《大型考古遗址公园的探索与实践》,《中国文物科学研究》2010 年第 1 期。

⑥ 刘婧:《历史文化遗产保护中的公众参与》,重庆大学 2007 年硕士学位论文。

之考古遗址的公共资源属性及自身之公共产品性质,国家考古遗址公园开展
的每一项保护工作都应属于公共事务性质,要始终面向公众文化需求,更不能
排斥公众的合理参与。国家考古遗址公园的调查、鉴定、规划、监测、保存、维
护、维修(修复)、改造、复原、特殊情况时的重建等各项保护工作,都需要在决
策制定、组织实施、结果评估等阶段有效组织公众参与,建立全过程公众参与
制度。进一步来看,公众参与文化遗产保护应是一种开放性的社会参与,参与
主体应包括政府、专业人员、开发商以及社会大众。① 因此,除政府部门外,国
家考古遗址公园保护工作应该参与之公众还应包括当地社区、游客、文化和旅
游企业、非政府组织、教育机构、研究机构、专家学者、媒体等(图9)。其中,当
地社区(尤其是居民)是参与的最重要主体。因为它们既是文化遗产的构成
部分,又是文化遗产保护的最直接利益相关者,其利益实现是公园保护成果
"惠及公众"的首要体现。游客、文化和旅游企业作为公园文化产品的消费者
和供给者,其利益能否实现与公园保护功能实现程度关系紧密,其利益实现程
度则是公园保护成果"惠及公众"的重要体现。非政府组织、媒体、教育机构、

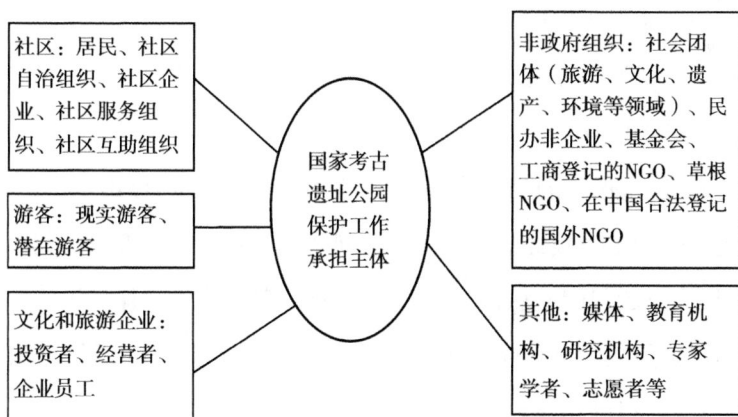

图9　国家考古遗址公园保护工作的承担主体

---

① 刘婧:《历史文化遗产保护中的公众参与》,重庆大学 2007 年硕士学位论文。

研究机构、专家学者等,主要通过监督、咨询以及公益性行动等形式来支持公园文化遗产保护工作。特别值得注意的是,制度化和规范化志愿者参与是国家考古遗址公园公众参与机制建设的重要内容。借鉴美国国家历史公园的经验,我国国家考古遗址公园要着力建立和完善志愿者参与机制,在保护工作整个过程中都注重吸纳志愿者参与,并完善相关管理制度以确保志愿者征集、选拔、工作过程、绩效评价等环节的规范化,确保志愿者参与的有序性和有效性。[①]

(5)保护方式的创新

建设国家考古遗址公园本身就是我国对大遗址保护的模式创新,体现了新时代国家层面对考古遗址整体性保护的中国理念和中国路径。国家考古遗址公园通过文化遗产保护具体实现方式的创新,将文化遗产保护从专业性的文物保护项目转化为推动城市发展和改善民生的文化工程,使文化遗产保护由单一文物部门担责的行业行为上升为全社会参与的文化公益事业,[②]推动文化遗产保护实现从封闭式保护到开放式保护、被动性保护到主动性保护、单体性保护到整体性保护、静态性保护到动态性保护的转变。

①从封闭式保护转向开放式保护

国家考古遗址公园建设是针对长期以来我国实行的隔离式、回填式遗址保护模式所导致的现实矛盾:遗址区的经济社会发展受到限制、遗址的价值不被社会认可,遗址保护的公众参与缺失、各种形式的破坏层出不穷,[③]而探索的文化遗产保护与当地经济社会发展协同实现的新型保护方式。其要实现的是"从画地为牢的封闭式保护"转变为"引领参观的开放式保护",[④]也就是要使文化遗产保护成为对公众开放、对社会透明,政府与公众共同参与的"共建共享"型协作性行动。

---

① 王京传:《美国国家历史公园建设及对中国的启示》,《北京社会科学》2018年第1期。
② 单霁翔:《大型考古遗址公园的探索与实践》,《中国文物科学研究》2010年第1期。
③ 王京传:《大遗址旅游:保护与开发的协同实现》,《社会科学家》2009年第1期。
④ 单霁翔:《大型考古遗址公园的探索与实践》,《中国文物科学研究》2010年第1期。

基于此,国家考古遗址公园保护功能实现有四个关键点:保护工作要以有利于公众利用为目标、保护活动(决策、实施、成果和评价等环节)要以适当形式对公众开放、保护成果体现社会公益性并要使公众可通过一定形式得到分享、保护要给当地发展带来显著效益(经济、社会、文化等多方面)。

②从被动性保护转向主动性保护

过去我国文化遗产保护主要是针对已经受到破坏、已经发生风险以及基本建设需要等情况,属于抢救性、矫正性的被动性保护。此种保护工作往往是哪里有问题才对哪里进行保护,缺少事先规划。因此,其保护成果往往是主题零散、空间分散,难以系统性转化为可供公众消费的文化产品。国家考古遗址公园保护工作则不同,要实现的是"从被动的抢救性保护到主动的规划性保护",[1]是对重要考古遗址为主体相关文化遗产之有目的、有规划、有主题的主动性保护。

其侧重预防性保护,旨在"保护遗址免受可能威胁它们的危险",[2]提前要预防文化遗产受到自然和人为因素破坏的危险,更要预防对整体性和真实性产生威胁的因素,前者主要包括实体性遗址和周边环境破坏及其外部自然风貌和社会环境特征改变等,后者涉及知识的遗失、城镇翻新、基础设施建设、文化旅游、背景分离与独特地方感的丧失等;[3]突出主题性保护,重点保护体现所依托考古遗址历史、艺术、科学、社会、文化价值的相关文化遗产;强调规划性保护,"保护规划已由省级人民政府公布实施""考古工作计划已获批准并启动实施""具备符合保护规划的遗址公园规划"是国家考古

---

① 单霁翔:《大型考古遗址公园的探索与实践》,《中国文物科学研究》2010年第1期。

② 联合国教科文组织:《关于保护景观和遗址的风貌和特性的建议》,联合国教科文组织世界遗产中心、国际古迹遗址理事会、国际文物保护与修复研究中心、中国国家文物局编:《国际文化遗产保护文件选编》,文物出版社2007年版,第46—51页。

③ 联合国教科文组织:《会安草案——亚洲最佳保护范例》,联合国教科文组织世界遗产中心、国际古迹遗址理事会、国际文物保护与修复研究中心、中国国家文物局编:《国际文化遗产保护文件选编》,文物出版社2007年版,第40—373页。

遗址公园申报的前提条件,其建设过程中必须严格遵照已有规划开展相关保护工作。

③从单体性保护转向整体性保护

基于"以重要考古遗址及其背景环境为主体"的基本定位,国家考古遗址公园保护工作要改变以往面向分散的遗址点、被抢救性工作"牵鼻子走"、仅关注遗址具有重要价值部分之状态,建立面向遗址全局、由科学规划主导的科学性机制,由面向遗址本体局部的单体性保护转变为面向遗址本体及其周边环境全部的整体性保护。

与被动性保护下"救火式"开展保护工作相对应,过去我国遗址保护工作多是针对遗址局部区域,缺少整体性和各保护区域之间的协调性。这导致保护工作不能覆盖遗址所包括全部重要遗存,无法反映遗址的整体性特征与布局,从而使公众对遗址及已开展的相关保护工作价值难以形成全面、准确认知。国家考古遗址公园保护工作要着眼于遗址整体,推动遗址保护工作实现"从补丁式的局部保护"转向"着眼于遗址规模和格局的全面保护"。[1] 基于此,国家考古遗址公园保护工作要面向遗址整体进行统筹规划,对构成遗址和体现遗址价值的重要遗存都要纳入保护计划,注重各保护对象之间的纵向或横向联系,使之形成对遗址的立体化支撑。

同时,基于全面保护理念,国家考古遗址公园保护不再是"单纯的遗址本体保护",而是"涵盖遗址背景环境的综合性保护"。[2] 其保护工作更直接体现了《雅典宪章》(1931)、《关于保护景观和遗址的风貌与特性的建议》要求的对遗址周边环境加以保护之精神。联合国教科文组织《关于国家一级保护文化和自然遗产的建议》也强调古迹不应与其环境相分离的原则,认为"古迹与周围环境之间由时间和人类所建立起来的和谐极为重要,通常不应受到干

---

① 单霁翔:《大型考古遗址公园的探索与实践》,《中国文物科学研究》2010年第1期。
② 单霁翔:《大型考古遗址公园的探索与实践》,《中国文物科学研究》2010年第2期。

扰和毁坏,不应允许通过破坏其周围环境而孤立该遗迹";①《实施〈保护世界文化与自然遗产公约〉的操作指南》(2005)更直接提出"位置和背景环境"是文化遗产真实性的构成部分。②

根据国际古迹遗址理事会第15届大会《西安宣言》,包括考古遗址在内之文化遗产的重要性和独特性"在于它们在社会、精神、历史、艺术、审美、自然、科学等层面或其他文化层面存在的价值,也在于它们与物质的、视觉的、精神的以及其他文化层面的背景环境之间所产生的重要联系",而且这种联系"可以是一种有意识和有计划的创造性行为的结果、精神信念、历史事件、对古遗址利用的结果或者是随着时间和传统的影响而日积月累形成的有机变化"。③ 这就要求国家考古遗址公园保护要超越遗址本体,超越物质形态遗产,而延伸到周边环境构成要素、非物质形态遗产以及遗产价值层面,实现保护对象的形态扩充、空间拓展,保护过程的内容充实、时间延伸以及保护结果的形式多元、效益综合。

④从静态性保护转向动态性保护

让文化遗产"活"起来是新时代我国文化遗产管理的重要新理念。这就要求突破过去的静态性保护模式,将文化遗产保护工作由基于"保存保真、整理挖掘"的静态性保护转向基于"传承弘扬、转化再造、创新发展"的动态性保护。响应新时代国家文化新战略,国家考古遗址公园要基于优秀传统文化的创造性转化和创新性发展,从历史传承发展脉络、当前时代需求以及未来发展趋势三个层面来建构动态性保护机制。

---

① 联合国教科文组织:《关于国家一级保护文化和自然遗产的建议》,联合国教科文组织世界遗产中心、国际古迹遗址理事会、国际文物保护与修复研究中心、中国国家文物局编:《国际文化遗产保护文件选编》,文物出版社2007年版,第80—88页。

② 联合国教科文组织:《实施〈保护世界文化与自然遗产公约〉的操作指南》(2005),联合国教科文组织世界遗产中心、国际古迹遗址理事会、国际文物保护与修复研究中心、中国国家文物局编:《国际文化遗产保护文件选编》,文物出版社2007年版,第256—325页。

③ 国际古迹遗址理事会:《西安宣言——关于古建筑、古遗址和历史区域周边环境的保护》,《文物工作》2005年第12期。

首先,要尊重历史,基于文化遗产的层摞性,①践行《威尼斯宪章》(1964)提出的"各个时代为一古迹之建筑物所做的正当贡献必须予以尊重"理念,按照"最大限度的保留遗产地的历史构造,包括随着时间而演变的历史状态、特征和细节"的要求,保存历经时间演变已经成为其自身特征界定要素(Character-defining element)的变化,②"在考古遗址中需要注意多层叠压、各时代遗存的记录和保护",③保护考古遗址所保留下来之不同历史时期的代表性遗物、遗迹及其相关重要信息,保护考古遗址及其所承载信息对不同时期历史发展的重要意义,实现对文化遗产历史延续性的全面保护。其次,要立足现实,通过创造性转化而实现中华优秀传统文化的现代转型,以服务于现实为旨归、以创造性为特征,力求文化遗产保护与现代社会接轨、与民众需求吻合,④创意文化内容素材、创新文化元素表达形式、创造文化产品新类型,使考古遗址及其所承载的信息能够广泛的转化成为当代公众有意愿、有机会、有能力使用的文化产品。同时,要更进一步面向未来,通过创新性发展来探索中华优秀传统文化融入现代社会形态的新思维,充分保护文化遗产所承载的优秀传统文化元素,使之融入当代人们的生产生活,推动当代中国的文化提升和思想超越。⑤

2. 展示功能的实现

《关于建设考古遗址公园的良渚共识》强调,深化遗址展示与利用是国家

---

① 杨振之、谢辉基:《"修旧如旧""修新如旧"与层摞的文化遗产》,《旅游学刊》2008 年第 9 期。

② Canada's Historic Places, *Standards and Guidelines for the Conservation of Historic Places in Canada*, Canada's Historic Places, 2010.

③ 国际古迹遗址委员会中国国家委员会:《中国文物古迹保护准则(2015)》,国际古迹遗址委员会中国国家委员会 2015 年版,第 10 页。

④ 商志晓:《中华传统文化创造性转化创新性发展的哲学审思》,《光明日报》2017 年 1 月 9 日。

⑤ 商志晓:《中华传统文化创造性转化创新性发展的哲学审思》,《光明日报》2017 年 1 月 9 日。

考古遗址公园建设的基本任务;《国家考古遗址公园规划编制要求(试行)》(2012)也明确将阐释与展示体系规划列为公园规划的三方面必备内容之一。①《国家考古遗址公园评定细则(试行)》对展示馆舍(博物馆、陈列馆、体验中心等)建设及其陈列内容,遗址现场展示内容、展示方法、布局、标识系统、公众参与活动,以及周边展示、远程展示等延伸展示做出了较为全面的要求(图10)。②《国家考古遗址公园创建及运行管理指南(试行)》对展示项目再次进行了详细规定,提出展示项目主要包括遗址现场展示、遗址博物馆(陈列馆)、遗址展示中心、标识系统等,其中遗址博物馆(全面解读遗址面貌,介绍遗址历史背景,讲述与遗址相关的考古、保护、研究等成果)是必要内容、标识系统(既可广泛传播公园形象,又能够为游客准确导向,并提供恰当信息),是体现公园内涵的重要因素,强调遗址展示应注重价值阐释、注重文化策划。③ 基于上述要求,结合国内外其他文化遗产管理文件的相关规定,国家考古遗址公园展示功能实现需要遵循综合功能、惠及公众,整体规划、和谐展示,遗址原真、修复可逆,层次差异、信息可达等展示理念,以遗址本体、周边环境、价值要素、遗址演变过程为展示对象,通过遗址本体的基础性展示、周边环境与遗址的整体性展示、遗址价值要素的综合性展示、遗址演变过程的情景化展示以及遗址标识系统的辅助性展示来全方位实现。

(1)展示理念的提升

基于《中国文物古迹保护准则(2015)》、《国家考古遗址公园评定细则(试行)》和《国家考古遗址公园创建及运行管理指南(试行)》对展示工作的相关规定,公园展示要"要按照保护规划中展示规划的相关规定来逐步实

① 国家文物局:《国家考古遗址公园规划编制要求(试行)》,http://culture.people.com.cn/n/2013/0514/c363960-21479829.html,2020年1月27日。

② 国家文物局:《国家考古遗址公园评定细则(试行)》,http://www.gov.cn/gzdt/2010-01/07/content_1505139.htm,2020年1月28日。

③ 国家文物局:《国家考古遗址公园创建及运行管理指南(试行)》,http://www.sach.gov.cn/art/2018/1/30/art_1036_146797.html,2018年7月11日。

展示设施
- 馆舍：博物馆、陈列馆、体验中心等；规模适宜、布局合理、功能适用，与遗址及周边环境协调，工程质量符合国家相关规范和标准
- 陈列：静态展览、场景复原、虚拟仿真、活化表演；内容全面、深入、丰富、与遗址联系密切；手段生动活泼、易于公众理解、可读可视性强

遗址现场展示
- 展示内容：体现遗址价值与内涵；体现遗址的整体性；展示依据具有科学性，信息来源可靠、数据准确
- 展示方法：科学性、协调性、生动性、通俗性
- 展示布局：系统性、全面性、脉络清晰、主旨明确、重点突出
- 展示流线：科学性、逻辑性、流畅性
- 标识系统：简洁、环保、设计美观、制作精美、与遗址风貌相协调、布局合理、位置明显突出、内容明确、用词准确、至少两种语言

公众参与
- 考古工地现场及考古设施向公众开放
- 文化活动：举办各种与遗址内涵相关的文化活动，体现教育性、娱乐性、普及性、针对性；专门的机构或工作人员负责策划、组织、实施
- 教育活动：举办与遗址内涵相关的以及文物保护、遗产保护宣传教育科普活动，如教育项目、社会培训、公众讲座等，有专门的机构或工作人员负责策划、组织、实施
- 社区活动：开展体现广泛性、参与性、层级性的丰富社区活动，有专门的机构或工作人员负责策划、组织、实施

延伸展示
- 周边展示：展示设施布局合理，规模适度，设计制作精美，与环境相协调；展示内容准确科学、生动易懂
- 远程展示：有专门公园网站，网站架构清晰、完整，网页制作精美，网站内容丰富；网页内容准确、更新及时；网站能够支持两种或两种以上语言

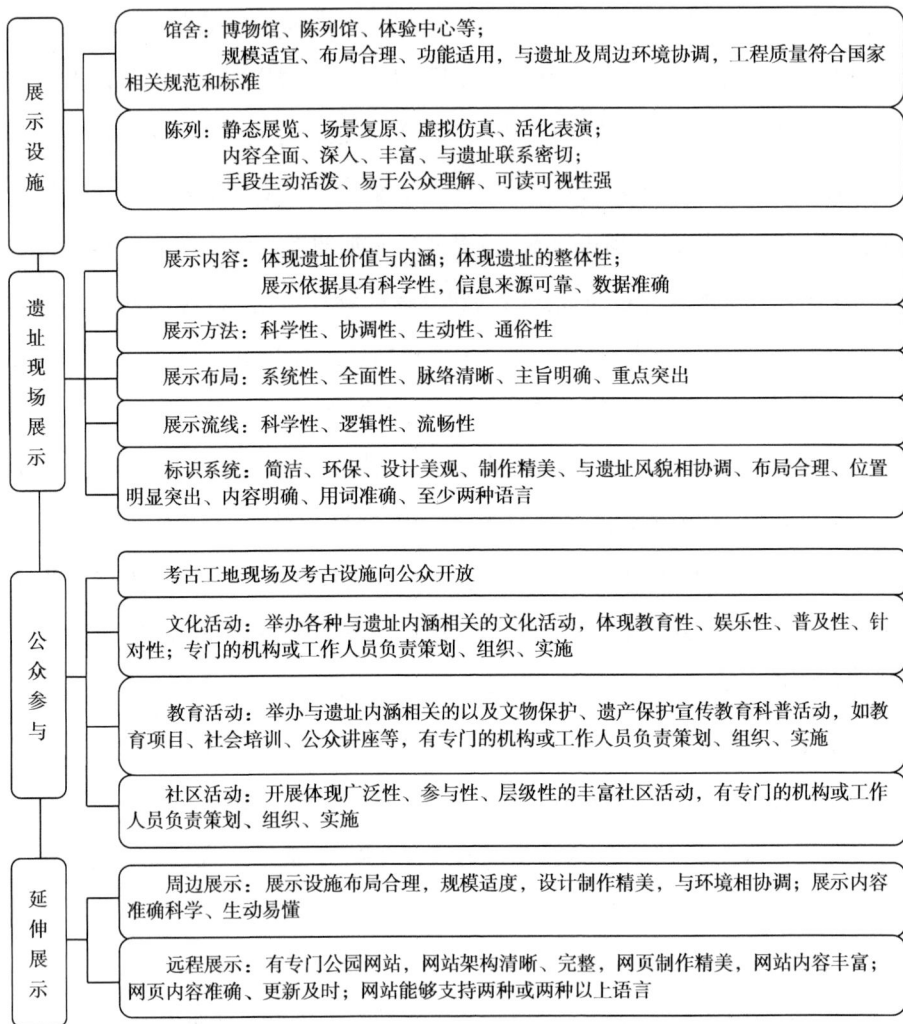

图10 《国家考古遗址公园评定细则（试行）》遗址展示相关要求

资料来源：国家文物局：《国家考古遗址公园评定细则（试行）》，http://www.gov.cn/gzdt/2010-01/07/content_1505139.htm，2020年1月28日。

施"，信息来源可靠、数据准确，对文化遗产价值"做出真实、完整、准确的阐释"，并"应考虑公众理解能力、符合公众审美习惯"。[1] 基于此，公园要建立

---

① 国家文物局：《国家考古遗址公园创建及运行管理指南（试行）》，http://www.sach.gov.cn/art/2018/1/30/art_1036_146797.html，2018年7月11日。

以规划为依据,以真实性和整体性来保证科学性,注重受众的可解读性而确保有效性的展示理念。

①规划先行、整体展示

《关于古迹遗址保护与修复的国际宪章》明确指出古迹保护包含对一定规模环境的保护,不能与其历史和产生的环境相分离;《巴拉宪章》(1999)进一步明确了遗产周边环境的重要性,指出新建筑的环境、体积等需与遗产地现存构造相似,使其与遗产本体保持和谐一致;①《国家考古遗址公园创建及运行管理指南(试行)》要求遗址展示应"全面揭示遗址的历史、艺术、科学、文化、社会等多方面价值"。② 根据《国家考古遗址公园评定细则(试行)》,国家考古遗址公园展示工作的基本依据是其所依托考古遗址的保护规划(要求已由省级人民政府公布实施)和公园规划中关于展示规划的相关内容。在此基础上,要以整体性展示为导向,重视展示遗址的整体空间布局、总体文化特征、不同时期的重要考古遗存、周边环境实体或精神要素以及相关文化遗产,并体现这些要素之间在文化构成、价值呈现、意义体现等方面的内在联系。

②确保原真、措施可逆

保证遗址本体、周边环境以及相关信息体现的原真性是遗址展示的基本要求,为展示所采取措施的可逆性是遗址展示工作的重要理念。《考古遗产保护与管理宪章》强调在考古遗产展示等过程中必须保护遗产原真性;③《文化遗产阐释与展示宪章》要求展示必须遵守《奈良文件》(1994)中关于真实性的基本原则,应以通过公认的科学和学术方法以及从现行的文化传统中搜

---

① 国际古迹遗址理事会澳大利亚国家委员会:《巴拉宪章》,联合国教科文组织世界遗产中心、国际古迹遗址理事会、国际文物保护与修复研究中心、中国国家文物局编:《国际文化遗产保护文件选编》,文物出版社 2007 年版,第 158—172 页。

② 国家文物局:《国家考古遗址公园创建及运行管理指南(试行)》,http://www.sach.gov.cn/art/2018/1/30/art_1036_146797.html,2018 年 7 月 11 日。

③ 国际古迹遗址理事会:《考古遗产保护与管理宪章》,联合国教科文组织世界遗产中心、国际古迹遗址理事会、国际文物保护与修复研究中心、中国国家文物局编:《国际文化遗产保护文件选编》,文物出版社 2007 年版,第 136—140 页。

集的证据为依据。① 我国《关于加强文化遗产保护工作的通知》强调必须严格保护文化遗产的真实性;②《中国文物古迹保护准则(2015)》要求"展示应基于对古迹的全面、深入研究","要避免对文物古迹及相关历史、文化作不准确的表述";③《国家考古遗址公园创建及运行管理指南(试行)》规定遗址现场展示设计应依据已有考古资料、研究成果,通过各种现代技术手段对遗址本体及其真实信息的直接传递。基于此,国家考古遗址公园所展示的遗址本体、周边环境及其价值的所有信息,必须是经过科学研究和论证的结果,"不应做主观臆测的解释。对于存在多种可能性的情况,应作出相应说明"。④ 同时,公园因展示而进行的所有工作,要遵循可识别性和可逆性原则,即一切技术措施应当不妨碍再次对原物进行保护处理:经过处理的部分要和原物或前一次处理的部分既相协调又可识别,不得妨碍再次对文物古迹进行保护,在可能的情况下应当是可逆的。⑤

③层次差异、信息可达

《考古遗产保护与管理宪章》提出"展示和信息资料应是对当前知识状况的通俗解释,须经常修改并考虑了解过去的其他多种方法";⑥《国际文化旅游宪章》强调"阐释计划应将(遗产)重要性以一种相关和可及的方法,通过适当、启发性的当代教育形式、媒体、科技和个人对历史、环境和文化信息的解

① International Council on Monuments and Sites,"ICOMOS Charter for the Interpretation and Presentation of Cultural Heritage Sites",*International Journal of Cultural Property*,2008.(15).

② 国务院:《关于加强文化遗产保护工作的通知》,http://www.gov.cn/gongbao/content/2006/content_185117.htm,2017 年 11 月 27 日。

③ 国际古迹遗址委员会中国国家委员会:《中国文物古迹保护准则(2015)》,国际古迹遗址委员会中国国家委员会 2015 年版,第 29 页。

④ 国际古迹遗址委员会中国国家委员会:《中国文物古迹保护准则(2015)》,国际古迹遗址委员会中国国家委员会 2015 年版,第 30 页。

⑤ 国际古迹遗址委员会中国国家委员会:《中国文物古迹保护准则(2015)》,国际古迹遗址委员会中国国家委员会 2015 年版,第 11 页。

⑥ 国际古迹遗址理事会:《考古遗产保护与管理宪章》,联合国教科文组织世界遗产中心、国际古迹遗址理事会、国际文物保护与修复研究中心、中国国家文物局编:《国际文化遗产保护文件选编》,文物出版社 2007 年版,第 136—140 页。

释,向东道主和旅游者展现"。① 我国《中国文物古迹保护准则(2015)》强调展示的目的是使观众能完整、准确地认识文物古迹的价值,尊重、传承优秀的历史文化传统,自觉参与对文物古迹的保护;②《国家考古遗址公园评定细则(试行)》也同样要求展示馆舍的"陈列手段生动活泼、易于公众理解、可读可视性强"。③ 因此,展示"应考虑受众的年龄、知识背景,寻找适当的展示形式,鼓励使用各种技术手段和互动方式",做到"针对不同背景的群体采用易于理解的方式"。④ 这就要求国家考古遗址公园展示应考虑公众的年龄、教育水平、职业等因素,具备可达性,即在空间方面使公众可以进入展示空间、场所且使各个层次的公众都能够看懂遗址形态,读懂遗址承载的历史、文化等信息。

(2)展示对象的拓展

《中国文物古迹保护准则》(2015)规定,展示是对文物古迹特征、价值及相关的历史、文化、社会、事件、人物关系及其背景的解释,是对文物古迹和相关研究成果的表述。⑤ 基于此,国家考古遗址公园展示应是关于考古遗址及其相关文化遗产的综合性展示,其应在遗址展示基础上进一步拓展文化展示、价值展示,从而实现对考古遗址及其相关文化遗址本体、周边环境及其历史、艺术、科学、社会、文化价值的全面展示。

①遗址本体

遗址本体是国家考古遗址公园建设的依托,也是其展示的最基础部分。

---

①　国际古迹遗址理事会:《国际文化旅游宪章(重要文化古迹遗址旅游管理原则和指南)》,联合国教科文组织世界遗产中心、国际古迹遗址理事会、国际文物保护与修复研究中心、中国国家文物局编:《国际文化遗产保护文件选编》,文物出版社 2007 年版,第 176—189 页。

②　国际古迹遗址委员会中国国家委员会:《中国文物古迹保护准则(2015)》,国际古迹遗址委员会中国国家委员会 2015 年版,第 30 页。

③　国家文物局:《国家考古遗址公园评定细则(试行)》,http://www.gov.cn/gzdt/2010-01/07/content_1505139.htm,2020 年 1 月 28 日。

④　国际古迹遗址委员会中国国家委员会:《中国文物古迹保护准则(2015)》,国际古迹遗址委员会中国国家委员会 2015 年版,第 30 页。

⑤　国际古迹遗址委员会中国国家委员会:《中国文物古迹保护准则(2015)》,国际古迹遗址委员会中国国家委员会 2015 年版,第 30 页。

遗址本体展示主要是全面展示遗址的保存状态、空间布局、重要遗迹、各类文物等,旨在使公众能够了解和认知公园所依托之考古遗址。遗址本体展示通常是以考古工作为基础,通过以展示为目的之考古发掘活动有计划的揭示遗址中的重要考古遗存,然后在"不改变原状"基础上将相关遗迹、遗物连同遗址本身或按照时空顺序或按照特定主题进行整体展示。具体来说,遗址保存状态,主要包括遗址现存整体格局、代表性遗迹以及重要遗物发现时的状态;遗址整体布局,反映该遗址不同历史时期的整体空间分布、功能布局、重要遗存分布及其延续变化过程的考古遗存;遗址现存重要遗迹,主要为保存状况较好的地上遗迹、反映遗址布局和功能的关键性遗迹、体现时代特征和文化特色及其发展演变的相关遗迹、表现遗址价值的代表性遗迹、遗址范围内与重要历史人物和历史事件相关的遗迹;遗址出土各类文物,主要是遗址及其周边范围内出土的各类文物,主要有遗址博物馆展示和出土地原地原态展示两种情况。

②遗址周边环境

周边环境是遗址价值不可缺少的组成部分,其是体现遗址完整性和真实性的重要内容。因此,"理解、记录、展陈周边环境对定义和鉴别古建筑、古遗址和历史区域的重要性十分重要"。① 根据国际古迹遗址理事会《西安宣言》,周边环境是指"紧靠古建筑、古遗址和历史区域的和延伸的、影响其重要性和独特性或是其重要性和独特性组成部分的周围环境";除了实体和视觉方面的含义之外,其还包括与自然环境之间的相互关系,所有过去和现在的人类社会和精神实践、习俗、传统的认知或活动、创造并形成之周边环境空间的其他形式的非物质文化遗产,以及当前活跃发展的文化、社会、经济氛围。②

基于此,遗址周边环境具体包括遗址环境风貌、遗址与周边环境关系、构

① 国际古迹遗址理事会:《西安宣言——关于古建筑、古遗址和历史区域周边环境的保护》,《文物工作》2005年第12期。

② 国际古迹遗址理事会:《西安宣言——关于古建筑、古遗址和历史区域周边环境的保护》,《文物工作》2005年第12期。

成遗址周边环境的非物质文化遗产以及当前的文化、社会、经济氛围。其中，遗址环境风貌，包括周边环境保存现状、周边环境特征与演变、周边环境重要遗存；遗址与周边环境关系，包括遗址整体自然环境组合关系、遗址整体人文环境组合关系、体现上述组合关系的代表性遗存、表现上述组合关系的历史信息等；非物质文化遗产，是体现人们在周边环境生产生活所形成并传承下来的习俗、节庆、传统工艺等；当前活跃发展的文化、社会、经济氛围，是指在遗址及其周边范围内人们生产生活所形成的当前状态，文化空间概念范畴下的公众文化生活和社会文化氛围是其主要内容。

③遗址价值要素

《文化遗产阐释与展示宪章》强调"应当探究遗产地在其历史、政治、精神和艺术等多层面发展脉络中的意义"和"考虑遗产地文化、社会和环境等所有方面的意义和价值"。[1] 国家考古遗址公园展示的核心是遗址价值及内涵，[2]"展示遗迹就是呈现遗产价值"是其基本理念。[3] 文化遗产价值在一些国际文化遗产管理文件中被表述为"文化重要性"，即文化遗产"对过去、现在及将来的人们具有美学、历史、科学、社会和精神价值"。[4] 我国《文物保护管理暂行条例》提出了历史、艺术、科学三大价值，《中国文物古迹保护准则（2015）》又增加了社会价值和文化价值，从而将文化遗产价值扩充为五大价值。

其中，历史价值是指文化遗产作为历史见证的价值，主要包括遗址及其周边环境所涵盖的不同历史时期、其发展过程中的重要历史阶段、与其相关的重

---

① International Council on Monuments and Sites, "ICOMOS Charter for the Interpretation and Presentation of Cultural Heritage Sites", *International Journal of Cultural Property*, 2008. (15).

② 王璐、刘克成：《中国考古遗址公园中遗址展示的问题与原则》，《建筑学报》2016 年第 10 期。

③ 郭伟民：《价值凝练与价值呈现：从中国土司遗址申遗看考古学理论方法新变化》，《东南文化》2019 年第 1 期。

④ 国际古迹遗址理事会澳大利亚国家委员会：《巴拉宪章》，联合国教科文组织世界遗产中心、国际古迹遗址理事会、国际文物保护与修复研究中心、中国国家文物局编：《国际文化遗产保护文件选编》，文物出版社 2007 年版，第 158—172 页。

要历史事件和历史人物、所揭示的重要历史信息、所发现的新历史信息以及其能够发挥的证史、正史和补史作用；艺术价值是指文化遗产作为人类艺术创作、审美趣味等实物见证的价值，主要包括遗址及其周边环境所承载的建筑艺术、景观艺术、造型艺术等体现的创作手法、制造工艺、美学设计以及音乐、舞蹈等表演艺术；科学价值是指文化遗产作为人类的创造性和科技成果本身或创造过程之实物见证的价值，主要包括遗址及其周边环境所表现的人类发明创造以及与古代建筑、城址、水利工程、农业设施等体现的数学、物理、天文、水利、建筑、化学等科学知识；社会价值是指文化遗产在知识记录与传播、文化精神的传承和社会凝聚力的产生等方面的社会效益和价值，体现的是遗址在人类社会发展中的知识记忆、精神传承、情感凝聚作用，主要包括遗址及其周边环境所记录的社会信息、所承载的社会记忆、所蕴含的社会精神、所表达或唤起的情感、所象征的社会意义、所引发的社会/民族认同；文化价值是指文化遗产体现的文化多样性、文化传统的延续及相关非物质文化遗产等，主要包括遗址及其周边环境所体现的民族文化、区域文化、宗教文化等方面的文化特征、文化记忆、文化传承、文化发展，自然、景观、环境等具有的文化内涵，以及体现遗址及其价值或在遗址范围内形成并传承的非物质文化遗产。[1]

④"遗址化"过程

改变"向生土进军"思维，[2]树立纵向化理念，是国家考古遗址公园展示的重要创新。"清晰地指出遗产地发展演变过程中经历的各个阶段和影响，并注明时间"，"尊重各个时期在遗产地价值形成中做出的贡献"，[3]是国家考古遗址公园实现纵向化展示的基本思路。"遗址化"过程展示是国家考古遗址

---

① 国际古迹遗址委员会中国国家委员会：《中国文物古迹保护准则（2015）》，国际古迹遗址委员会中国国家委员会 2015 年版，第 6—7 页。

② 郭伟民：《价值凝练与价值呈现：从中国土司遗址申遗看考古学理论方法新变化》，《东南文化》2019 年第 1 期。

③ International Council on Monuments and Sites, "ICOMOS Charter for the Interpretation and Presentation of Cultural Heritage Sites", *International Journal of Cultural Property*, 2008.(15).

公园更全面、更立体化展示遗址本体、周边环境及其价值的重要一环。这是因为任何一个遗址既要经历不同历史时期的长时段发展演变，经历王朝更替的历史沧桑，又要在同一历史时段经历由兴到盛再到衰的阶段性变化。国家考古遗址公园只有将这些历史过程尽可能的全面展示出来，才能使公众能够从历史纵向延伸的视野来更全面、更客观认识考古遗址。具体来看，"遗址化"过程主要包括两个方面：遗址发展演变过程、遗址对于后世的作用和影响。① 其中，前者包括遗址本体历史发展过程、周边环境发展演变过程、遗址及其周边环境价值的形成与演变，后者包括遗址相关文化遗产及其价值中被当地人所接受和传承的内容及其对当地文化传统的影响、对当地价值观构建与固化的影响、对当地人们所具有的思想价值和情感意义、对当地文化空间形成和发展的作用、对当地发展能够产生的作用。

（3）展示方式的优化

展示方式是国家考古遗址公园展示功能实现的具体途径。《文化遗产阐释与展示宪章》规定，展示是"通过对阐释信息的安排、直接的接触，以及展示设施等有计划地传播阐释内容"，其"可通过各种技术手段传达信息，包括（但不限于）信息板、博物馆展览、精心设计的游览路线、讲座和参观讲解、多媒体应用和网站等"。② 基于前面提出的"规划为先、整体展示""确保原真、措施可逆""层次差异、信息可达"三大理念，国家考古遗址公园应针对不同的展示对象和受众对象采取差异化的展示手段，不断优化展示方式，探索由平面展示向立体展示、静态展示向动态（活化）展示、现实（实体）展示向虚拟展示、现场展示向远程展示延伸的具体实现方式，实现展示方式的不断优化。

---

① 郭伟民：《价值凝练与价值呈现：从中国土司遗址申遗看考古学理论方法新变化》，《东南文化》2019 年第 1 期。

② International Council on Monuments and Sites, "ICOMOS Charter for the Interpretation and Presentation of Cultural Heritage Sites", *International Journal of Cultural Property*, 2008. (15).

①遗址本体的基础性展示

遗址本体的地位决定了其展示是最基础的和最主要之内容,是国家考古遗址公园展示的核心。根据遗址适宜的保存方式及其可观赏性、可解读性和对外部环境的可承受能力,遗址本体的基础性展示包括直接展示和间接展示两种形式。

遗址本体的直接展示,是指对遗迹和遗物原始形态进行现场直接展示,适宜于可不回填保护、可观赏性和可解读性强、对外部人员进入可承受能力较强之遗址。其包括原状展示和修复性展示。其中,原状展示是指在遗址的原始位置根据遗址的原始状态进行展示。对墓葬、城墙、沟等庞大、不可移动的遗迹通常采取静态性原状现场展示,并根据遗迹对人员直接接触的可耐受能力在以下三种方式中进行具体选择:公众可直接观看并接触、通过围栏等辅助手段将遗址与公众隔开而仅从外部观看、使用透明性封闭设施让游客在外部观看遗址。根据遗址的特点建立不同主题、不同特色的现场展示设施是原状展示的常见途径,如大明宫国家遗址公园的丹凤门遗址。修复性展示即指按照遗址的原始状态进行修复、复原,特殊情况下可考虑重建(谨慎使用,具体适用情况见本书前面的论述)。其必须要严格遵守可逆性原则,以保证将来如果有更好的展示方法出现时,遗址能够被恢复到发掘出土时的最初状态而可以采用新方法进行更好的展示。如汉魏洛阳故城遗址的永宁寺塔基采取不可逆的加固保护,是遗址展示所不能允许的。①

遗址本体的间接展示,是指借助后期的辅助工具和科技手段对遗址本体进行间接展示,适用于需回填保护、直接的可观赏性和可解读性弱、对外部人员进入可承受能力较弱之遗址。其主要包括遗址标识展示、遗址模拟展示、遗址虚拟展示。② 其中,遗址标识展示是将遗址原址经过回填、加土抬高后,在

---

① 黄可佳、韩建业:《考古遗址的活态展示与公众参与——以德国杜佩遗址公园的展示和运营为例》,《东南文化》2014 年第 3 期。

② 卜琳:《中国文化遗产展示体系研究》,科学出版社 2013 年版,第 246—262 页。

其表面利用植被、砖石等材料间接展示遗址的整体布局分布,如安阳殷墟王陵区 M1433 大墓选择植被来整体展现墓葬的规模和结构;①遗址模拟展示是根据遗址的原始状态,利用模型或沙盘等间接再现原始场景,如周口店国家考古遗址公园内设置了雕塑构成的古生物雕塑园;遗址虚拟展示是借助数字化和多媒体技术来模拟展示遗址,其对那些重要但因历史背景消失、现存信息破碎、可解读性弱、展示空间不足等而使公众无法准确认识和理解的遗存尤为重要。古代城市、宫殿、墓葬群、水利设施等大空间分布的遗存,大多情况是现在已处于建筑成为废墟、环境历经"沧海桑田"、布局"支离破碎",原状展示已经无法体现其原貌;体现古代科技发展的发明创造、科学技术也多因历史湮没、科技进步,而无法直接让公众理解其科学性和重要性。也正是基于此,《国家考古遗址公园创建及运行管理指南(试行)》提出"鼓励采用遗址数字化复原及遗址现场增强现实交互展示、导览等新的展示阐释方式"。② 如齐国故城采用虚拟手段展示古代城市布局复原全景;对城墙排水口原址展示了其现存状态,运用 4D 虚拟展示其构造、原理以及在不同季节实现城市排水功能的具体场景,更形象直观易于为公众所认知和理解。

②遗址周边环境的整体性展示

周边环境是公众进入遗址的缓冲区,其展示涉及空间布局、文化关联、自然生态等要素。首先,要展示周边环境与遗址本体之间的空间关联、视觉关联。遗址周边环境通常处在国家考古遗址公园的外围,且大都已被自然环境变化或后代人生产生活所改变。因此,国家考古遗址公园展示工作,首先要尽可能地清除影响公众认知周边环境构成要素、空间分布特征的限制性因素(特别是一些现代建筑与设施),并在科学研究与论证基础上通过周边环境复原、情景模拟演示、局部重点展示、虚拟仿真技术、辅助解说系统等向公众阐释

---

① 卜琳:《中国文化遗产展示体系研究》,科学出版社 2013 年版,第 254 页。

② 国家文物局:《国家考古遗址公园创建及运行管理指南(试行)》,http://www.sach.gov.cn/art/2018/1/30/art_1036_146797.html,2018 年 7 月 11 日。

遗址的周边环境。其次,要展示周边环境与遗址本体之间的文化关联、价值关联,一方面对于现存遗存(地上残存、经考古发掘后遗存)能够直接体现两者文化关联者可设置多个区域进行实体展示,另一方面对于现存遗存已经信息残损、不完整者则需要通过重点遗存点分散展示并附以场景复原、情景模拟、虚拟仿真等手段进行组合式展示。最后,要注重遗址周边自然生态环境恢复性展示,其不同于一般的公园绿化,而应是以考古发现的生态环境资料为依据、以有利于展示遗址本体及其价值为目标、以有助于公众认知和体验公园的历史文化为导向的历史景观再现。在此基础上,构成遗址周边环境的非物质文化遗产,即人们在遗址周边进行生产生活所形成的"文化和精神传统、传说、音乐、舞蹈、戏剧、文学、视觉艺术、当地风俗和烹饪传统等",[1]也应是国家考古遗址公园展示的主要内容。其是公园由静态展示为主向动态展示拓展和由物质展示为主向精神、情感展示扩充的体现,也是公园成为公共文化空间的支撑。对相关非物质文化遗产的展示,应注重展示其与遗址的联系,致力于强化周边环境与遗址的文化关联性,通常需要采用现场表演、模拟演示、参与体验等活态形式对其本身和所蕴含的精神元素进行活化展示。

③遗址价值要素的综合性展示

《国家考古遗址公园创建及运行管理指南(试行)》强调遗址展示应注重价值阐释,全面揭示遗址的历史、艺术、科学、文化、社会等多方面价值,并提出了具体可采用的展示方式:文字、图片、音频、视频、讲解、沙盘、模型、情景体验、数字体验、文化景观、雕塑小品、博物馆全面解读等。[2] 遗址价值本身属于无形因素,对其进行展示一方面取决于遗址及其周边环境中现存的体现历史、艺术、科学、文化、社会价值的物质遗存,另一方面依赖于易于为公众认知、理

---

① International Council on Monuments and Sites, "ICOMOS Charter for the Interpretation and Presentation of Cultural Heritage Sites", *International Journal of Cultural Property*, 2008.(15).

② 国家文物局:《国家考古遗址公园创建及运行管理指南(试行)》,http://www.sach.gov.cn/art/2018/1/30/art_1036_146797.html,2018 年 7 月 11 日。

解、接受和记忆的文化遗产价值阐释方式。物质遗存是遗址价值的物质载体，缺之则价值展示失之依据；阐释方式是遗址价值的表达方式，缺之则价值展示难以被公众认知理解。两者互相补充，公园才能够实现对遗址价值要素的有效展示。同时，遗址价值要素的综合性展示要特别注重遗址展示、文化展示与价值展示的有机结合，从而使抽象的传统文化内涵依托形象的考古遗址恰当地展示出来，形象的考古遗址借助文化展示使自身所蕴含的文化内涵得到更全面深入的揭示，①同时，在两者基础上加以更丰富的展示内容和展示方式使遗址价值得到更直接、更全面的表现和被理解。

　　具体来看，遗址价值要素展示涉及三个层面：体现遗址价值的重要考古遗存识别，即确定哪些遗存能够直接展现遗址的历史阶段性、艺术典型性、科学创造性、文化代表性、社会发展性，这是基础性工作；上述重要考古遗存展示方式确定，根据保存状况、外部环境变化可承受能力、体现价值的独立性程度等确定对这些遗存展示的地点、环境及其是否适宜直接本体展示；遗址价值阐释方式确定，根据价值解读的难易程度选择不同的阐释方式以使公众能够认识、理解遗址的相关价值，通常解读的困难程度越高者越需要采用较为直观的展示方式（如人员讲解、多媒体演示、场景复原、情景模拟、活态表演、参与体验、虚拟仿真等），越低者则可采用文字解释、图片说明等简单的辅助手段。其中，公众考古、模拟考古、虚拟互动、活态表演、情景体验等形式的互动性展示需充分被应用。它们是使公众在通过相关遗存直接感知遗址价值基础上，能够直观认知、形象理解和亲身体验遗址相关价值的重要途径。

　　④"遗址化"过程的情景化展示

　　对"遗址化"过程第一个层面"遗址本体历史发展过程"之展示，通过与考古工作过程的有机结合即可实现，其中揭示遗址各堆积单元的形成过程是关

---

　　①　李倩楠：《浅谈如何发挥考古遗址公园的展示功能——以晋阳古城考古遗址公园建设构想为例》，《吕梁教育学院学报》2016 年第 3 期。

键,遗址地层叠压关系、不同时期的典型遗迹和遗物、代表性遗存的时代特征延续与变化过程是核心。该层面的"遗址化"过程展示,一方面属于专题性展示,其重在展现人类在相关空间内生产生活所遗留下来之体现时代特征的重要遗存,表现遗址及其周边环境在历史发展不同时期纵向延续的演变过程与特征变化,体现遗址在当地历史发展不同阶段的价值与重要性;另一方面属于穿插式展示,其所依托的考古遗存散布于遗址不同空间内而通常是交融于公园的遗址本体、周边环境及价值要素展示之中,其重在展现那些历史阶段性明显、时代特征清晰、价值代表性显著、意义典型性突出之不同历史时期的代表性遗存及其所承载的各种信息,以体现遗址对当地历史发展的重要贡献。

对"遗址化"过程第二个层面"遗址对于后世的作用和影响"之展示,一方面可通过不同历史时期同类型遗迹、遗物本体特征及其所蕴含的人类审美、情感、价值观等精神内容之间的继承关系来表现,另一方面要"更多地从人类学、民族学与社会学的角度来思考","将遗址发掘出土遗存与地方文化传承和晚期社会结合起来",展示文化遗产与后代的联系,即"有哪些遗存所表达的文化及其观念成为当地的传统和价值观,并进入到后人的情感记忆中"。[①]

无论是第一个,还是第二个层面,"遗址化"过程展示都可能会因现有遗存数量有限、空间分布分散、信息可解读性弱等导致公众对其认识、理解存在困难。因此,公园对"遗址化"过程之展示最重要的就是将其情景化。这主要包括保持遗迹和遗物发掘出土时的原态、再现遗址演变过程、活态表现文化传承、场景化表现遗址对后世影响。首先,需展示的遗迹、遗物之残存状态或考古发掘出土时,都会与其他遗存或环境形成一种原始情景,保留这种场景有利于公众形成直观性认知。其次,再现遗址演变过程,即以遗址本体为主体,以

---

① 郭伟民:《价值凝练与价值呈现:从中国土司遗址申遗看考古学理论方法新变化》,《东南文化》2019 年第 1 期。

年代变化为线索,通过数字技术实现情景再现,动态展现遗址最初构建的历史风貌、不同年代在规模布局等方面的变化以及遗址消亡到发掘之前的保存情况;活态表现文化传承,即针对体现"遗址化"过程的非物质文化遗产,采用场景模拟、人员演示、情景体验、虚拟体验、融入生活等方式活化方式表现,展示以公园为载体之文化空间的形成与发展;场景化表现遗址对后世影响,是指对采用真实遗存、实体模拟、数字虚拟形式的对照展示表现遗址给后代人带来的各种影响,需要注意的是此处"后世影响"既要面向历史又要面向现实和未来,不仅要展示过去的影响,更要关注现在和未来的影响,展示遗址保护和公园建设所实现的文化遗产保护成果惠及公众的成效和事实——公园建设推动的当地人们生产方式进步和生活条件改善等。同时,作为揭示"遗址化"过程的基础性工作——考古工作,也应纳入展示之中。基于此,公园还应展示公园已经完成或正在进行的考古工作,主要包括两个方面:一是已经完成考古发掘或研究工作过程的图片影像、场景模拟展示和成果的实物展示与价值阐释;二是正在进行考古工作的实时展示,通过现场公众考古、异地模拟考古、隔离式工作场景展示、远程图像传输展示等方式将考古发掘和研究工作场景向公众进行实景式展现。

⑤遗址标识系统的辅助性展示

"作为体现国家考古遗址公园内涵的重要因素",①标识系统是与遗址现场展示、遗址博物馆(陈列馆)、遗址展示中心相并列的国家考古遗址公园展示项目,兼具信息传递、游览引导、文化表达、景观载体、提示警示等功能。实际上,标识系统在实现自身上述功能的同时,也是对其所标识对象的辅助展示,能够对公众认识、理解遗址本体、周边环境、价值体现以及历史演变起到很好的现场引导、提示和阐释作用。也正是基于标识系统如此重要,《国家考古遗址公园规划编制要求(试行)》明确规定公园规划应明确标识系统的阐释内

---

① 国家文物局:《国家考古遗址公园创建及运行管理指南(试行)》,http://www.sach.gov.cn/art/2018/1/30/art_1036_146797.html,2018年7月11日。

容、标识位置、方式与样式等。①

　　我国国家考古遗址公园管理的相关文件,已经对标识系统提出了一系列的总体性要求。《国家考古遗址公园评定细则(试行)》要求标识系统应"简洁、环保、设计美观、制作精美、与遗址风貌相协调、布局合理、位置明显突出、内容明确、用词准确、至少两种语言";②《国家考古遗址公园规划编制要求(试行)》规定标识设施包括标识牌、解说牌等,标识样式应具有可辨识性并与环境相协调;③《国家考古遗址公园评估导则(试行)》也明确规定了各种导览设施的设置地点、标识内容、色彩规格,强调各种引导标识应"造型优美、符合园区特色";④《国家考古遗址公园创建与运营管理指南(试行)》要求,标识系统"应既可以广泛传播国家考古遗址公园形象,又能够为游客准确导向,并提供恰当信息"。⑤ 依据上述文件,国家考古遗址公园标识系统涉及整体、区域(地域分布接近或遗存性质相关联)、单体三个层面,具体包括说明性标识(说明和阐释公园概况、公园布局、服务设施设置、重点遗存分布以及具体遗存的介绍等)、引导性标识(提供游览线路、交通指引、服务设施位置、重点遗存位置等信息)、指示性标识(提示游客某处是哪一种服务设施、活动场所、考古遗存等,通常采用易于引起人们注意、简单但直观明了的信息和载体)、警示性标识(主要是对游客进行危险警示、行为限制提醒、制度约束告知)等类型。

　　进一步来看,基于展示项目角度遗址标识系统要做到有内容、有特色、有

　　① 国家文物局:《国家考古遗址公园规划编制要求(试行)》,http://culture.people.com.cn/n/2013/0514/c363960-21479829.html,2020 年 1 月 27 日。
　　② 国家文物局:《国家考古遗址公园评定细则(试行)》,http://www.gov.cn/gzdt/2010-01/07/content_1505139.htm,2020 年 1 月 28 日。
　　③ 国家文物局:《国家考古遗址公园规划编制要求(试行)》,http://culture.people.com.cn/n/2013/0514/c363960-21479829.html,2020 年 1 月 27 日。
　　④ 国家文物局:《国家考古遗址公园评估导则(试行)》,http://www.sach.gov.cn/art/2014/4/1/art_2318_23520.html,2020 年 1 月 28 日。
　　⑤ 国家文物局:《国家考古遗址公园创建及运行管理指南(试行)》,http://www.sach.gov.cn/art/2018/1/30/art_1036_146797.html,2018 年 7 月 11 日。

创新、可进入、可解读,才能够实现对考古遗存、场所设施等标识对象的有效辅助展示。首先,"有内容"是指标识系统的标识内容要做到引导信息要准确、清楚、连贯、一致、系统,以使公众能够"按图索骥"而在公园内准确到达期望的地点和高效率实现空间移动;说明和阐释信息要准确、全面表达标识对象的相关信息及文化遗产价值,以使公众能够获取关于标识对象的有效信息;提示或警示信息,要醒目、直接、明确地表现提示对象或警示事项,以使公众能够因之立刻做出判断或终止不符合警示要求的行为。这也正符合《国家考古遗址公园评估导则(试行)》提出的"公园的边界、出入口、功能分区、景观、游径端点和险要地段,设置明显的指示牌,清楚说明界限、方向、园规、基本情况、提示警告等信息"之要求。[①]　其次,"有特色"是指标识系统的语言表达、图像表现以及相关设施设备设计等要体现遗址所代表的区域文化特色,即一方面要与遗址风貌相协调,表现遗址代表性遗存,展现遗址核心文化元素,表达遗址所具备的主要文化遗产价值;另一方面要符合园区特色,符合公园建设规划,反映公园所主要实现的遗址展示、文化展示和价值展示核心内容,形成与其他展示项目、空间营造等相一致的公园形象。再次,"有创新"是指标识系统的具体样式设计、实现方式要不断创新,以更加符合公众信息获取方式的变化和更新,核心是实现标识的载体样式和表现形式创新,即载体样式设计要在保持自身特色基础上符合公众审美要求和欣赏方式变化的要求、表现形式要充分利用数字技术而建虚拟标识系统(主要包括交互式固定多媒体设施、可移动性手机自助标识系统)。同时,所展示信息是否能够被公众及时获取、充分理解,是标识系统能否发挥辅助展示作用的重要条件。基于此,国家考古遗址公园标识系统在空间配置方面要达到"可进入"要求,即标识配置地点要易于被公众发现、能够便捷地到达,标识设施造型要便于公众使用;在公众认知方面要达到"可解读"要求,即标识内容重点要突出以便于

---

① 国家文物局:《国家考古遗址公园评估导则(试行)》,http://www.sach.gov.cn/art/2014/4/1/art_2318_23520.html,2020 年 1 月 28 日。

公众快速发现和获取其中的重要信息，要通俗易懂、清晰明了以便于公众能够理解其要表达的信息，避免过多的考古领域专业术语，对于必须使用的生僻字词和古代文献要加以注释，同时标识系统文字要使用多种语言（至少中文、英文，可根据公园游客来源进行增加），以便于不同国家和地区游客均可解读相关信息。

3. 研究功能的实现

研究与成果转化、研究设施与条件是国家考古遗址公园评定的基本要求。我国现有国家考古遗址公园管理相关制度，已对公园研究工作的定位、目标以及实施思路做出了一定的规定和阐释，已经形成了公园研究功能实现的基本思路。《国家考古遗址公园评定细则（试行）》规定申报者应具备"考古研究及其他多学科研究的深入性、持续性，成果的丰富性、综合性"之科研支撑条件，研究成果转化要具有"及时性、准确性、科学性、适用性"，且要"设置标本库、资料库、开放实验室等保护与研究设施，并酌情向公众开放"。① 同时，公园获得立项建设以后要继续有规划地开展研究工作。《国家考古遗址公园规划编制要求（试行）》一方面在资源条件与现状分析部分要"评估考古工作历史、现状、研究成果，以及现有考古工作计划和遗址公园建设之间的关系"，并要把"以往考古与研究成果"列入规划；另一方面，要制定研究工作专项规划——考古与研究实施方案，"以遗址公园为主要工作区域，明确遗址公园规划范围内的考古工作目标、任务、研究课题等"，并制作专门的考古与研究实施方案图。② 上述关于国家考古遗址公园研究工作的相关要求，在《国家考古遗址公园评估导则（试行）》中也被明确列为评估指标。该《导则》将科学研究列入一

---

① 国家文物局：《国家考古遗址公园评定细则（试行）》，http://www.gov.cn/gzdt/2010-01/07/content_1505139.htm，2020 年 1 月 28 日。

② 国家文物局：《国家考古遗址公园规划编制要求（试行）》，http://culture.people.com.cn/n/2013/0514/c363960-21479829.html，2020 年 1 月 27 日。

级指标资源维护评估下的 5 个二级指标之一,下设 5 个三级指标(考古工作、文物保护研究、学术活动、科研成果、科研条件)18 个评估要点(表 5)。①

表 5　国家考古遗址公园"科学研究"指标体系及评估要点②

考古工作	1. 制定考古工作计划,经国家文物局审批后逐步实施; 2. 考古工作符合《田野考古工作规程》、《大遗址考古工作要求》规定,工作质量达到《考古发掘检查验收标准》良好以上; 3. 考古工作与文物保护、展示配合紧密,效果良好; 4. 考古发掘资料整理及时,考古发掘报告出版工作有专人负责,制定工作计划,年度考古发掘成果及时刊布; 5. 如具备条件,考古工作现场可对公众开放;
文物保护研究	6. 有计划开展相关的历史、考古、出土文物、遗址保护、遗址展示、运营管理等方面研究工作; 7. 针对遗址本体保护、缓解压力、预防和治理病害等需求及时开展技术研发;
学术活动	8. 积极组织、参与与遗址相关的学术活动,组织和参加(如常规性的、主题性的)学术会议和学术交流; 9. 公园管理机构或合作单位、专家在行业内具备一定的学术影响;
科研成果	10. 围绕或依托遗址开展各类科研项目成果,经验收合格; 11. 相关研究成果较丰富,发表一定数量和质量的专著和学术论文; 12. 由公园管理机构组织、委托或参与的科研成果较为丰富,在成果总数中占一定比例; 13. 科研成果转化及时,充分应用于公园日常运营管理;
科研条件	14. 有鼓励科研的机制,措施合理且有吸引力,落实良好; 15. 设置考古工作站、标本库、资料库、开放实验室等,考古工作站可满足日常办公需求,临时文物库房和文物保护实验室基本满足文物应急处置保护需求,科研设施、设备能够满足基本需求; 16. 科研设施、设备的购置依据科研需要进行,避免闲置浪费; 17. 各类设施、设备的保养、监测和维护由专人负责,并建立管理制度; 18. 科研经费有保障。

"十三五"以来,国务院《关于进一步加强文物工作的指导意见(试行)》提出要挖掘研究文物价值内涵,以物知史,以物见人,传播优秀传统文化,引领

---

① 国家文物局:《国家考古遗址公园评估导则(试行)》,http://www.sach.gov.cn/art/2014/4/1/art_2318_23520.html,2020 年 1 月 28 日。

② 国家文物局:《国家考古遗址公园评估导则(试行)》,http://www.sach.gov.cn/art/2014/4/1/art_2318_23520.html,2020 年 1 月 28 日。

社会文明风尚,为培育和弘扬社会主义核心价值观服务;①《国家"十三五"时期文化发展改革规划纲要》强调要加强考古发掘和整理研究;《国家文物事业发展"十三五"规划》具体布局了新时代我国文化遗产研究工作,开展"考古中国"重大研究工程,"以良渚等遗址为重点,深入研究展现早期中华文明的多元一体格局;以殷墟等遗址为重点,深化夏商周考古工作,揭示早期中国整体面貌;以河套地区聚落与社会、长江中上游文明进程、长江下游区域文明模式研究为重点,推进区域文明化进程研究",并强调加强文物保护基础理论研究和以大遗址为对象开展智慧博物馆技术支撑体系研究。② 在此背景下,《国家考古遗址公园创建及运行管理指南》要求公园内设机构应涵盖考古及学术研究,并明确了公园研究工作的四项基本要求:③

1. 考古研究工作应围绕本遗址公园所涉及古遗址古墓葬的核心价值、内涵及历史背景等主题持续开展。

2. 研究工作应立足遗址现状,将解决实际紧迫问题和公园长远发展相结合,科学制定研究工作计划并逐步实施。

3. 研究工作应以考古学为平台,多领域、多机构合作,在科技保护、创新展示、传播共享等方面利用现代科技手段全方位展开积极探索。

4. 应建立健全合理激励机制,推动研究工作持续开展,促进考古遗址价值研究和考古成果在公园内的有效转化,力争做到研以致用,推动公园科学、有序、可持续发展。④

在此基础上,《国家考古遗址公园发展报告》基于"坚持价值优先"基本定

---

① 国务院:《关于进一步加强文物工作的指导意见(试行)》,http://www.gov.cn/zhengce/content/2016-03/08/content_5050721.htm,2017年11月3日。

② 国家文物局:《国家文物事业发展"十三五"规划》,http://www.sach.gov.cn/art/2017/2/21/art_722_137348.html,2017年4月21日。

③ 国家文物局:《国家考古遗址公园创建及运行管理指南(试行)》,http://www.sach.gov.cn/art/2018/1/30/art_1036_146797.html,2018年7月11日。

④ 国家文物局:《国家考古遗址公园创建及运行管理指南(试行)》,http://www.sach.gov.cn/art/2018/1/30/art_1036_146797.html,2018年7月11日。

位,提出公园应"通过持续、科学、严谨的考古研究工作,准确呈现遗址的核心价值、分布范围、整体布局、历史变迁,并在此基础上科学确定保护对象、环境要素和重点区域";基于"弘扬优秀文化"基本定位,提出"科研"是立足于剖析遗址的历史意义,以古鉴今、以史为镜,从而推动实现让中华民族最基本的文化基因与当代文化相适应、与现代社会相协调之新时代我国文化发展新战略。[①]

研究是国家考古遗址公园开展各项工作的基础,科学、全面、严谨、充分的研究是公园其他各项功能有效实现的保障。例如,保护工作需要前期研究工作来发现问题、确定解决问题的方案,展示也是"应依据已有考古资料、研究成果",且应"有遗址展示的策划研究,对展示内容、方法、布局等做出详细研究与论证,特殊情况下的原址重建展示则更"应具备坚实的考古研究基础"。[②]整合上述分析,国家考古遗址公园研究功能实现应主要包括四个方面:一是基于田野考古的综合性考古研究,这是公园研究的基础性内容,主要包括考古调查、考古发掘、室内整理、编制考古报告、重要考古遗存的专门研究等;二是基于全国示范性定位的公园各项功能实现方式研究,这是公园研究的主体性内容,主要包括文物保护、遗址展示、社会教育、文化休闲、文化旅游、文化创意以及区域发展等方面的研究;三是基于创造性转化和创新性发展的文化遗产价值研究,这是公园研究的时代性内容,主要包括遗址及相关文化遗产的五大价值、遗址价值所体现的中华优秀传统文化元素(如中华传统美德、中华人文精神)挖掘、基于时代需求的遗址价值"转化再造"、遗址价值"创新发展"与当代文化建设等问题的研究;四是基于文化遗产保护惠及公众的运营管理机制研究,这是公园研究的制度性内容,主要包括公园自身管理方式(管理制度、运

---

①　国家文物局:《国家考古遗址公园发展报告》,http://www.gov.cn/fuwu/2018-10/12/content_5329798.htm,2018年10月16日。

②　国家文物局:《国家考古遗址公园创建及运行管理指南(试行)》,http://www.sach.gov.cn/art/2018/1/30/art_1036_146797.html,2018年7月11日。

营机制)研究和公众参与机制研究(重点研究管理委员会制度、科研合作机制、社区参与机制、志愿者管理等)两个方面。

需要强调的是,国家考古遗址公园研究功能实现的重要前提是从单学科参与转向多学科协作。长期以来,考古学一直是我国遗址类文化遗产研究的主要参与学科。国家考古遗址公园建设之初,也因其所依托之考古遗址属于考古学领域,而主要进行的是考古学研究。但是,正如《会安草案》所强调的"遗产保护包括多个学科,以针对不同类型的文化资源"。①同时,基于公园建设要实现的整体性保护、主动性保护等保护方式创新,公园保护对象类型、保护工作内容、保护过程运行、保护结果评价都会涉及多个学科,加之公园同时还要实现展示、社会教育等其他多种功能,公园研究必须转变为考古学研究为基础的多学科、多领域研究以全面揭示和阐释遗产价值、公园价值。②基于此,是否实现多学科参与也是公园研究功能能否有效实现的重要条件。具体来看,围绕前面提出的国家考古遗址公园研究涉及的四个层面,公园研究主要涉及考古学、历史学、艺术学、社会学、人类学、生态学、生物学、地理学、医学、建筑学、设计学、物理学、化学、管理学等学科。

4. 教育功能的实现

我国现有国家考古遗址公园管理相关制度,都强调教育的重要性,并对公园社会教育功能进行了一定的界定与阐释。《国家考古遗址公园创建及运行管理指南(试行)》要求公园内部设置"讲解和社会教育活动"专门机构,强调"公园规划设计应主动考虑将大遗址保护利用有机融入当地公民教育",位于

---

① 联合国教科文组织:《会安草案——亚洲最佳保护范例》,联合国教科文组织世界遗产中心、国际古迹遗址理事会、国际文物保护与修复研究中心、中国国家文物局编:《国际文化遗产保护文件选编》,文物出版社 2007 年版,第 340—373 页。

② 郭伟民:《价值凝练与价值呈现:从中国土司遗址申遗看考古学理论方法新变化》,《东南文化》2019 年第 1 期。

偏远乡村的大遗址要"建设并形成区域考古研究与教育中心"。① 此前出台的《国家考古遗址公园评定细则(试行)》也要求公园举办的与遗址内涵相关的文化活动要体现教育性,由专人负责积极举办各种与遗址内涵相关的文物保护、遗产保护宣传教育科普活动;②《国家考古遗址公案规划编制要求(试行)》规定公园要以专项规划形式编制宣传教育计划,明确宣传教育的目标、资源、主题等;③《国家考古遗址公园评估导则(试行)》规定公园要积极发挥公园的教育功能,宣传文物保护思想,开展的社会活动要面向社区、学校和社会,内容要具有教育性。④ 以此为基础,《国家考古遗址公园发展报告》基于国家考古遗址公园之"弘扬优秀文化"基本定位,提出教育"是立足于涵养社会主义核心价值观,内化于神、外显于形",游憩也要"寓教于乐、寓教于游",⑤体现出了新时代中华优秀传统文化传承发展新理念。同时,国际社会也对考古遗址公园如何实现"遗产的教育意义"进行了探讨。《塞拉莱建议》提出,应在考古遗址地建立博物馆和阐释中心,开展有效的、互动参与的可视化(形象化)项目,以成为向游客传递教育信息的平台;考古公园应建立相应的信息系统,如有正式的阐释和游客服务规划,从而能更有效地进行教育。⑥ 通过上述分析,可以看出目前国内外主要关注的是考古遗址公园的社会教育功能,对学校教育关注还不够。这表明国家考古遗址公园还缺少对教育功能的全面认

---

① 国家文物局:《国家考古遗址公园创建及运行管理指南(试行)》,http://www.sach.gov.cn/art/2018/1/30/art_1036_146797.html,2018 年 7 月 11 日。

② 国家文物局:《国家考古遗址公园评定细则(试行)》,http://www.gov.cn/gzdt/2010-01/07/content_1505139.htm,2020 年 1 月 28 日。

③ 国家文物局:《国家考古遗址公园规划编制要求(试行)》,http://culture.people.com.cn/n/2013/0514/c363960-21479829.html,2020 年 1 月 27 日。

④ 国家文物局:《国家考古遗址公园评估导则(试行)》,http://www.sach.gov.cn/art/2014/4/1/art_2318_23520.html,2020 年 1 月 28 日。

⑤ 国家文物局:《国家考古遗址公园发展报告》,http://www.gov.cn/fuwu/2018-10/12/content_5329798.htm,2018 年 10 月 16 日。

⑥ International Council on Monuments and Sites, " Salalah Recommendation ", http://whc.unesco.org/en/news/1256,2019-10-16。

知,尚需构建兼顾社会教育和学校教育的教育功能实现机制。

具体来看,公园社会教育方面,要面向不同层次社会公众,教育内容要涉及遗址及其相关文化遗产的历史、艺术、科学、社会、文化价值以及公园自身建设、运营、管理等领域,教育形式要以教育项目、社会培训、公众讲座①、接纳社会群体进行社会实践等为基础不断丰富类型、优化载体、创新媒介,特别是要注意基于信息技术开展虚拟体验教育、在线远程教育。学校教育方面,除有计划地组织公园进校园、学生进公园活动外,还需要依托遗址及其相关文化遗产开发相关课程并将之纳入当地学校的课程体系。这是公园开展学校教育的较高层次,也是对教育部《完善中华优秀传统文化教育指导纲要》精神落实的直接体现。与当地"分学段有序推进中华优秀传统文化教育体系"结合,按照教育部提出的不同学段具体要求:小学低年级启蒙教育、小学高年级认知教育、初中阶段中华优秀传统文化认同度教育、高中阶段感悟中华优秀传统文化的精神内涵、大学阶段培养文化创新意识以及文化责任感与使命感。② 公园可按照如下方式设置学校教育课程:幼儿园及小学低年级开设与遗址相关的历史、文化故事会课程;小学高年级开设遗址相关文化遗产初步认知课程,以讲解、考察为主要形式,着重于公园重要考古遗存展示、重要非物质文化遗产展演;初中开设遗址相关文化遗产高级认知课程,以讲解、考察为主要形式,着重于遗址及相关文化遗产本体的历史、科学、艺术价值阐释;高中开设与遗址相关的中华优秀传统文化认知与体验课程,以讲解、研讨、考察为形式,重在遗址相关文化遗产所蕴含的中华优秀传统文化元素阐释、所承载文化精神内涵以及相关非物资文化遗产的传承;驻地大学一方面开设以遗址重要文化内涵为主题的大学通识教育课,纳入全校公共基础课课程体系,重在遗址相关文化遗

---

① 国家文物局:《国家考古遗址公园发展报告》,http://www.gov.cn/fuwu/2018-10/12/content_5329798.htm,2018年10月16日。

② 教育部:《完善中华优秀传统文化教育指导纲要》,http://old.moe.gov.cn//publicfiles/business/htmlfiles/moe/s7061/201404/xxgk_166543.html,2019年11月9日。

产对世界文化多样性的贡献、对人们世界观和价值观的影响、拥有的文化资本价值和社会价值、对当地公共文化空间营造的影响、其社会效益和经济效益的体现,另一方面纳入相关专业的专业课课程体系,针对考古类、文化遗产类、文化产业等专业学生开设田野考古、博物馆管理、文物研究、文保技术、遗产管理、文化创意、专业见习、毕业实习等理论与实训课程。

进一步来看,国家考古遗址公园能够独立开展的常规性社会教育主要是宣传教育和普及教育,专业教育通常是需要与高校、研究机构等合作或只有在公园自身运营管理机制较为成熟时才可能独立开展;公园开展的学校教育则通常既要包括宣传教育、普及教育,又要包括专业教育。其中,宣传教育主要包括引导公众认识文化遗产的价值与意义、文化遗产保护的迫切性与重要性,理解文化遗产管理政策法规,了解公园现有行动及其目的和意义,以增强公众文化遗产保护意识、激发公众参与文化遗产管理积极性、纠正错误思想和行为、支持公园开展的相关活动;普及教育主要是向公众传播文化遗产相关知识,帮助公众认知、理解和掌握文化遗产本身及其所承载的历史、文化等信息,以实现文化普及、文化传承、地方情感强化、思想道德提升、爱国主义教育等目标;专业教育中非学历教育公园既可单独承担又可与高校、研究机构等合作,主要是面向从业人员进行考古发掘、文保技术、数字化技术、博物馆管理、公园管理等方面的专业技能培训;学历教育则主要与高校和职业院校合作而承担前面所述的相关课程部分授课任务。

5.休闲功能的实现

成为"为身心健康活动的休闲场所"是文物古迹发挥社会效益的途径之一,[①]休闲也是国家考古遗址公园融于所在地区居民生活的直接体现。其具有休闲概念的一般含义,但更强调文化性,重视将国家考古遗址公园所承载的

---

① 国际古迹遗址理事会中国国家委员会:《关于〈中国文物古迹保护准则〉若干重要问题的阐述》,《中国长城博物馆》2013 年第 2 期。

优秀传统文化元素与居民休闲生活的对接。其要实现的是使公众愿意"亲近遗址"、能够"阅读遗址、感受遗址",形成乐于了解和学习历史文化知识的文化习惯,将遗址所承载的文化元素纳入日常生活环境、文化传承融于日常生活过程。① 国家考古遗址公园文化休闲功能实现方式有两种:日常时间休闲、特殊时间休闲。其中,日常时间休闲是指公众利用日常生活中的闲暇时间依托公园所进行的休闲活动,其可能本身就是文化活动也可能是一般的休息、运动、社交等活动。面向日常时间休闲,公园(位于城市者)主要是基于公园特色和遗址性质的休闲场所供给和文化氛围营造,具体就是以"具有遗产保护特色和历史记忆的城市公园"为导向,②在公众活动空间内注重文化元素展示以形成与遗址特色相一致的文化场景,使公众能够于休闲之中获得文化知识;注重文化环境营造以将公众休闲活动置于文化背景之中,使公众能够于休闲之中获得文化体验。特殊时间休闲是指公众在重要节假日、特殊纪念日、重大主题日等依托公园所进行的休闲活动,除一般性休闲活动外,其重要实现形式就是主题性文化活动。面向特殊时间休闲,公园(位于城市者、位于城郊或乡村者)要以"坚定文化自信、传承中华文明"为导向,举办具有"教育性、娱乐性、普及性、针对性"之"与遗址内涵相关的文化活动"。③ 主要有春节等传统节日的全民性庆祝活动、与公园相关的重要事件或人物等历史纪念日的群体性纪念活动、中国文化遗产日等主题活动日的社会性展演展示活动,以及公园自己创设的面向公众的特色文化活动等,以传播、传承公园建设所依托遗址及相关文化遗产蕴含之中华优秀传统文化元素,使公众于休闲活动中感悟中华优秀传统文化,使公园成为中华优秀传统文化传承发展的重要渠道。

---

① 国家文物局:《国家考古遗址公园发展报告》,http://www.gov.cn/fuwu/2018-10/12/content_5329798.htm,2018 年 10 月 16 日。

② 国家文物局:《国家考古遗址公园发展报告》,http://www.gov.cn/fuwu/2018-10/12/content_5329798.htm,2018 年 10 月 16 日。

③ 国家文物局:《国家考古遗址公园评定细则(试行)》,http://www.gov.cn/gzdt/2010-01/07/content_1505139.htm,2020 年 1 月 28 日。

国家考古遗址公园供给的休闲活动无论面向日常时间还是面向特殊时间,都是公园公共文化空间定位的直接体现,本质上都应指向当地公共文化空间生产范畴。法国学者列斐伏尔提出的"空间生产"理论,强调"空间实践(spatial practices)、空间的表征(representation of space)、表征的空间(representational space)"三元一体的空间本体论。① 其中,空间实践指向的是物质性空间生产,空间的表征指向的是精神性空间生产,表征空间指向的是生活性空间生产。② 依据该理论,文化空间生产实际上就是"以象征、想象、意指、隐喻等表征实践方式,建构空间文化意义的过程"。③ 基于此,国家考古遗址公园公共文化空间生产就是以公园物质空间构建为基础,建立由知识、符号、代码组成的文化精神符号体系,形成"人类生存其中的体验性空间"④(图11)。具体来说,物质性文化空间生产即将公园建设成为兼具空间性和时间性之"定期举行传统文化活动或集中展现传统文化表现形式的场所",⑤主要是提供让公众能够或更好地开展文化休闲活动所需的物质性要素及空间载体,涉及公园的遗址本体、周边环境、重要考古遗存、占地规模、空间布局、服务设施等;精神性文化空间生产即赋予物质空间以价值与意义,也就是"运用物象、形象、语言等符号系统来实现某种意义的象征或表达"⑥以建立由知识、符号、代码组成的公园符号体系,⑦需对公园所依托相关文化遗产价值的挖掘与阐释、所蕴

---

① 范颖、周波、唐柳:《基于文化空间生产的民族地区乡村文化振兴路径》,《规划师》2019年第7期。

② 明庆忠、段超:《基于空间生产理论的古镇旅游景观空间重构》,《云南师范大学学报(哲学社会科学版)》2014年第1期。

③ 谢纳:《作为表征实践的文化空间生产》,《社会科学辑刊》2019年第4期。

④ 明庆忠、段超:《基于空间生产理论的古镇旅游景观空间重构》,《云南师范大学学报(哲学社会科学版)》2014年第1期。

⑤ 国务院:《国家级非物质文化遗产代表作申报评定暂行办法》,http://ip.people.com.cn/GB/139288/12867699.html,2018年7月22日。

⑥ 谢纳:《作为表征实践的文化空间生产》,《社会科学辑刊》2019年第4期。

⑦ 明庆忠、段超:《基于空间生产理论的古镇旅游景观空间重构》,《云南师范大学学报(哲学社会科学版)》2014年第1期。

含之文化思想的总结与展现、所承载之文化精神的凝练与表达以及公园自身价值追求与时代意义的表现与传播,涉及遗址本体和周边环境的重要价值(历史、艺术、科学、社会、文化价值)、所承载的中华优秀传统文化元素(核心思想理念、中华传统美德和中华人文精神)、体现上述重要价值和中华优秀传统文化元素的考古遗存和相关非物质文化遗产、公园自身定位与发展目标;社会性文化空间生产主要基于当地居民的日常生活将前两者均包含进来,实现物质感知与精神想象的合二为一,形成生活化的文化体验空间,需将日常时间和特殊时间两种类型文化休闲融于当地居民为主体之利益相关者在公园区域内的日常生活,主要涉及居民等利益相关者的日常文化生活、公园举办的文化活动和社会活动。

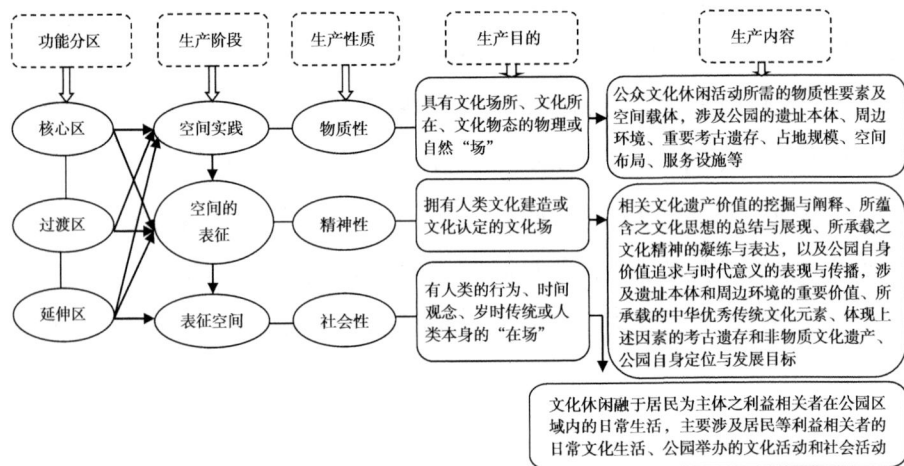

图11 国家考古遗址公园公共文化空间生产机制

同时,考虑到不同类型文化遗产对公众直接使用的可承受程度的差异,基于国家考古遗址公园的公共文化空间生产还需与公园自身的功能分区相匹配,形成与公园核心区、过渡区、延伸区相对应的圈层结构。基于核心区的最内部圈层仅开展面向限定主体的专业性文化活动,基于过渡区的中间圈层主要开展学习型文化活动,基于延伸区的外部圈层则面向所有公众开展文化休闲活动。公园核心区、过渡区主要是文化空间生产的物质性和精神性层面,而文化空间生产的社会性层面则是在公园延伸区发生。因此,公园文化空间生产更应该重视的是延伸区,因为只有在此分区内才能全面发生和真正实现严格意义上的文化空间生产。这就要求国家考古遗址公园要"眼光向外""视野放远",重视作为外围区域之延伸区的建设,将之作为公园重要构成部分进行规划建设、运营管理,以更有效地实现文化休闲功能,更好地将公园所承载的文化元素融于公众生活,使公园真正成为当地的公共文化空间。

6. 旅游功能的实现

文化旅游是遗址最直接、最易于实现的利用途径,也是国家考古遗址公园的重要功能。[1] 国家考古遗址公园要具有旅游功能的内在原因是旅游者本身就是遗址资源的公众主体,旅游活动是公众感受遗址价值的直接方式,旅游收入是通过遗址利用来取得保护资金补充的重要来源。但是,我们也要看到国家考古遗址公园建设不等同于旅游项目开发,其旅游发展属于"保护为主"前提下的"合理利用"范畴,根本目的是"让来访者和东道主社区对文化遗产所在地的重要性有所了解"。[2] 公园旅游发展应以文化遗产及其价值的传承和共享[3]为导向,兼顾当地居民的生产生活和外来游客的旅游活动,"让东道主和土著社区一起参与","使东道主社区受益"并"确保带给游客一段有价值的经历"。[4] 基于此,国家考古遗址公园旅游功能的实现,一方面是基于内部导向之当地居民生产生活需求的实现,另一方面是基于外部导向之外来游客旅

---

[1]　王京传:《国家考古遗址公园功能定位的几点思考》,《中国旅游报》2014 年 12 月 29 日。

[2]　国际古迹遗址理事会:《国际文化旅游宪章(重要文化古迹遗址旅游管理原则和指南)》,联合国教科文组织世界遗产中心、国际古迹遗址理事会、国际文物保护与修复研究中心、中国国家文物局编:《国际文化遗产保护文件选编》,文物出版社 2007 年版,第 176—189 页。

[3]　席岳婷:《中国考古遗址公园文化旅游研究》,西北大学 2013 年博士学位论文。

[4]　国际古迹遗址理事会:《国际文化旅游宪章(重要文化古迹遗址旅游管理原则和指南)》,联合国教科文组织世界遗产中心、国际古迹遗址理事会、国际文物保护与修复研究中心、中国国家文物局编:《国际文化遗产保护文件选编》,文物出版社 2007 年版,第 176—189 页。

游需求的实现,体现出基于内外部整合的"不断满足人民日益增长的美好生活需要"之价值追求。

其中,居民的生产生活需求的实现主要体现就是做到《国际文化旅游宪章》提出的"以尊重和改善文化遗产和东道主社区的生活文化的方式"发展旅游业,让居民等当地社区相关主体参与到旅游规划中,"参与到为遗产资源、文化活动和当代文化表达制定目标、策略、政策和条约的工作中",并"为东道主社区带来经济效益,为他们提供一个重要的途径和动力,来重视保护他们的遗产和文化活动"。[①]

游客旅游需求实现则是以"确保带给游客一段有价值的、满意的和愉快的经历"[②]为最基本判定标准。这一方面决定于旅游消费方式的自主性——"能够以他们自己希望的速度和方式游览",更决定于旅游消费内容的特色性——"提供游客高质量的信息,以确保游客最清楚地了解遗产的重要特征和保护它们的需要",[③]也就是要为旅游者供给能够清晰、准确、全面展现文化遗产本体及其价值的特色性文化旅游产品。因此,国家考古遗址公园需基于本章前面图6所示之依据功能分区的市场细化机制,在不同功能分区开发满足游客多层次文化需求的特色文化旅游产品。总体来看,公园特色文化旅游产品体系主要包括四种开发模式:文物+旅游、文化遗产+旅游、文化遗产价值+旅游、文化创意+旅游,具体涵盖基于遗址特色、遗址内涵、公园定位的五种产品类型:遗产本体型、遗产依托型、价值展示型、价值依托型、资源脱离型。

---

① 国际古迹遗址理事会:《国际文化旅游宪章(重要文化古迹遗址旅游管理原则和指南)》,联合国教科文组织世界遗产中心、国际古迹遗址理事会、国际文物保护与修复研究中心、中国国家文物局编:《国际文化遗产保护文件选编》,文物出版社2007年版,第176—189页。

② 国际古迹遗址理事会:《国际文化旅游宪章(重要文化古迹遗址旅游管理原则和指南)》,联合国教科文组织世界遗产中心、国际古迹遗址理事会、国际文物保护与修复研究中心、中国国家文物局编:《国际文化遗产保护文件选编》,文物出版社2007年版,第176—189页。

③ 国际古迹遗址理事会:《国际文化旅游宪章(重要文化古迹遗址旅游管理原则和指南)》,联合国教科文组织世界遗产中心、国际古迹遗址理事会、国际文物保护与修复研究中心、中国国家文物局编:《国际文化遗产保护文件选编》,文物出版社2007年版,第176—189页。

不同开发模式、不同产品类型与公园功能分区所限定的利用模式和可允许的行为方式关联,能够满足不同认知能力之旅游者的文化认知、文化学习、文化观光、文化娱乐、文化体验等差异化旅游需求。

具体来看,遗产本体型旅游产品,体现的是"文物+旅游"和"文化遗产+旅游"模式,是指将公园重要考古遗存或相关非物质文化遗产直接展示给游客,让游客通过考古遗存的原态环境直接认知遗址、学习遗址相关知识(遗址本体的直接展示即属于此类型产品),以及非物质文化遗产项目传承人的现场传承(非舞台化表演,而是真实性的直接展示),其中遗址本体的直接展示限于公园核心区。遗产依托型旅游产品,体现的也是"文物+旅游"和"文化遗产+旅游"两种模式,但其并非直接将遗产本身开发旅游产品而是通过其他方式对遗产进行间接展示,包括遗址本体的间接展示、遗址博物馆、文化展示中心以及对非物质文化遗产的模拟展示或虚拟展示等,此类旅游产品主要是在公园过渡区开发。遗产价值展示型旅游产品,体现的是"文化遗产价值+旅游"模式,是指通过考古遗存、文献记载、社会传承等角度直接展示公园相关文化遗产的历史、艺术、科学、社会、文化价值,特别是展示它们五大价值之中"突出的普遍价值"、国家重要性、对当地的特殊价值,体现的是"文化遗产价值+旅游"模式的直接性维度——遗产价值的直接表现,可分为静态展示、动态展示、动静结合三种具体形式,此类旅游产品主要在过渡区开发、少部分在核心区开发。遗产价值依托型旅游产品,对文化遗产价值进行的阐释阐发、形象化展现、活态化模拟、虚拟展示、情景体验、当代构建等,体现的是"文化遗产价值+旅游"模式的间接性维度——遗产价值的间接表达,此类旅游产品主要过渡区和延伸区开发。资源脱离型旅游产品即文化创意型旅游产品,是指以文化创意为内核,融合"文化+""旅游+""互联网+"的创意性文化产品,其与遗址属性相符合、公园性质相一致,但不再局限于文化遗产本体及其价值的表现和展示,能够脱离公园的时空限制,可在公园以外空间单独作为旅游吸引物(如数字虚拟型、文化主题型、参与体验型产品);其立足坚定文化自信、传承中华文明和让文化遗产活起来,注重将文化旅游纳入公共文化服务体系、中华优秀传统文化传承体系以及推动中华优秀传统文化的创造性转化和创新性发展,此类旅游产品主要在过渡区开发。

7. 文化产业以及其他产业带动功能的实现

《关于〈中国文物古迹保护准则〉若干重要问题的阐述》有关文物古迹经济效益的阐释,对国家考古遗址公园带动文化产业及其他产业发展提供了很好的思路。其中,该文件提出的"与文物古迹相联系的文化市场和无形资产、知识产权的收益""依托文物古迹的文艺作品创造的经济效益"实际是对公园带动文化产业发展的维度延伸;"由文物古迹的社会效益形成的地区知名度,给当地带来的经济繁荣和相邻地段的地价增值""以文物古迹为主要对象的旅游收益以及由此带动的商业、服务业和其他产业效益"等[①]则是对公园带动更多产业发展的路径拓展。《国家考古遗址公园评估导则(试行)》关于国家考古遗址公园"文化产品"指标的两项要求:根据自身特点开发制作精美、品位高、具有文化内涵的特色文化产品;积极发展符合自身价值特征的文化创意产业、旅游产业、文娱产业,延伸文化产业链,[②]也体现出与上述《中国文物古迹保护准则》关于文物古迹经济效益相关思想的契合与对接。

具体来看,公园带动文化产业发展层面,《国家考古遗址公园创建与运营管理指南(试行)》要求的积极探索资金筹措渠道,吸纳社会资本,共同培育新型文化业态(文创产品、文体设施、休闲度假、生态养生等特许经营项目),以增强公园持续发展的自身造血能力;[③]《国家考古遗址公园发展报告》强调的

---

① 国际古迹遗址理事会中国国家委员会:《关于〈中国文物古迹保护准则〉若干重要问题的阐述》,《中国长城博物馆》2013年第2期。

② 国家文物局:《国家考古遗址公园评估导则(试行)》,http://www.sach.gov.cn/art/2014/4/1/art_2318_23520.html,2020年1月28日。

③ 国家文物局:《国家考古遗址公园创建及运行管理指南(试行)》,http://www.sach.gov.cn/art/2018/1/30/art_1036_146797.html,2018年7月11日。

鼓励依托公园开展文化创意产业,协调保护与发展的关系;①《大遗址利用导则(试行)》提出的文学艺术创作、文化创意、演出、出版、文化节等大遗址价值的产业转化方式,②都进一步为国家考古遗址公园发展文化产业确立了目标导向和业态指向。这也就要求国家考古遗址公园应立足遗址保护和自身定位,大力发展文化创意产业,开发文化创意产品,"推动文化资源与现代生产生活相融合,既传播文化,又发展产业、增加效益,实现文化价值和实用价值的有机统一"。③ 2016 年 5 月,国务院办公厅转发的文化部等部门《关于推动文化文物单位文化创意产品开发的若干意见》,对文化文物单位文化创意产品开发思路进行的系统性阐述,也同时为国家考古遗址公园文化创意产品开发提供了理念指导和路径指引。依据该意见的相关要求,国家考古遗址公园文化创意产品开发总体应达到"形式多样、特色鲜明、富有创意、竞争力强"之要求,在产品开发主体方面,发挥各类市场主体作用,"鼓励和引导社会资本投入文化创意产品开发,努力形成多渠道投入机制";在产品开发水平方面,"深入挖掘文化资源的价值内涵和文化元素,广泛应用多种载体和表现形式,开发艺术性和实用性有机统一、适应现代生活需求的产品";在产品营销方面,创新营销推广理念、方式和渠道,促进线上线下融合,积极探索体验式营销;在品牌建设方面,形成自己的特色品牌,并发展成为当地文化创意产品领军品牌。④

---

① 国家文物局:《国家考古遗址公园发展报告》,http://www.gov.cn/fuwu/2018 - 10/12/content_5329798.htm,2018 年 10 月 16 日。

② 国家文物局:《大遗址利用导则(试行)》,http://www.ncha.gov.cn/art/2020/8/25/art_2237_44005.html,2020 年 8 月 25 日。

③ 文化部、国家发展改革委员会、财政部、国家文物局:《关于推动文化文物单位文化创意产品开发的若干意见》,http://www.sach.gov.cn/art/2016/6/14/art_1329_131739.html,2018 年 11 月 8 日。

④ 文化部、国家发展改革委员会、财政部、国家文物局:《关于推动文化文物单位文化创意产品开发的若干意见》,http://www.sach.gov.cn/art/2016/6/14/art_1329_131739.html,2018 年 11 月 8 日。

带动其他产业层面,主要通过三个方面来实现:一是文化创意产业与其他相关产业的跨界融合,国务院办公厅转发的《关于推动文化文物单位文化创意产品开发的若干意见》对此进行了一定的谋划,提出"支持文化资源与创意设计、旅游等相关产业跨界融合";①二是基于协调保护与发展关系的相容使用即低能耗低强度开发利用,②包括基于考古遗址区域古人生产生活方式而进行的生态农业(如种植遗址考古发掘发现的古人粮食作物水稻或小米等、古人所食用的其他蔬菜瓜果、古人生存环境中的药用或其他经济价值较高的植物等)、特色手工业、特色服务业(如食品、饮品、酒类、演艺)、体育产业等;三是公园周边及邻近区域因公园文化品牌等"正外部性"效应而客观带动的服务业、商业、房地产等相关产业的发展,这对于处于城市的国家考古遗址公园将表现的尤为明显。

整合上述两个层面,国家考古遗址公园内部要主要形成保护与展示型文化产品、外部则实现多元化文化产品开发,整体以建设特色文化产业示范区为目标,逐渐形成保护中心(原态保护、局部展示)——展示中心(博物馆、艺术馆、展览馆、特色文化街区)——文化基地(文化园、文化传承中心、文化聚集点)——文化主题公园区(文化参与、文化体验、文化娱乐)——文化产业区(文化商品、文化演艺、文化旅游食宿和购物等相关要素等)——文化产业聚集区(带动其他文化产业分支产业),并因文化品牌等效应对公园临近地区的其他产业产生带动作用,从而实现对所在地文化产业及其他产业发展的综合性关联带动。

---

① 文化部、国家发展改革委员会、财政部、国家文物局:《关于推动文化文物单位文化创意产品开发的若干意见》,http://www.sach.gov.cn/art/2016/6/14/art_1329_131739.html,2018 年 11 月 8 日。

② 国家文物局:《大遗址利用导则(试行)》,http://www.ncha.gov.cn/art/2020/8/25/art_2237_44005.html,2020 年 8 月 25 日。

8. 区域发展功能的实现

我国在国家考古遗址公园建设之初,就提出了公园建设应该同时是"突出城市文化特色的过程""形成优美生态环境的过程""改善民众现实生活的过程"和"促进经济社会发展的过程"①的认识。2018 年 10 月,《国家考古遗址公园发展报告》提出的"促进融合发展"之基本定位,要求国家考古遗址公园要"统筹考虑公园范围内的土地利用、人口分布、产业布局、公共设施和基础设施配置,实现历史遗址与城乡的融合发展";"坚持惠及民生"之建设经验,表明公园应尊重和兼顾所在地群众的合法权益,改善当地生态环境状况,融于公共文化服务,依托公园创造就业机会,增加群众收入,增强人民群众的幸福感与获得感。② 这既是对国家考古遗址公园与区域发展融合的理念要求,也是对其融于区域发展的路径建构。当然我们要看到,不同区位之国家考古遗址公园对所在地发展能够产生的推动作用在表现形式、内涵体现方面都会存在差异。其中,位于城市者可领域更广、层次更深地融于当地发展,在自身"承担公共文化服务功能,作为具有遗产保护特色和历史记忆的城市公园"③之基础上,对当地经济社会产生更直接的影响;位于城郊或乡村者则可转化为文化旅游目的地,并积极助力乡村振兴战略而成为美丽乡村建设的重要载体;位于荒野者则虽因空间隔离,一般不容易直接将自身建设转化为当地经济社会发展的项目载体,但亦可通过对遗址等文化遗产价值的转化与创新而发挥价值引导、精神凝聚、品牌集聚等作用。

《国家考古遗址公园发展报告》对公园的区域发展功能进行了明确界定,

---

① 单霁翔:《试论考古遗址公园的科学发展》,《中国博物馆馆刊》2011 年第 1 期。

② 国家文物局:《国家考古遗址公园发展报告》,http://www.gov.cn/fuwu/2018 - 10/12/content_5329798.htm,2018 年 10 月 16 日。

③ 国家文物局:《国家考古遗址公园发展报告》,http://www.gov.cn/fuwu/2018 - 10/12/content_5329798.htm,2018 年 10 月 16 日。

即"协调文物保护与地方经济社会发展、民生改善的关系",并基于国家层面提出了"保护民族历史文化遗产,涵养社会主义核心价值观,引导人民群众树立正确的历史观、文化观、民族观、国家观,增强文化自信、巩固国家的凝聚力、形成良好社会风尚"之具体要求。① 以此为依据,公园区域发展功能可基于社会效益和经济效益的协调概括为文化传承、文化发展、经济发展、精神凝聚、公民素质提高、社会进步六个主要维度。其中,文化传承是指公园有效保护文化遗产,成为文化遗产传承的载体,成为当地的文化标识,通过博物馆、图书馆、文化馆、基层文化站、基层文化活动服务中心等形式充分发挥公共文化服务功能;文化发展是指公园通过对文化遗产本体的考古和研究工作所实现的文化元素丰富、文化内涵深化,以及对文化遗产价值阐释、转化、创新而融于当地新时期文化建设,转化为社会主义核心价值观等新时代文化内容;经济发展是指公园通过直接参与特许经营、就业以及间接带动而给当地带来显著经济效益,使当地改变因保护所导致的经济发展滞后现象,是文化遗产保护惠及公众的直接体现;精神凝聚是指公众特别是当地居民因公园对遗址及其重要考古遗存保护、展示、利用而进一步强化的认同感、主人感、自信心、内聚力,体现的是文化遗产社会价值因公园建设而被公众所进一步了解、理解、认同;公民素质提高是指因公园对相关文化遗产及其价值的挖掘、展示、阐释、传播、利用而推动的当地居民道德水平提升,其体现的是居民对公园相关文化遗产所蕴含之中华优秀传统文化元素特别是中华美德的理解、认同与接受,实现中华优秀传统文化精神的"内化于心、外化于形";社会进步是指公园建设全面融于当地经济社会发展,带来当地社会文明程度的显著提高,主要体现在当地经济结构的优化、社会教育程度的提高、社会关系的和谐、道德水平的提升等方面。

---

① 国家文物局:《国家考古遗址公园发展报告》,http://www.gov.cn/fuwu/2018-10/12/content_5329798.htm,2018 年 10 月 16 日。

第六章 国家考古遗址公园功能实现的实证研究

从本世纪初的《圆明园遗址公园规划》《秦陵遗址公园初步设计》,到2009年《国家考古遗址公园管理办法(试行)》,再到2018年《国家考古遗址公园发展报告》,我国对考古遗址公园功能的认识不断丰富和深化,以融于区域经济社会发展需要和国家文化发展战略需求为导向逐渐优化国家考古遗址公园的功能定位和功能体系,目前已在一定程度上探索了有效实现文物保护、生态修复、城乡发展、民生改善相互协调的发展模式。①《国家考古遗址公园管理办法(试行)》提出的"具有科研、教育、游憩等功能""在考古遗址保护和展示方面具有全国性示范意义""公共空间",②以及《国家考古遗址公园发展报告》进一步强调的"具有历史文化意义",③是我国各国家考古遗址公园功能定位的基本依据。中共中央和国务院办公厅《关于实施中华优秀传统文化传承发展工程的意见》和《关于加强文物保护利用改革的若干意见》,则推动

---

① 国家文物局:《国家考古遗址公园发展报告》,http://www.gov.cn/fuwu/2018-10/12/content_5329798.htm,2018年10月16日。

② 国家文物局:《国家考古遗址公园管理办法(试行)》,https://wenku.baidu.com/view/b69f22d0b1717fd5360cba1aa8114431b90d8e82.html,2012年10月11日。

③ 国家文物局:《国家考古遗址公园发展报告》,http://www.gov.cn/fuwu/2018-10/12/content_5329798.htm,2018年10月16日。

各公园不断充实自己的功能体系,传承中华优秀传统文化①、融于公共文化服务体系②等也已经被部分公园界定为自身重要功能。但是,在具体实践中我国各国家考古遗址公园的功能定位尚与上述文件所要求的高度与站位相比还存在差距,功能体系的综合性实现程度也还很不够,功能实现机制更是尚不健全。基于此,为更有针对性的提出推动我国国家考古遗址公园功能实现的有效对策,本研究将基于案例分析和问卷调研来进一步了解我国国家考古遗址公园现有的功能定位和功能体系,探寻公众对我国国家考古遗址公园功能的认知与感知,应用前面提出的功能实现机制。

一、第一至三批国家考古遗址公园功能定位与功能体系案例分析

为全面了解我国第一至三批正式建设国家考古遗址公园建设过程中对自身功能定位和功能体系的具体界定,本研究对 36 家公园关于自身功能的相关文献进行了梳理。受保密等因素限制,课题研究过程中虽进行多方努力,但仍未能取得各公园的申报文件或规划文本。因此,本研究通过网络渠道进行了全面搜索,最终选择来源于官方媒体(如各地日报等主要报纸)、官方网站(政府网站)和其他权威媒体(如搜狐、新浪等)的相关文献作为依据,对第一至三批国家考古遗址公园功能定位和功能体系情况进行统计(表6)。在此要说明的是,此种形式获取的有关各公园功能定位和功能体系的资料虽然内容零散,但比规划文本能够更真实地反映出当前阶段各公园建设过程中对自身功能的实际认知及相关功能实现的现实目标追求。

根据前面表 3 统计,36 家国家考古遗址公园之中位于城市者 9 家、城郊

---

① 庞乐:《汉长安城未央宫遗址入选国家考古遗址公园》,《西安日报》2017 年 12 月 3 日。
② 鲍淑玲:《西夏陵考古遗址公园获国家立项》,《银川日报》2014 年 1 月 13 日。

者9家、乡村者18家,无属于荒野者。因此,根据《国家考古遗址公园发展报告》的要求,这些公园的功能定位都不应该仅仅是"保护基地",其功能体系也都应超越遗址现状及其周边环境的保持和科研教育功能而要具备综合性。整体来看,目前各公园虽然都是在《国家考古遗址公园管理办法(试行)》《国家考古遗址公园评定细则(试行)》《国家考古遗址公园创建及运行管理指南(试行)》等文件框架下开展各项工作,但是其具体功能定位和功能体系还存在较大的差异性,各地对公园建设短期目标的谋划在功能定位高度和功能体系范畴两个层面均存在很大的不足。首先,从功能定位来看36家公园中仅有吉州窑、鲁国故城、上林湖越窑明确提出了"公共空间"之功能定位,大多数公园还是强调成为"大型文化宣传教育基地""文物考古研究中心、国际交流传播平台、旅游服务中心和文化产业创新平台""5A级风景旅游区"等,从而表现出实践中各公园对自身在国家文化战略中地位认识的不准确和对自身功能定位认知的不全面。具有"全国性示范意义的特定公共空间",一方面基于考古遗址的公共资源性质界定了国家考古遗址公园的公共产品属性,要求公园以"公共性"为导向成为立足区域发展、突出地方特色的公共文化空间;另一方面基于国家战略确定了国家考古遗址公园的国家站位,要求公园以"国家示范性"为目标成为面向全国同类文化资源富集区域,实现中华优秀传统文化创造性转化和创新性发展的示范性文化工程。相比来看,实践中我国国家考古遗址公园的功能定位整体存在站位不高、高度不够问题,很多公园都是基于地方政府短期发展目标和公园自身发展视野的单一性、地方性定位,且有不少是直接定位为封闭式旅游景区而导致"公共性"缺失。根据表6统计,36家公园中现已有5A景区4处(殷墟、秦始皇陵、圆明园、集安高句丽)、4A景区8处(周口店、鸿山、御窑厂、牛河梁、汉阳陵、大明宫、三星堆、金沙),熊家冢和长沙铜官窑两处已确定将打造5A景区作为建设目标,钓鱼城、万寿岩、甑皮岩、元中都等其他多家公园也强调文化旅游发展、旅游开发等。的确,无论是从当地经济社会发展还是从公园自身发展来说,推动公园建设与旅游业发展相协调都非常重要。

表 6 第一至三批国家考古遗址公园功能定位和功能体系情况统计
（截至 2020 年 2 月 6 日）

所在省区市（按首序）	公园名称	功能定位	功能体系									是否建设有网站
			保护	展示	研究	教育	休闲	旅游	文化产业	其他产业带动	区域发展	
安徽	明中都皇故城	东方巴比伦，明代第一流；①打造融考古保护、遗址展示、教育科研、文化观光、休闲旅游为一体的大型文化宣传教育基地②	√	√	√	√	√	√				否
北京	圆明园	5A 景区；是帝国主义侵略中国，使中国沦为半殖民地、半殖民地的历史见证，是爱国主义教育基地，是以保护遗址为主题的公园，功能分区为遗址凭吊展览区、园史文物展示区、综合服务区和公园管理区③	√	√	√	√	√	√				是
北京	周口店	4A 景区；以遗址的保护为前提，集科学研究、科普教育、旅游功能于一体④	√	√	√	√		√				遗址博物馆网站
重庆	钓鱼城	遗址公园建设、展示、考古和研究工作收到巨大成效；对文化、经济和社会发展起到促进作用，有利于打造中国知名旅游城市⑤	√	√	√			√			√	否

① 林硕：“东方巴比伦，明代第一流”——明中都皇故城国家考古遗址公园，http://www.fengyang.gov.cn/openness/detail/content/5ab9b9d045d8d4a13812aa22.html，2020 年 2 月 3 日。
② 陈友田：《明中都皇故城国家考古遗址公园揭牌》,http://www.chuzhou.cn/2018/0612/358393.shtml，2020 年 2 月 3 日。
③ 李景奇：《〈圆明园国家考古遗址公园规划〉是圆明园遗址保护与利用的基本依据和基本手段》,《〈圆明园〉学刊》2008 年第 6 期。
④ 刘浦泵：《周口店北京人遗址国家考古遗址公园保护规划即将出台》,http://news.sohu.com/92/90/news204899092.shtml，2020 年 2 月 4 日。
⑤ 龚舒：《合川区被列入国家考古遗址公园》,https://m-news.artron.net/20131224/n550595.html，2020 年 2 月 4 日。

续表

所在省区市（按音序）	公园名称	功能定位	功能体系									是否建设有网站
			保护	展示	研究	教育	休闲	旅游	文化产业	其他产业带动	区域发展	
福建	万寿岩	考古挖掘的展示园，民俗文化的集散地，旅游开发的新亮点，生态文明的体验区①	√	√	√	√		√				遗址博物馆网站
广西	甑皮岩	建成中外考古专家的科研天堂，人们寻根访古的文化旅游圣地；成为对中国史前洞穴研究和保护群保护利用具有示范作用的大遗址保护工程②	√	√	√			√			√	否
河北	元中都	以元中都遗址本体为核心，以周边丰富的草原、山水环境为依托，把周边景观大格局、景点串联起来，构建元中都遗址生态、文化、景观大格局；③促进遗址周边文化旅游产业升级，增加就业，拉动内需；直接带动交通、运输、商贸等产业的发展，极大地增加经济效益和社会效益④	√	√				√	√	√	√	否

① 杨思凡：《重磅！福建首个国家考古遗址公园在三明揭碑开园》，http://www.sohu.com/a/318341544_213641，2020年2月4日。
② 桂林市象山区人民政府：《桂林甑皮岩国家考古遗址公园16日破土动工》，http://www.glxsqzf.gov.cn/jrxsn/zsyz/tzhj/201105/t20110524_437979.htm，2020年2月5日。
③ 曹国厂：《元中都国家考古遗址公园工程开工建设》，http://news.eastday.com/eastday/13news/auto/news/society/u7ai1870030_K4.html，2020年2月4日。
④ 孟晓光：《元中都国家考古遗址公园修复工程启动》，https://china.huanqiu.com/article/9CaKrnJfXKL，2020年2月4日。

续表

所在省区市（按音序）	公园名称	功能定位	功能体系									是否建设有网站
			保护	展示	研究	教育	休闲	旅游	文化产业	其他产业带动	区域发展	
河南	殷墟	5A 景区；最终建设成为世界一流的国家考古遗址公园，成为国际先进的文物考古研究中心、国际交流传播平台、旅游服务中心和文化产业创新平台；①进一步提升殷墟遗址展示水平，提高殷墟作为世界文化遗产的国际影响力②	√	√	√			√	√		√	是
河南	隋唐洛阳城	集遗址保护、文化展示、旅游休闲为一体的文化中心，对提升古都形象、提高城市品位，打造国际文化旅游名城具有积极意义③	√	√			√	√	√		√	是
河南	汉魏洛阳故城	形成以白马寺、太极殿、阊阖门、铜驼大街、永宁寺塔基、内城东北城墙近千亩的大型考古遗址公园；④对提升知名度、文化品位和社会影响力具有重大意义⑤	√	√							√	否
河南	郑韩故城	建设成为一座集保护、研究、展示、观光为一体，古代文明和现代文明和谐共存、交相辉映，人与自然和谐相处的国家级考古遗址公园⑥	√	√	√			√			√	否

① 桂娟、双瑞：《殷墟国家考古遗址公园开建 呈现3000年前殷商都邑布局》，《新乡日报》2020年1月3日。
② 刘永平：《殷墟国家考古遗址公园开工建设》，http://www.haww.gov.cn/sitesources/hnwwj/page_pc/wbzx/gzdt/articlea25e2440eba9431aa4c-824d22bec59b4.html，2020年2月4日。
③ 李三旺：《大唐洛阳宫国家考古遗址公园：再现隋唐盛世》，《洛阳日报》2011年10月27日。
④ 郑亚：《洛阳大遗址将于"十一"对游人开放》，《中国旅游报》2009年8月17日；张亚武、王子君：《五都荟洛 举世罕见》，《洛阳日报》2009年9月4日。
⑤ 李燕锋：《汉魏洛阳故城入选国家考古遗址公园》，http://news.lyd.com.cn/system/2013/12/24/010294523.shtml，2020年2月4日。
⑥ 秦华、张立：《郑韩故城入选国家考古遗址公园》，《郑州日报》2017年12月4日。

续表

所在省区市（按音序）	公园名称	功能定位	功能体系									是否建设有网站
			保护	展示	研究	教育	休闲	旅游	文化产业	其他产业带动	区域发展	
黑龙江	渤海上京	更好的保护、发掘、管理和利用遗址①	✓	✓								否
湖北	熊家冢	努力将其打造成一座5A级风景旅游区，再现楚国高等级贵族墓葬的完整格局，展现荆楚文化魅力②	✓	✓				✓				否
	盘龙城	保护和保存盘龙城遗址及其相关环境，合理利用并充分展示其文化价值和内涵，打造商文化主题公园；③集考古、观光、商贸、旅游、休闲、教育等多功能为一体，本体展示工程是公园的核心部分④	✓	✓		✓	✓	✓	✓	✓	✓	是
湖南	长沙铜官窑	打造一个集文物保护和休闲、旅游于一体的，具有高品位自然景观和人文景观胜地，打造"国家陶瓷文化研究中心、社会传统文化教育中心、知识培训中心和青少年、市民的活动园地"⑤	✓	✓	✓	✓	✓		✓	✓	✓	否

① 阮凤文、张传文：《渤海上京龙泉府考古遗址公园跻身"国家级"》，《黑龙江日报》2013年12月26日。
② 徐金波：《与兵马俑不名 熊家冢遗址博物馆挂牌成立》，http://www.hb.chinanews.com/news/2011/1126/96347.html，2020年2月5日。
③ 盘龙城国家考古遗址公园：《盘龙城国家考古遗址公园概念规划方案》，《武汉建设年鉴2013》编委会编：《武汉建设年鉴2013》，武汉出版社2013年版，第47—48页。
④ 陈克：《盘龙城国家考古遗址公园今年底对外开放》，http://www.cjrbapp.cjn.cn/wuhan/p/24415.html，2020年2月5日。
⑤ 喻向阴：《长沙铜官窑国家考古遗址公园6月5日将震撼开园》，https://hn.qq.com/a/20120522/000138.htm，2020年2月6日。

续表

所在省区市（按首音序）	公园名称	功能定位	功能体系									是否建设有网站
			保护	展示	研究	教育	休闲	旅游	文化产业	其他产业带动	区域发展	
湖南	城头山	建设成为集保护、展示、观赏、文化体验旅游功能于一体，体现中华古代文明史的，国内一流的科研及游览胜地，拓展生态旅游、度假、景观地产等项目①	√	√	√	√		√		√		是
吉林	集安高句丽	5A景区（高句丽文物古迹旅游景区）；文物展示中心是全国唯一一座高句丽专题展览馆②	√	√				√				否
吉林	渤海中京	集旅游参观和考古体验为一体，涵盖游、购、吃、住、娱等，极具文化内涵和商业开发价值，将打造成精品旅游景点③	√	√				√				否
江苏	鸿山	4A景区；成为展示历史记忆的郊野型国家考古遗址公园，具有"郊野公园+考古基地"展示功能④	√	√			√	√				否

① 湖南省常德市人民政府台湾事务办公室：《城头山国家考古遗址公园开发》，http://www.huaxia.com/kfdcd/gg/2012/08/2945832.html，2020年2月4日。
② 集安市高句丽文物景区：《集安市高句丽文物古迹旅游景区荣膺国家5A级旅游景区》，http://jl.sina.com.cn/travel/bendi/2020-01-10/detail-iihnzhha1547988.shtml，2020年2月6日。
③ 和龙市旅游局：《渤海中京国家考古遗址公园建设项目》，http://blog.sina.com.cn/s/blog_e87ac0cd0101hb58.html，2020年2月4日；董耀会：《中国古城年鉴（2014）》，光明日报出版社2014年版，第235页。
④ 单红：《遗址本体保护进入速速期》，《无锡日报》2019年1月16日。

续表

所在省区市（按音序）	公园名称	功能定位	功能体系									是否建设有网站
			保护	展示	研究	教育	休闲	旅游	文化产业	其他产业带动	区域发展	
江西	御窑厂	4A景区；建成集节能、环保、经济、适用为一体的遗址公园，使之成为一处集陶瓷文化传承与市民休闲旅游以及拉动城市旅游经济发展于一体的历史文化景观①	√	√							√	否
江西	吉州窑	集文物保护、考古研究、展示、旅游、休闲于一体的公共空间②	√		√	√	√	√	√			否
辽宁	牛河梁	4A景区，考古遗址保护、人文与展示，进行爱国教育、科普教育的极佳目的地，是让公众分享考古科研成果，更是县域内外研学游、文化游的极佳目的地③	√	√		√	√	√				否
宁夏	西夏陵	实现考古、保护、研究、展示和合理利用并举，发挥在公共文化服务体系中的积极作用，将形成文化旅游区、市民休闲区、商贸服务区并进的发展格局，以此带动宁夏旅游产业、文化产业的快速发展，形成我市新的经济增长点，将对周边环境保护起到积极作用，将成为市民休闲、旅游、观光的胜地④	√	√	√		√		√	√	√	否

① 万慧芬：《御窑厂国家考古遗址公园：皇冠上的一颗璀璨明珠》，《景德镇日报》2015年12月29日。
② 彭足群：《吉州窑成功入选国家考古遗址公园》，《景德镇日报》2017年12月5日。
③ 邱凌：《2019年度辽宁省国家4A级旅游景区名单公示 我市牛河梁国家考古遗址公园上榜》，《朝阳日报》2020年1月23日。
④ 鲍淑玲：《西夏陵考古遗址公园获国家立项》，《银川日报》2014年1月13日。

续表

所在省区市（按首序）	公园名称	功能定位	功能体系									是否建设有网站
			保护	展示	研究	教育	休闲	旅游	文化产业	其他产业带动	区域发展	
山东	曲阜鲁国故城	扩大居民城市公共文化空间，形成集教育、科研、游览、休闲于一体，融入曲阜经济社会发展和城市建设的动力源泉①，极大地改善遗址保护区内的生态环境和发展环境，形成文化公园②	√	√	√		√	√			√	否（曾开通过网站，但最近关闭）
山东	大运河南旺枢纽	以大运河南旺枢纽工程这一重要考古遗址及其背景环境为主体，保护和保存南旺遗址及其相关环境，体现南旺枢纽在运河中的重要地位，全面展示大运河历史文化的国家级考古遗址公园③	√	√	√	√	√	√				否
	城子崖	以城子崖遗址及其环境风貌保护为基础，以科学研究与合理展示为发展方向，建设成为具有"真实性、可读性和可持续性"的考古遗址公园，为城子崖遗址的永续保护、研究和利用奠定基础④	√	√	√			√		√		否

① 孔德平、刘倩：《走进孔子时代的"鲁国故城"：鲁国故城考古遗址公园》，《大众日报》2013年1月11日。
② 鞠传江：《鲁国故城国家考古遗址公园加快建设》，http://cnews.chinadaily.com.cn/2015-06/14/content_20999291.htm，2020年2月17日。
③ 汶上县人民政府：《大运河南旺枢纽国家考古遗址公园》，http://www.wenshang.gov.cn/art/2017/4/13/art_19002_798163.html，2020年2月4日；宋育青：《山东大运河南旺枢纽国家考古遗址公园：大运河"水脊"的前世今生》，《中国旅游报》2019年4月8日。
④ 钱欢青：《济南有了首个国家考古遗址公园 城子崖获封"国字号"》，《济南时报》2017年12月3日。

续表

所在省区市（按音序）	公园名称	功能定位	功能体系									是否建设有网站
			保护	展示	研究	教育	休闲	旅游	文化产业	其他产业带动	区域发展	
陕西	汉阳陵	4A景区；公园在注重遗址价值阐释的同时，积极融入当地社会生活，成为城市文化地标和市民考古遗址公园休闲活动场所①	√	√	√	√	√	√				是
陕西	秦始皇陵	5A景区；全面整合文化资源，发挥其文物保护与研究的永续性，更充分地发挥经济、生态等综合作用，使秦始皇陵这一人类的共同财富，更好地、更长久地伴随着我们，成为承载着一个国家、一个地区历史文化发展的永恒记忆②	√	√	√			旅游	√		√	博物院网站
陕西	大明宫	4A景区；坚持发展三大产业：文化产业、旅游业、生态产业，创造大遗址发展的新模式，促进陕西、西安文化旅游产业发展，推动中华文化走向世界③；使唐大明宫遗址成为国家大遗址保护展示范式，促进丝绸之路申报世界文化遗产，增进中华民族共同精神家园建设。同时，还应成为具有中国特色的古迹遗址保护、展示、教育与研究示范平台，成为国家级爱国主义教育基地，以及高品质的旅游目的地及新型城市文化公园④	√	√	√	√	√	√	√	√	√	是
陕西	汉长安城未央宫	在保持未央宫背景环境的真实性、完整性的基础上，深入挖掘历史文化资源，大力弘扬中华优秀文化，发挥公众教育、科研、游览、休闲等多项功能的公共文化属性⑤	√	√	√	√	√	√				否

---

① 郭青：《汉阳陵国家考古遗址公园建设运营取得新成果》，《陕西日报》2018 年 10 月 19 日。
② 何防、千声、肖洁舒：《大象无形 大美无声 陕西秦始皇陵国家遗址区产业定位与发展》，《风景园林》2012 年第 4 期。
③ 大明宫国家遗址公园课题组：《大明宫国家遗址公园规划设计浅析》，《西部学刊》2013 年第 1 期。
④ 刘克成、肖莉、王璐：《大明宫国家遗址公园：总体规划设计》，《建筑创作》2012 年第 1 期。
⑤ 庞乐：《汉长安城未央宫国家考古遗址公园入选国家考古遗址公园》，《西安日报》2017 年 12 月 3 日。

续表

所在省区市（按音序）	公园名称	功能定位	功能体系									是否建设有网站
			保护	展示	研究	教育	休闲	旅游	文化产业	其他产业带动	区域发展	
四川	三星堆	4A景区，"国家考古遗址公园不是建于考古遗址上的主题公园"，其①旨在妥善解决城市建设和文物保护"和谐相处"，解决古代文明和现代文明"保护共赢"的文化遗产保护新课题②	√	√		√		√			√	遗址博物馆网站
四川	金沙	4A景区，成为成都的城市文化会客厅，是造访成都的客人必往之处；带动了城市社会经济的协调发展，依托遗址公园的金沙片区成为成都市最具活力的区域之一；形成了城市与现代文化遗产保护与社会经济发展相得益彰，历史文化与展示和保护与将遗址交相辉映的考古遗址公园，是我国在特大城市市区内将遗址的保护与展示相结合的典型案例③	√		√	√	√		√	√	√	遗址博物馆网站
新疆	北庭故城	把公园的建设与文化遗产保护结合起来，不断丰富北庭故城的历史底蕴和文化内涵；把公园建设与爱国主义教育结合起来，把公园建设与发展区域经济结合起来，大力改善民生态势，推动文化为旅游的结合，惠及当地群众④	√	√	√	√		√			√	否

① 三星堆博物馆：《国家首批12个考古遗址公园亮相》，《华西都市报》2013年9月16日。
② 林维：《三星堆国家考古遗址公园》，四川两例上榜，http://www.sxd.cn/showinfo.asp? id=1101&bigclass=，2020年2月4日。
③ 秦梦：《金沙国家考古遗址公园》，http://www.hg.gov.cn/art/2014/12/19/art_1962_46337.html，2020年2月4日。
④ 张海峰：《北庭故城国家考古遗址公园建设启动》，《新疆日报(汉)》2010年6月27日；文冰：《北庭故城国家考古遗址公园建设工程启动》，《中国文物报》2010年6月30日。

续表

所在省区市（按音序）	公园名称	功能定位	功能体系									是否建设有网站
			保护	展示	研究	教育	休闲	旅游	文化产业	其他产业带动	区域发展	
浙江	良渚	建设成为国内一流、国际知名的集遗产保护、文物展示、文化交流、生态旅游为一体的国家考古遗址公园；①打造成专家叫好、百姓叫座、国际一流、国内领先的公园②比较显著的带动周边发展，带动建筑业、土地价格、房产价格、文化产业、旅游业等五个方面的增加值；③美丽洲公园为北依良渚遗址的自然生态公园，玉文化产业园是融合休闲、体验、参观、度假等功能一体的高端产品平台和文化创意产业园区；良渚文化村依托良渚遗址，是集居住、文化旅游观光等于一体的综合产业项目，旨在打造"具有独特魅力的新田园城镇"④	√		√	√	√	√	√	√	√	博物院网站
浙江	大窑龙泉窑	汇集遗址文化景观、传统聚落景观、乡土农业景观、生态野趣景观为一体，具有遗址保护、科学研究、教育展示、文化传承、艺术创意、旅游休憩等多种功能，努力打造一流的"海上丝绸之路"新亮点，青瓷文化研习目的地⑤	√	√	√	√			√		√	否

① 杭州规划院：《良渚国家考古遗址公园控制性详细规划》，《城市规划》2015年第12期。
② 李为行、康齐、熊艳：《中华上下五千年文明史　良渚遗址是有力物证》2017年12月14日。
③ 刘世朋、林家彬、苏扬：《中国文化遗产事业发展报告（2013）》，社会科学文献出版社2013年版，第126—205页。
④ 中国文化遗产研究院：《大遗址保护行动跟踪研究（下编）》，文物出版社2016年版，第915—921页。
⑤ 潘枫、郑国慰：《投资4.5亿元！大窑龙泉窑国家考古遗址公园10月29日开园》，https://zj.zjol.com.cn/news/1062032.html，2020年2月5日。

续表

所在省区市（按首序）	公园名称	功能定位	功能体系									是否建设有网站
			保护	展示	研究	教育	休闲	旅游	文化产业	其他产业带动	区域发展	
浙江	上林湖越窑	以上林湖越窑遗址及其历史环境为主体,在有效保护、科学发掘,充分展示基础上,具备教育、游览、科研、休闲等多项功能的公共文化空间和宣传教育基地①　整合资源促进与周边区域和产业的联动发展,充分融合青瓷文化传承园、鸣鹤古镇、寿鹤青瓷文化创意、栲栳山健身步道等周边文化、旅游产业相关资源,整合休闲旅游、青瓷创意、观光农业、文化遗产保护和展示等特色文化资源旅游功能,形成业态多样、功能丰富的南部青瓷文化旅游功能区,打造集保护管理、展示教育、观光学习、互动交流、休闲娱乐的青瓷文化一体,向游客提供参观学习、互动交流的青瓷文化综合功能区②	√	√	√	√	√	√	√	√	√	遗址博物馆网站

---

① 慈溪市人民政府:《〈上林湖越窑国家考古遗址公园保护管理办法（试行）〉》,http://www.cixi.gov.cn/art/2018/12/21/art_134781_8436732.html,2020年2月6日。

② 陈草升、何峰、部岱:《上林湖越窑遗址跻身国家考古遗址公园》,《宁波日报》2017年12月3日；慈溪市文广新局:《慈溪致力上林湖越窑国家考古遗址公园建设》,《浙江文物》2018年第2期。

但是将国家考古遗址公园建设完全等同于旅游景区建设,用旅游景区开发理念规划建设和运营管理公园,导致其与公众生活产生隔离,显然是背离国家启动考古遗址公园建设项目的公共性价值追求之初衷的。对这 36 家公园功能的案例分析,表明我国国家考古遗址公园功能定位还需要进一步强化对考古遗址公共资源属性和国家考古遗址公园公共产品性质的认识与理解,进一步融于当地公共文化服务体系和中华优秀传统文化传承体系,进一步体现"全国示范性"和"国家文化地标和精神标识"之国家站位。

　　进一步从各公园对自身功能体系的界定来看(图 12),本书提出的体现综合性功能体系的 9 项功能之中,36 家公园均强调"保护"和"展示"功能,也都在遗址保护和展示方面开展了较为丰富的工作,都建设了遗址博物馆、完成了重要考古遗存展示工程,而且在展示项目中注重引进科技手段、重视活态展示,如大运河南旺枢纽国家考古遗址公园"通过沙盘、多媒体、三维动画等多种高科技手段,将文物史料与高科技巧妙结合,充分利用四维科技,全面展现大运河的自然风貌,反映运河历史变迁";[1]良渚国家考古遗址公园"尝试使用VR 技术,让观者真实体验 5000 年前的良渚先人们的生活日常"和"以生态修复为主,修复后将会还原一片绿洲,同时尽最大可能恢复当时古城的河道、湿地、林相等自然风貌";[2]隋唐洛阳城"古装实景演出以情景剧和汉唐舞蹈演绎为主要表现形式,以真人、实景、原貌再现为演绎手法,将历史文化资源以视觉形式展现给广大游客"。[3] 但是总体来看,对照本研究所提出的综合性功能体系,36 家公园的功能体系大部分尚需进一步扩展和优化。目前,其中功能体系较为完善者有大明宫和上林湖、良渚涵盖了全部 9 项功能,西夏陵涵盖 8

---

　　① 宋育珊:《山东大运河南旺枢纽国家考古遗址公园:大运河"水脊"的前世今生》,《中国旅游报》2019 年 4 月 8 日。

　　② 李力行、康齐、熊艳:《中华上下五千年文明史　良渚遗址是有力物证》,《杭州日报》2017 年 12 月 14 日。

　　③ 映象网:《隋唐洛阳城遗址公园:让大遗址重放光彩》,https://baijiahao.baidu.com/s?id=1591708757708628071&wfr=spider&for=pc,2020 年 2 月 4 日。

项,盘龙城、城头山和大窑龙泉窑涵盖 7 项;较为单一者有渤海上京仅涵盖两项(保护、展示)、熊家冢和渤海中京仅涵盖 3 项(保护、展示、旅游)。通过表 7 的进一步统计表明,如前文所述各公园都坚持了国家考古遗址公园遗址保护与展示之最基本功能,次之的是旅游功能,各公园特别重视依托考古遗址开发文化旅游产品、通过公园来带动当地旅游业发展,再次之的则是研究、带动区域发展和教育功能。研究功能层面注重强调对遗址本身的文物考古研究及遗址所代表之中华优秀传统文化的综合性研究,如殷墟"成为国际先进的文物考古研究中心"①、甑皮岩"建成中外考古专家的科研天堂"和中国史前洞穴遗址群保护研究②、长沙铜官窑打造成"国家陶瓷文化研究中心"。③ 带动区域发展功能层面重视公园的经济效益、社会效益④以及由此推动的当地的经济、社会、文化发展,如殷墟提高"作为世界文化遗产的国际影响力"⑤、隋唐洛阳城"提升古都形象、提高城市品位"⑥、汉魏洛阳城"提升知名度、文化品位和社会影响力"。⑦ 教育功能层面关注到了公众教育⑧、学校教育⑨、儿童教育,⑩实践了科普教育、传统文化教育、爱国主义教育和国防教育等教育形式,

---

① 桂娟、双瑞:《殷墟国家考古遗址公园开建 呈现 3000 年前殷商都邑布局》,《新乡日报》2020 年 1 月 3 日。

② 桂林市象山区人民政府:《桂林甑皮岩国家考古遗址公园 16 日破土动工》,http://www.glxsqzf.gov.cn/jrxsn/zsyz/tzhj/201105/t20110524_437979.htm,2020 年 2 月 5 日。

③ 喻向阳:《长沙铜官窑国家考古遗址公园 6 月 5 日将震撼开园》,https://hn.qq.com/a/20120522/000138.htm,2020 年 2 月 6 日。

④ 孟晓光:《元中都国家考古遗址公园修复工程启动》,https://china.huanqiu.com/article/9CaKrnJJXKL,2020 年 2 月 4 日。

⑤ 刘永平:《殷墟国家考古遗址公园开工建设》,http://www.haww.gov.cn/sitesources/hnw-wj/page_pc/wbzx/gzdt/articlea25e2440eba9431aa4c824d22bec59b4.html,2020 年 2 月 4 日。

⑥ 李三旺:《大唐洛阳宫国家考古遗址公园:再现隋唐盛世》,《洛阳日报》2011 年 10 月 27 日。

⑦ 李燕锋:《汉魏洛阳故城入选国家考古遗址公园》,http://news.lyd.com.cn/system/2013/12/24/010294523.shtml,2020 年 2 月 4 日。

⑧ 庞乐:《汉长安城未央宫遗址入选国家考古遗址公园》,《西安日报》2017 年 12 月 3 日。

⑨ 刘克成、肖莉、王璐:《大明宫国家遗址公园:总体规划设计》,《建筑创作》2012 年第 1 期。

⑩ 刘克成、肖莉、王璐:《大明宫国家遗址公园:总体规划设计》,《建筑创作》2012 年第 1 期。

如明中都皇故城打造大型文化宣传教育基地①、圆明园成为爱国主义教育基地和国防教育基地②、长沙铜官窑打造社会传统文化教育中心和知识培训中心③、大明宫成为国家级爱国主义教育基地和开展博物馆进校园与进社区等活动④、上林湖越窑建设成为宣传教育基地。⑤ 而相对来说，各公园对市民休闲、带动文化产业和其他相关产业发展的重视程度不强。休闲功能层面实现较好者有西夏陵形成"市民休闲区"⑥、长沙铜官窑成为"市民的活动园地"⑦、汉阳陵举办银杏节等文化休闲活动而成为市民"休闲活动场所"⑧、金沙组织"市民文化体验团""博物馆走进社区"和公益学术讲座而成为成都文化生活不可或缺的组成部分。⑨ 带动文化产业功能和其他产业层面代表者为良渚遗址公园已带动当地开发建设玉文化产业园和地产项目良渚文化村、金沙考古遗址公园开放至今文化事业与文化产业收入逾 6000 万元和带动周边土地价格增值效应达数十亿元而实现了大遗址保护与本地社会经济发展的有效结合⑩、上林湖越窑融合寿鹤青瓷文化创意园等形成业态多样和功

---

① 陈友田：《明中都皇故城国家考古遗址公园揭牌》，http://www.chuzhou.cn/2018/0612/358393.shtml，2020 年 2 月 3 日。

② 李景奇：《〈圆明园遗址公园规划〉是圆明园遗址保护与利用的基本依据和基本手段》，《〈圆明园〉学刊》2008 年第 6 期。

③ 喻向阳：《长沙铜官窑国家考古遗址公园 6 月 5 日将震撼开园》，https://hn.qq.com/a/20120522/000138.htm，2020 年 2 月 6 日。

④ 刘克成、肖莉、王璐：《大明宫国家遗址公园：总体规划设计》，《建筑创作》2012 年第 1 期。

⑤ 慈溪市人民政府：《上林湖越窑国家考古遗址公园保护管理办法（试行）》，http://www.cixi.gov.cn/art/2018/12/21/art_134781_8436732.html，2020 年 2 月 6 日。

⑥ 鲍淑玲：《西夏陵考古遗址公园获国家立项》，《银川日报》2014 年 1 月 13 日。

⑦ 喻向阳：《长沙铜官窑国家考古遗址公园 6 月 5 日将震撼开园》，https://hn.qq.com/a/20120522/000138.htm，2020 年 2 月 6 日。

⑧ 郭青：《汉阳陵国家考古遗址公园建设运营取得新成果》，《陕西日报》2018 年 10 月 19 日。

⑨ 秦梦：《金沙国家考古遗址公园》，http://www.hg.gov.cn/art/2014/12/19/art_1962_46337.html，2020 年 2 月 4 日。

⑩ 秦梦：《金沙国家考古遗址公园》，http://www.hg.gov.cn/art/2014/12/19/art_1962_46337.html，2020 年 2 月 4 日。

能丰富的南部青瓷文化旅游功能区①以及颇受专家赞誉的城子崖遗址之小米种植。②

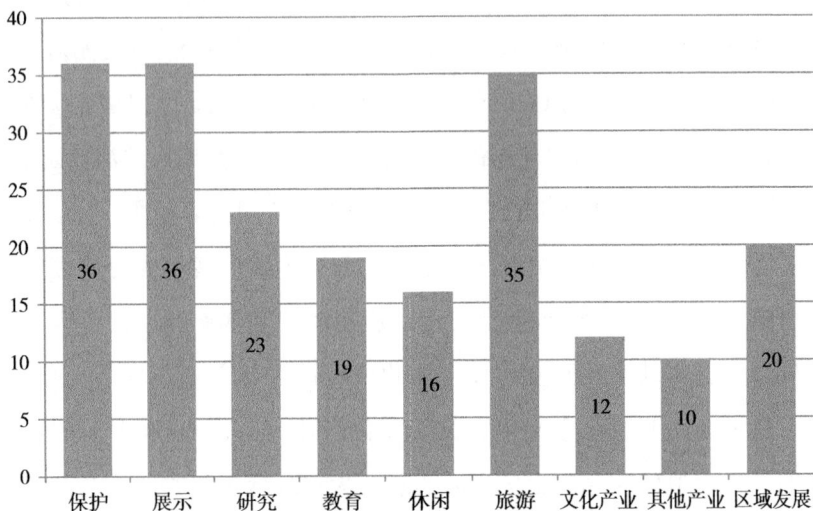

图12　第一至三批36家国家考古遗址公园功能体系统计

但是表6和图12的统计(截至2020年3月31日)也表明,就9项功能整体来看,36家公园功能体系大都尚不健全,还尚未体现出功能的综合性;另一方面就各项功能的具体实现形式来看也大都较为单一而缺少系统性,如保护和展示功能主要表现为遗址本体的保护和展示且"展示内容、形式与公众需求差距还较大"③、研究功能多缺少对公园功能实现和运行管理的关注、教育功能还未涉及专业教育且学校教育仅限于"进学校"之简单形式、带动文化产业和其他产业也主要是与各地现有特色产业或优势产业的对接而缺少全面的

---

① 陈章升、何峰、邵滢:《上林湖越窑遗址跻身国家考古遗址公园》,《宁波日报》2017年12月3日;慈溪市文广新局:《慈溪致力上林湖越窑国家考古遗址公园建设》,《浙江文物》2018年第2期。

② 钱欢青:《济南有了首个国家考古遗址公园　城子崖获封"国字号"》,《济南时报》2017年12月3日。

③ 杭侃:《从年度报告看国家考古遗址公园的展示问题》,《中国文物报》2015年5月22日。

具有创新性之产业融合规划。此外,还需要值得关注的是,表6统计表明在第一至三批正式建设的36家公园中仅有7家建设有专门网站、7家依托遗址博物馆网站发布公园相关信息、22家没有既无自己建设也无固定性依托的网络信息平台。这说明在展示功能实现方面,《国家考古遗址公园评定细则(试行)》"远程展示"规定的最基本性要求"有专门的公园网站",还远未在各公园建设中得到最基本之落实。综合以上分析,目前各公园在实际建设过程中对《国家考古遗址公园管理办法(试行)》、《国家考古遗址公园创建及运行管理指南(试行)》等文件相关要求的落实还不到位,建设目标的功利性和短视性还很明显存在,尚需要进一步丰富自身功能,优化功能体系,科学构建功能实现机制,从而既确保不同功能的分阶段、分时段实现又保证总体功能最终实现的综合性。

二、公众对国家考古遗址公园
功能认知与感知问卷调研

基于国家考古遗址公园的公共产品性质,公众对公园功能定位与各项功能重要性的认知及其实现程度的感知是各公园确定自身功能实现机制,确立功能实现的阶段性目标以及各项功能具体实现形式的依据所在。为进一步了解公众对国家考古遗址公园功能定位、功能体系的认知情况,探索公众对公园各项功能实现程度的实际感知程度,课题组面向公众开展了自填式在线问卷调研(原计划采用在线和到各公园所在地现场调研相结合方式,但因受新型冠状肺炎疫情影响而取消现场调研),从而更加有针对性的从整体层面剖析我国国家考古遗址公园的功能实现情况与公众实际需求之间的差距,提出推动各公园功能实现机制优化以及各项功能实现形式创新的具体对策。

（一）调研方案设计与实施

问卷设计过程中先后 5 次征询专家意见,简化调研项目数量,将调研项目由原来的 49 项进行大幅度整合,并多次优化各调研项目的文字表述以使受访者能够更直接、更准确的理解和回答问题,逐步提高问卷的表面效度。最终形成的调查问卷内容共计 33 个封闭式问题,包括三部分:受访者基本情况,公众对国家考古遗址公园功能定位、功能体系的个人认知情况,公众对国家考古遗址公园功能定位、功能体系实现程度的实际感知情况,另外还设计有一个开放式问题来征询受访者对我国国家考古遗址公园建设的其他建议。其中,公众的个人认知情况和实际感知情况两部分采用李克特五刻度量表形式进行测量。

为验证问卷的信度(即问卷测量结果的可靠性),课题组于 2020 年 2 月 10 日至 2 月 12 日,通过问卷星网站使用在线问卷形式进行了预调研,共回收问卷 63 份。课题组运用 SPSS25.0 软件对预调查数据进行统计与分析。信度检验结果表明,信度系数 Cronbachα = 0.922,可见本问卷测量的可信程度很高(一般来说,Cronbach α 值达到 0.7 为信度较好,达到 0.8 为信度很好①),问卷调研数据可靠性强。

正式调研于 2020 年 2 月 13 日至 2 月 17 日进行。调研样本分为两部分:一是第一、二批正式建设 24 家国家考古遗址公园所在地之公众,二是不限定地域之公众。其中前者由课题组召集的协助调研人员(目前在各公园所在地工作或生活的人员)在第一、二批正式建设的各国家考古遗址公园所在地范围内,通过微信或 QQ 发送问卷星网站的在线问卷链接网址,并告知受访者当地有哪几家国家考古遗址公园及其具体在何处以帮助其快速、准确认知本次调研对象,为保证样本数协助调研人员向每个公园所在地公众通过微信或

---

① 李志辉、罗平:《PASW/SPSS Statistics 中文版统计分析教程》,电子工业出版社 2010 年版。

QQ 发送问卷链接网址至少 50 人;后者通过问卷星网站公开发布,并由课题组成员在微信群和 QQ 群(群成员构成具有全国性,且人数多于 100 人)推送问卷链接网址,由公众自愿填写。最后,本次调研共回收有效问卷 1673 份。其中,公园所在地公众调研问卷回收 1241 份,去掉其中的 43 份重复答卷和课题组填写的 5 份模拟答卷,实际回收有效问卷 1193 份;不限定地域公众调研问卷回收 480 份,均为有效问卷。

(二) 调研数据统计与分析

课题组运用 SPSS25.0 软件对调研数据进行统计与分析,对第一、二批正式建设 24 家公园所在地、非 24 家公园所在地以及全部调研样本数据信度分别进行检验,结果均为信度系数 α=0.937,可见正式调研结果的信度都很高。

同时,基于问卷星系统后台记录的 IP 地址(仅能够区分到地级市层次)对样本来源地进行统计。公园所在地的 1193 个调研样本中,IP 地址可识别为属于第一、二批正式建设国家考古遗址公园所在之 19 个地市及以上级行政区域者有 720 个,其中北京、杭州、成都、杭州、济宁等地问卷作答率高而熊家冢(湖北荆州市)、渤海中京(吉林延边州)、北庭故城(新疆昌吉州)所在地问卷作答率偏低(很多受访者明确回复不知道或不了解本地的国家考古遗址公园);不限定地域的 480 个调研样本中,IP 地址可识别为属于第一、二批正式建设国家考古遗址公园所在之 19 个地市及以上级行政区域者有 103 个。合并来看,以 IP 地址为依据本次调研共取得属于公园所在地的样本总数为 823 个,具体地域分布情况如图 13 所示。需要说明的是,在公园所在地所选取的样本中,存在虽工作或生活在公园所在地但是因填写问卷时在外地而未被统计的情况,因此各公园所在地提交问卷的公众样本数量要比问卷星网站依据 IP 地址的统计结果要更多。本次调研时间段正处在各地因新冠状肺炎防控各地限制返回期间,这种情况会更加明显。综合来看,全部调研样本覆盖了我国除西藏外的 31 个省、市、自治区以及香港特别行政区,另有 22 个样本来自日本、韩国、美国、英国等国外地区（图 14）。

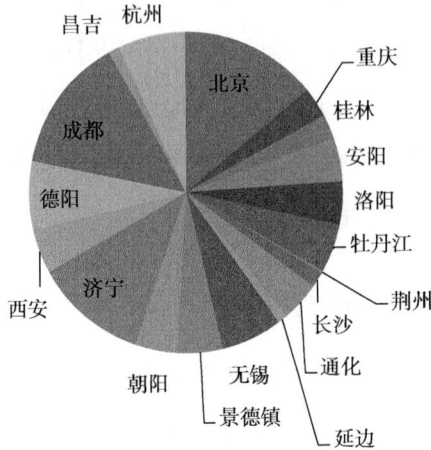

图 13   第一、二批国家考古遗址公园所在地样本分布情况（按地市级行政区划）

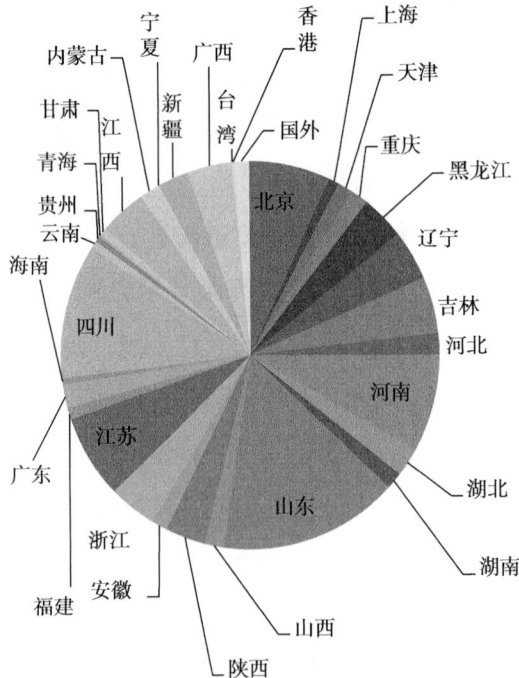

图 14   全部调研样本地域分布情况（按省级行政区划）

数据处理过程中,为能够更直接了解所在地公众对公园功能的认知与感知,首先对 IP 地址可直接识别为第一、二批正式建设 24 家公园所在地之 19 个行政区域的 823 个样本数据进行统计分析;为更全面了解我国公众对公园功能的认知与感知,又对非 24 家公园所在地 850 个样本数据进行简单分析,最后对全部样本数据进行综合统计分析。

1. 调研样本基本情况

问卷涉及性别、年龄、教育程度、职业共四项受访者基本信息,以了解受访者基本情况和更进一步探索不同群体对国家考古遗址公园功能认知与感知的差异性。总体来看,本次调研样本男女比例基本平衡,年龄段主要集中在 18 岁至 54 岁之间,受教育程度以大学专科或本科为主,职业中事业单位人员和企业人员合计超过半数(表 7)。

表 7　调研样本基本情况

基本信息		全部调研样本(1673 个)		其中第一、二批公园所在地调研样本(823 个)	
		样本数	所占比例%	样本数	所占比例%
性别	男	808	48.3	373	45.3
	女	865	51.7	450	54.7
年龄	18 岁以下	27	1.6	9	1.1
	18 岁—24 岁	490	29.3	222	27.0
	25 岁—34 岁	414	24.7	225	27.3
	35 岁—44 岁	445	26.6	223	27.1
	45 岁—54 岁	218	13.0	107	13.0
	55 岁—64 岁	68	4.1	32	3.9
	65 岁以上	11	0.7	5	0.6

基本信息		全部调研样本(1673个)		其中第一、二批公园所在地调研样本(823个)	
		样本数	所占比例%	样本数	所占比例%
受教育程度	高中、中专及以下	200	12.0	118	14.3
	大学专科或本科	815	48.7	444	53.9
	硕士	384	23.0	177	21.5
	博士	274	16.4	84	10.2
职业	公务员	50	3.0	24	2.9
	事业单位人员	652	39.0	260	31.6
	企业人员	272	16.3	186	22.6
	个体或自由职业者	85	5.1	57	6.9
	农民	22	1.3	18	2.2
	学生	467	27.9	215	26.1
	其他	125	7.5	63	7.7

2.“公众对公园功能定位、功能体系的个人认知情况”调研数据分析

(1)第一、二批正式建设24家公园所在地样本调研数据分析

借鉴5刻度李克特量表的通常划分方法,以1.5、2.5、3.5、4.5为界限将均值计算结果划分为五个等级:很低、低、一般/中等、高、很高。[1] 首先,所在地公众对公园建设的了解程度均值仅为2.57,这表明即使是所在地公众对我国国家考古遗址公园建设的了解也刚刚达到中等程度。进一步对该问题项的

---

[1] 闻飞、王娟:《古城旅游地旅游影响的居民感知研究——以黄山市歙县徽州古城为例》,《资源开发与市场》2012年第1期;黄玉理、龙良富、王玉琼:《我国世界遗产地居民对旅游影响感知与态度的比较研究——以平遥、丽江古城为例》,《人文地理》2008年第2期;李龙梅、王晓峰、刘宇、刘艳艳:《西安市重点景区游客满意度评价的模式构建》,《价值工程》2012年第25期。

样本数统计来看,823 个样本中对公园建设了解程度高者仅有 104 个,其中选择"很高"者仅 26 个、"高"者 78 个,而很低者则多达 153 个。进一步来看,所在地公众对公园的"公共文化空间"定位较为赞同,赞同程度均值为 3.76,属于高赞同度;对本研究提出的功能体系非常认可,对公园 9 项功能的认可程度也均属于高程度,即使最低者"文化休闲"的重要性程度均值也为 3.74,其中公众认为重要性程度均值大于 4.0 者依次为遗产保护、公众教育、遗产展示、推动区域发展、带动当地文化产业发展。

对不同性别、年龄段、受教育程度、职业之群体的进一步数据分析(表9),可见调研样本中的男性比女性对公园的熟悉度、公园定位的赞同程度略高,对各项功能重要性程度的认知除遗产保护功能外也都略高一些,但是总体差距不大。低年龄组、高年龄组认知程度相对更高,18 岁以下、55—64 岁、65 岁以上三个年龄组对公园了解程度相对要高,也对公园各项功能更加重视。其中,65 岁以上组遗产展示、公众教育、区域发展功能重要性程度认知均值达到 4.80,18 岁以下组遗产保护功能重要性程度认知均值为 4.78。其原因可能是学生因学习需要、高年龄组公众则因闲暇时间较多而会有更多机会接触国家考古遗址公园,此与后面这两个年龄段对公园"公共文化空间"定位和开展"文化休闲"活动感知程度相对较高也可相互印证。高学历者对公园的公共性更看重,相对更认可公园的公共文化空间定位(博士层次均值为 3.02),其中遗产保护、遗产展示、科学研究、公众教育功能重要性程度的认知很明显表现为学历越高均值越高的特点,而高学历者对公园带动文化产业和其他产业则相对看重程度略低;公务员和事业单位人员对公园的认知程度相对要高,而农民则更看重公园对当地其他产业发展的带动功能,农民样本关于 11 个调研项目的均值以文化旅游和当地其他产业发展的带动功能为最高(两项均值均为 3.94)。

表 8 第一、二批正式建设公园所在地公众对公园
功能定位、功能体系的个人认知情况

调研项目	样本数	均值		标准偏差
	统计	统计	标准错误	统计
1. 您对我国正在进行的国家考古遗址公园建设情况了解程度	823	2.57	.035	.996
2. 您是否赞同将国家考古遗址公园定位为"公共文化空间"	823	3.76	.032	.915
3. 您认为国家考古遗址公园"遗产保护"功能的重要性程度	823	4.36	.026	.739
4. 您认为国家考古遗址公园"遗产展示"功能的重要性程度	823	4.25	.025	.711
5. 您认为国家考古遗址公园"科学研究"功能的重要性程度	823	4.21	.026	.733
6. 您认为国家考古遗址公园"公众教育"功能的重要性程度	823	4.27	.024	.688
7. 您认为国家考古遗址公园"文化休闲"功能的重要性程度	823	3.74	.030	.873
8. 您认为国家考古遗址公园"文化旅游"功能的重要性程度	823	3.95	.028	.801
9. 您认为国家考古遗址公园"带动当地文化产业发展"功能的重要性程度	823	4.04	.027	.776
10. 您认为国家考古遗址公园"带动当地其他产业发展(如商业、服务业、房地产业、生态农业)"功能的重要性程度	823	3.78	.030	.868
11. 您认为国家考古遗址公园"推动区域发展(如文化传承、文化发展、经济发展、精神凝聚、公民素质提高、社会进步)"功能的重要性程度	823	4.12	.025	.719

表9　所在地公众中不同群体对国家考古遗址公园功能定位、功能体系个人认知情况比较

公众群体划分			对公园建设情况了解程度	是否赞同将公园定位为"公共文化空间"	认为公园"遗产保护"功能的重要程度	认为公园"遗产展示"功能的重要程度	认为公园"科研"功能的重要程度	认为公园"公众教育"功能的重要程度	认为公园"文化休闲"功能的重要程度	认为公园"文化旅游"功能的重要程度	认为公园"带动当地文化产业发展"功能的重要程度	认为公园"带动当地其他产业发展"功能的重要程度	认为公园"推动区域发展"功能的重要程度
性别	男	均值	2.75	3.87	4.35	4.29	4.22	4.29	3.79	4.02	4.06	3.82	4.13
	女	均值	2.41	3.67	4.38	4.22	4.20	4.26	3.71	3.89	4.04	3.75	4.12
年龄	18岁以下	均值	2.89	3.67	4.78	4.44	4.56	4.44	4.11	4.33	4.44	4.11	4.44
	18岁—24岁	均值	2.39	3.62	4.36	4.18	4.20	4.25	3.79	3.94	4.15	3.91	4.17
	25岁—34岁	均值	2.40	3.72	4.28	4.11	4.09	4.19	3.67	3.96	4.07	3.73	4.06
	35岁—44岁	均值	2.58	3.90	4.49	4.42	4.33	4.36	3.75	3.93	3.95	3.70	4.13
	45岁—54岁	均值	2.96	3.81	4.29	4.21	4.15	4.24	3.66	3.87	3.92	3.63	4.03
	55岁—64岁	均值	3.22	3.91	4.16	4.47	4.28	4.28	4.00	4.16	4.09	4.06	4.34
	65岁以上	均值	4.00	4.00	4.60	4.80	4.60	4.80	4.40	4.40	4.40	4.40	4.80
受教育程度	高中、中专及以下	均值	2.62	3.68	4.18	4.05	4.13	4.10	3.82	4.01	4.10	4.03	4.13
	大学专科或本科	均值	2.48	3.73	4.38	4.23	4.23	4.25	3.72	3.94	4.11	3.84	4.16
	硕士	均值	2.53	3.87	4.38	4.29	4.15	4.32	3.71	3.87	3.88	3.55	4.01
	博士	均值	3.02	3.80	4.50	4.56	4.32	4.52	3.87	4.08	3.99	3.56	4.17

续表

职业 公众群体划分		均值 对公园建设情况了解程度	是否赞同将公园定位为"公共文化空间"	认为"遗产保护"功能的重要程度	认为"遗产展示"功能的重要程度	认为"科学研究"功能的重要程度	认为"公众教育"功能的重要程度	认为"文化休闲"功能的重要程度	认为"文化旅游"功能的重要程度	认为"带动当地文化产业发展"功能的重要程度	认为"带动当地其他产业发展"功能的重要程度	认为"推动区域发展"功能的重要程度
	公务员	3.04	3.75	4.21	4.38	4.29	4.33	3.96	4.04	4.25	3.79	4.08
	事业单位人员	2.89	3.88	4.45	4.40	4.30	4.39	3.80	3.98	3.97	3.62	4.13
	企业人员	2.41	3.87	4.39	4.23	4.23	4.24	3.68	3.90	4.03	3.85	4.11
	个体或自由职业者	2.53	3.58	4.18	4.02	4.02	4.07	3.65	3.89	3.98	3.74	4.00
	农民	1.94	3.44	3.78	3.78	3.61	3.89	3.78	3.94	3.78	3.94	3.89
	学生	2.39	3.63	4.41	4.21	4.23	4.30	3.80	3.96	4.16	3.89	4.20
	其他	2.32	3.63	4.19	4.08	4.02	4.03	3.49	3.92	4.05	3.81	4.10

说明:本表数据依据 SPSS25.0 数据统计分析结果整合而成,为简化表格未将系统导出数据中原有的 N(样本数)和标准偏差信息列入。

进一步来看,将非第一、二批正式建设公园所在地850个样本调研数据统计结果(表10)与所在地公众调研数据相对照来看,两者所反映的公众认知情况总体基本一致。值得注意的是,所在地公众对公园的了解程度还略低于非公园所在地,前者均值为2.57、后者为2.62。对此,一个方面我们要看到非第一、二公园所在地还建设有第三批正式建设和第一至三批立项建设国家考古遗址公园(如样本涉及到的武汉、济南、泰安等地)而使公众对国家考古遗址公园建设的了解程度未必一定要低,另一个方面我们也要看到第一、二批正式建设国家考古遗址公园的确还没有真正建立起自身与当地公众生产生活之间的密切联系。

表 10　非第一、二批正式建设公园所在地公众对
公园功能定位、功能体系的个人认知情况

调研项目	样本数	均值		标准偏差
	统计	统计	标准错误	统计
1.您对我国正在进行的国家考古遗址公园建设情况了解程度	850	2.62	.034	.989
2.您是否赞同将国家考古遗址公园定位为"公共文化空间"	850	3.81	.032	.941
3.您认为国家考古遗址公园"遗产保护"功能的重要性程度	850	4.37	.027	.792
4.您认为国家考古遗址公园"遗产展示"功能的重要性程度	850	4.31	.026	.746
5.您认为国家考古遗址公园"科学研究"功能的重要性程度	850	4.24	.027	.797
6.您认为国家考古遗址公园"公众教育"功能的重要性程度	850	4.32	.024	.713
7.您认为国家考古遗址公园"文化休闲"功能的重要性程度	850	3.75	.031	.908
8.您认为国家考古遗址公园"文化旅游"功能的重要性程度	850	3.93	.029	.858
9.您认为国家考古遗址公园"带动当地文化产业发展"功能的重要性程度	850	3.95	.029	.854

调研项目	样本数	均值		标准偏差
	统计	统计	标准错误	统计
10.您认为国家考古遗址公园"带动当地其他产业发展(如商业、服务业、房地产业、生态农业)"功能的重要性程度	850	3.66	.032	.946
11.您认为国家考古遗址公园"推动区域发展(如文化传承、文化发展、经济发展、精神凝聚、公民素质提高、社会进步)"功能的重要性程度	850	4.10	.027	.796

(2)全部调研样本调研数据分析

全部调研样本亦反映出公众对国家考古遗址公园建设的不熟悉,其了解程度均值(2.59)属于中等偏低;对"公共文化空间"定位的赞同程度均值为3.78,可见全部调研公众都高程度的认可公园的公共产品性质。从表11统计来看,全部样本对公园各项功能重要性程度认知均值在4.0以上者依次为遗产保护、公众教育、遗产展示、科学研究、推动区域发展、带动当地文化产业发展,相对来说带动当地其他产业发展和文化休闲功能的均值略低,但也都在3.5以上。可见,整体来说本研究提出的国家考古遗址公园功能定位和功能体系得到了公众的较高认可。

与所在地样本情况近似,表12表明对公园功能定位、功能体系个人认知的性别差异不明显,相对来说男性对公园的了解程度和"公共文化空间"定位的认可程度略高。不同年龄组中高年龄组无论是对公园的了解程度,还是对公园功能定位和各项功能重要性的认知程度均相对较高,如65岁以上年龄组除带动当地其他产业发展功能外的10个调研项目均值都大于4.0。大部分调研项目表现出学历越高则认知程度越高的特点,公众对"公共文化空间"定位的赞同程度以及对遗产保护、遗产展示、科学研究、公众教育功能重要性程度都直接表现出上述趋势,高学历者对公园建设的了解程度也要高一些,而与所在地样本情况相同高学历者对公园带动文化产业、其他产业发展功能的重要性认知相对要低一些。进一步来看,公务员、事业单位人员、学生对公园功能定位、功能体系的个人认知程度总体较高,农民的总体个人认知程度要低(各项均值均低于4.0)。

表11 全部调研公众对公园功能定位、功能体系的个人认知情况

调研项目	样本数	均值		标准偏差
	统计	统计	标准错误	统计
1. 您对我国正在进行的国家考古遗址公园建设情况了解程度	1673	2.59	.024	.990
2. 您是否赞同将国家考古遗址公园定位为"公共文化空间"	1673	3.78	.023	.928
3. 您认为国家考古遗址公园"遗产保护"功能的重要性程度	1673	4.36	.0188	.7680
4. 您认为国家考古遗址公园"遗产展示"功能的重要性程度	1673	4.28	.018	.731
5. 您认为国家考古遗址公园"科学研究"功能的重要性程度	1673	4.22	.019	.766
6. 您认为国家考古遗址公园"公众教育"功能的重要性程度	1673	4.29	.017	.703
7. 您认为国家考古遗址公园"文化休闲"功能的重要性程度	1673	3.75	.022	.890
8. 您认为国家考古遗址公园"文化旅游"功能的重要性程度	1673	3.94	.020	.830
9. 您认为国家考古遗址公园"带动当地文化产业发展"功能的重要性程度	1673	4.00	.020	.817
10. 您认为国家考古遗址公园"带动当地其他产业发展(如商业、服务业、房地产业、生态农业)"功能的重要性程度	1673	3.71	.022	.911
11. 您认为国家考古遗址公园"推动区域发展(如文化传承、文化发展、经济发展、精神凝聚、公民素质提高、社会进步)"功能的重要性程度	1673	4.11	.019	.758

表12　全部调研公众中不同群体对国家考古遗址公园功能定位、功能体系个人认知情况比较

公众群体划分		对公园建设情况了解程度 均值	是否赞同将公园定位为"公共文化空间" 均值	认为公园"遗产保护"功能的重要性程度 均值	认为公园"遗产展示"功能的重要性程度 均值	认为公园"科学研究"功能的重要性程度 均值	认为公园"公众教育"功能的重要性程度 均值	认为公园"文化休闲"功能的重要性程度 均值	认为公园"文化旅游"功能的重要性程度 均值	认为公园"带动当地文化产业发展"功能的重要性程度 均值	认为公园"带动当地其他产业发展"功能的重要性程度 均值	认为公园"推动区域发展"功能的重要性程度 均值
性别	男	2.72	3.90	4.32	4.29	4.21	4.30	3.84	4.00	3.99	3.75	4.09
	女	2.46	3.67	4.40	4.26	4.24	4.29	3.66	3.89	4.00	3.68	4.13
年龄	18岁以下	2.63	3.67	4.22	4.15	4.22	4.22	3.67	3.89	4.00	3.67	4.15
	18岁—24岁	2.38	3.60	4.35	4.20	4.19	4.24	3.75	3.90	4.08	3.84	4.15
	25岁—34岁	2.50	3.74	4.30	4.21	4.17	4.25	3.70	3.97	4.02	3.71	4.05
	35岁—44岁	2.61	3.91	4.45	4.37	4.29	4.38	3.74	3.91	3.88	3.59	4.09
	45岁—54岁	2.94	3.97	4.40	4.33	4.23	4.31	3.79	4.00	3.98	3.67	4.14
	55岁—64岁	3.15	4.06	4.20	4.43	4.29	4.25	3.88	4.07	4.04	3.85	4.24
	65岁以上	4.00	4.06	4.73	4.45	4.55	4.64	4.00	4.09	4.18	3.91	4.27
受教育程度	高中、中专及以下	2.53	3.65	4.18	4.04	4.14	4.11	3.79	3.97	4.02	3.92	4.08
	大学专科或本科	2.47	3.75	4.36	4.25	4.23	4.26	3.75	3.95	4.09	3.84	4.16
	硕士	2.68	3.84	4.43	4.36	4.24	4.37	3.68	3.88	3.90	3.55	4.08
	博士	2.86	3.91	4.40	4.41	4.24	4.41	3.79	3.97	3.85	3.41	4.04

续表

公众群体划分		对公园建设情况了解程度	是否赞同将公园定位为"公共文化空间"	认为公园"遗产保护"功能的重要性程度	认为公园"遗产展示"功能的重要性程度	认为公园"科学研究"功能的重要性程度	认为公园"公众教育"功能的重要性程度	认为公园"文化休闲"功能的重要性程度	认为公园"文化旅游"功能的重要性程度	认为公园"带动当地文化产业发展"功能的重要性程度	认为公园"带动当地其他产业发展"功能的重要性程度	认为公园"推动区域发展"功能的重要性程度
		均值										
职业	公务员	2.72	3.76	4.20	4.26	4.24	4.20	3.80	3.90	4.00	3.80	3.98
	事业单位人员	2.85	3.90	4.40	4.38	4.25	4.37	3.77	3.95	3.90	3.54	4.09
	企业人员	2.40	3.85	4.39	4.25	4.27	4.27	3.71	3.96	4.08	3.86	4.15
	个体或自由职业者	2.53	3.67	4.11	4.09	4.08	4.11	3.79	4.00	4.06	3.88	4.04
	农民	2.14	3.41	3.82	3.68	3.64	3.95	3.68	3.95	3.73	3.86	3.86
	学生	2.39	3.65	4.41	4.24	4.24	4.29	3.74	3.88	4.07	3.79	4.17
	其他	2.44	3.70	4.29	4.14	4.12	4.16	3.73	4.02	4.07	3.84	4.10

说明：本表数据依据 SPSS25.0 数据统计分析结果整合而成，为简化表格未将系统导出数据中原有的 N（样本数）和标准偏差信息总括列入。

3. "公众对国家考古遗址公园功能定位、功能体系实现程度的实际感知情况"调研数据分析

(1)第一、二批正式建设24家公园所在地样本调研数据分析

本部分调研项目的数据统计分析结果,与前面个人认知情况的结果形成鲜明对比。表13表明,公众对国家考古遗址公园功能定位和功能体系重要性的高认可度、高重视度可以说是被现实感知给"击碎"了。第一、二批正式建设24家公园所在地公众对公园功能定位、功能体系实现程度实际感知程度均值无超过3.5者,都属于中等感知程度。这表明即使是身处所在地,公众也尚未很好地感受到国家考古遗址公园的各项功能。基于统计结果来看,公众感知到实现程度相对高一点的公园功能有"对考古遗址本身保护"(均值3.41)、"对考古遗址之历史、艺术、科学、文化和社会价值保护"(均值3.41),同时对"考古遗址展示的真实性"感知程度也相对高一些(均值3.35);公众感知的国家考古遗址公园文化休闲和文化旅游活动中等偏少(均值分别为2.75和2.85),公园教育功能(文化宣传、文化普及、文化遗产领域专业教育)实现感知程度也偏低(均值分别为接近或略高于2.8),这也验证了前一部分数据分析中发现的公众对公园建设了解程度不高的问题。整合来看,国家考古遗址公园还没有能够让公众高程度的感知自身各项功能的实现,其也还难以真正成为当地的公共文化空间,公众感知调研数据也证明了这一点(均值仅为3.11)。

从所在地公众调研样本中的不同群体之具体情况来看,不同群体之间个人感知差异在性别方面表现为男性略高于女性,但总体差距不大;年龄方面高年龄组和低年龄组感知程度较高,65岁以上年龄组在18个调研项目中有9个均值高于3.5(其中成为当地"公共文化空间"的程度、公园对考古遗址之历史、艺术、科学、文化和社会价值保护的实现程度两项之均值达到4.0),18岁以下年龄组有13个调研项目均值略高于3.5(其中对考古遗址价值保护的实

现程度之均值最高,为3.89);受教育程度方面表现为学历越高则实际感知程度越低的特点,最低学历组总体感知程度相对要高且对考古遗址本身保护、周边环境保护、考古遗址价值保护、展示的真实性程度、研究工作的丰富性程度的感知略高于3.5(最高者为3.69);职业方面不同职业群体的实际感知程度大都不高,仅农民、学生、其他群体实际感知的公园对考古遗址价值保护实现程度和学生群体感知的公园展示真实性程度均值略高于3.5(最高者为3.61)。

表13　第一、二批正式建设公园所在地公众对公园功能定位、功能体系实现程度实际感知情况

调研项目	样本数	均值		标准偏差
	统计	统计	标准错误	统计
1. 您认为目前国家考古遗址公园成为当地"公共文化空间(即当地开展文化活动的公共空间)"的程度	823	3.11	.034	.970
2. 您认为目前国家考古遗址公园对考古遗址本身保护的实现程度	823	3.35	.031	.896
3. 您认为目前国家考古遗址公园对考古遗址之周边环境保护的实现程度	823	3.26	.031	.878
4. 您认为目前国家考古遗址公园对考古遗址之历史、艺术、科学、文化和社会价值保护的实现程度	823	3.41	.031	.887
5. 您认为目前国家考古遗址公园保护工作过程中对公众的开放性程度(如信息公开程度、给公众提供参与机会等)	823	3.08	.032	.912
6. 您认为目前国家考古遗址公园对考古遗址展示的整体性程度	823	3.21	.029	.843
7. 您认为目前国家考古遗址公园对考古遗址展示的真实性程度	823	3.35	.029	.823
8. 您认为目前国家考古遗址公园展示实现"针对不同背景的群体采用易于理解的方式""易于公众理解、可读可视性强"的程度	823	3.17	.030	.871

调研项目	样本数	均值		标准偏差
	统计	统计	标准错误	统计
9.您认为目前国家考古遗址公园对考古遗址展示所采取形式的多元化程度	823	3.16	.030	.855
10.您认为目前国家考古遗址公园开展之科学研究工作的丰富性程度	823	3.24	.031	.876
11.据您所知,目前国家考古遗址公园面向社会开展的文化宣传活动	823	2.82	.034	.972
12.据您所知,目前国家考古遗址公园面向社会开展的文化普及活动	823	2.78	.034	.982
13.据您所知,目前国家考古遗址公园面向社会和学校开展的文化遗产领域专业性教育活动	823	2.81	.034	.987
14.据您所知,目前国家考古遗址公园为公众提供文化休闲活动(当地居民可免费参与的文化活动)的机会	823	2.75	.035	1.018
15.据您所知,目前国家考古遗址公园开发的文化旅游产品	823	2.85	.034	.984
16.您认为目前国家考古遗址公园对当地文化产业发展的带动程度	823	3.09	.033	.936
17.您认为目前国家考古遗址公园对当地其他产业(如商业、服务业、房地产业、生态农业)的带动程度	823	3.04	.033	.935
18.您认为目前国家考古遗址公园对当地经济社会发展的整体带动程度	823	3.07	.033	.934

表14-1　所在地公众中不同群体对国家考古遗址公园功能定位、功能体系实现程度实际感知情况(一)

公众群体划分			认为公园成为当地"公共文化空间"的程度	认为目前对考古遗址本身保护的实现程度	认为公园对考古遗址之周边环境保护的实现程度	认为公园对考古遗址之历史、艺术、科学、文化和社会价值保护的实现程度	认为公园保护工作过程中对公众的开放性程度	认为公园对考古遗址展示的整体性程度	认为公园对考古遗址展示的真实性程度	认为公园展示"于公众易理解、可读、可视性强"的程度	认为目公园对考古遗址所采取展示形式的多元化程度
性别	男	均值	3.28	3.42	3.33	3.47	3.18	3.25	3.42	3.21	3.21
	女	均值	2.97	3.28	3.20	3.36	3.00	3.18	3.30	3.14	3.11
年龄	18岁以下	均值	3.33	3.67	3.33	3.89	3.67	3.67	3.67	3.67	3.44
	18岁—24岁	均值	3.23	3.45	3.42	3.60	3.35	3.48	3.55	3.45	3.42
	25岁—34岁	均值	2.99	3.20	3.12	3.23	2.88	3.05	3.28	3.01	3.00
	35岁—44岁	均值	3.03	3.32	3.28	3.37	3.04	3.16	3.29	3.10	3.08
	45岁—54岁	均值	3.17	3.42	3.17	3.42	2.97	3.10	3.28	3.04	3.11
	55岁—64岁	均值	3.25	3.47	3.19	3.34	3.03	3.06	3.16	3.09	2.97
	65岁以上	均值	4.00	3.60	3.60	4.00	3.60	3.80	3.40	3.60	3.60
受教育程度	高中、中专及以下	均值	3.41	3.69	3.50	3.64	3.34	3.42	3.51	3.44	3.45
	大学专科或本科	均值	3.16	3.32	3.27	3.43	3.13	3.27	3.39	3.24	3.21
	硕士	均值	2.88	3.22	3.13	3.23	2.79	3.02	3.19	2.98	2.97
	博士	均值	2.93	3.29	3.17	3.35	3.08	3.00	3.32	2.85	2.88

续表

公众群体划分			认为公园成为当地"公共文化空间"的程度	认为目前对考古遗址公园对古遗址本身保护的实现程度	认为公园对考古遗址之周边环境保护的实现程度	认为公园对考古遗址之历史、艺术、科学、文化和社会价值保护的实现程度	认为公园工作、保护过程中对公众的开放性程度	认为公园对考古遗址展示的整体性程度	认为公园对考古遗址展示的真实性程度	认为公园展示"易于公众理解、可视性强"的可读性程度	认为目前考古遗址公园对遗址展示所采取的形式的多元化程度
职业	公务员	均值	2.75	3.04	2.96	3.29	3.08	3.00	3.21	3.08	2.92
	事业单位人员	均值	3.00	3.30	3.17	3.28	2.95	3.06	3.27	2.96	3.00
	企业人员	均值	3.18	3.34	3.34	3.33	2.91	3.12	3.22	3.15	3.10
	个体或自由职业者	均值	3.23	3.28	3.02	3.30	3.00	3.21	3.44	3.09	3.21
	农民	均值	3.33	3.44	3.22	3.50	3.44	3.39	3.44	3.22	3.39
	学生	均值	3.14	3.40	3.36	3.61	3.35	3.45	3.53	3.42	3.35
	其他	均值	3.19	3.48	3.40	3.60	3.21	3.35	3.48	3.38	3.32

说明:本表数据依据 SPSS25.0 数据统计分析结果整合而成,为简化表格未将系统导出数据中原有的 N(样本数)和标准偏差信息列入。

表14-2　所在地公众中不同群体对国家考古遗址公园功能定位、功能体系实现程度实际感知情况（二）

公众群体划分			认为公园科学开展研究工作的丰富性程度	公园面向社会开展的文化宣传活动	公园面向社会开展的文化普及活动	公园面向社会和学校开展的文化遗产领域专业性教育活动	公园为公众提供文化休闲活动的机会	公园开发的文化旅游产品	公园对当地文化产业发展的带动程度	公园对当地其他产业的带动程度	公园对当地社会经济发展的整体带动程度
性别	男	均值	3.28	2.91	2.86	2.89	2.87	2.86	3.09	3.05	3.08
	女	均值	3.20	2.75	2.71	2.75	2.65	2.84	3.09	3.03	3.07
年龄	18岁以下	均值	3.56	3.22	3.22	3.00	3.56	3.56	3.67	3.56	3.67
	18岁—24岁	均值	3.53	3.04	3.05	3.04	3.09	3.20	3.32	3.27	3.34
	25岁—34岁	均值	3.00	2.64	2.59	2.69	2.52	2.72	3.04	2.94	2.99
	35岁—44岁	均值	3.22	2.72	2.66	2.72	2.64	2.65	2.95	2.90	2.87
	45岁—54岁	均值	3.14	2.92	2.72	2.80	2.66	2.72	2.96	2.98	3.03
	55岁—64岁	均值	3.09	2.75	2.94	2.69	2.72	2.88	3.09	3.03	3.13
	65岁以上	均值	3.80	3.40	3.60	3.20	3.40	3.00	3.20	3.20	3.40
受教育程度	高中、中专及以下	均值	3.57	3.19	3.14	3.06	3.00	3.19	3.39	3.42	3.42
	大学专科或本科	均值	3.28	2.84	2.82	2.86	2.78	2.95	3.15	3.12	3.20
	硕士	均值	3.03	2.60	2.55	2.62	2.50	2.53	2.86	2.73	2.71
	博士	均值	2.96	2.67	2.55	2.61	2.76	2.51	2.86	2.70	2.68

续表

公众群体划分		认为公园科学开展研究工作的丰富性程度	公园面向社会开展的文化宣传活动	公园面向社会开展的文化普及活动	公园面向社会和学校开展的文化遗产专业领域专业性教育活动	公园为公众提供文化休闲活动的机会	公园开发的文化旅游产品	公园对当地文化产业发展程度带动程度	公园对当地其他地产业的带动程度	公园对当地社会经济发展的整体带动程度
职业	公务员 均值	2.96	2.67	2.50	2.79	2.50	2.50	2.87	2.79	2.75
	事业单位人员 均值	3.06	2.70	2.63	2.73	2.68	2.65	2.93	2.86	2.84
	企业人员 均值	3.22	2.76	2.66	2.75	2.62	2.77	3.09	3.10	3.11
	个体或自由职业者 均值	3.16	2.81	2.91	2.89	2.56	3.07	3.05	3.05	3.11
	农民 均值	3.39	3.17	2.94	3.06	3.11	3.17	3.11	3.22	3.11
	学生 均值	3.45	2.99	3.02	2.97	3.00	3.16	3.32	3.21	3.32
	其他 均值	3.44	2.89	2.86	2.67	2.75	2.68	3.10	2.98	3.13

说明：本表数据依据 SPSS25.0 数据统计分析结果整合而成，为简化表格未将系统导出数据中原有的 N（样本数）和标准偏差信息列入。

进一步来看,与非第一、二批正式建设公园所在地 850 个样本调研数据(表15)相对比,所在地公众的实际感知程度均要更高。基于第一、二批公园建设时间较长,所在地公众应该比其他地方公众更早和更有机会接近国家考古遗址公园,有更多机会实际感知公园的相关活动和产品。需要说明的是,前面公众个人认知情况数据统计分析所表明的,所在地公众认为自己对公园了解程度之均值为 2.57,要略低于非所在地公众的 2.62。此处的实际感知数据并未表现出相同的趋势,相反其表明还是所在地公众对公园各项功能实现程度的感知略高。

表 15　非第一、二批正式建设公园所在地公众对公园
功能定位、功能体系实现程度实际感知情况

调研项目	样本数	均值		标准偏差
	统计	统计	标准错误	统计
1. 您认为目前国家考古遗址公园成为当地"公共文化空间(即当地开展文化活动的公共空间)"的程度	850	2.93	.034	1.004
2. 您认为目前国家考古遗址公园对考古遗址本身保护的实现程度	850	3.21	.032	.922
3. 您认为目前国家考古遗址公园对考古遗址之周边环境保护的实现程度	850	3.14	.031	.910
4. 您认为目前国家考古遗址公园对考古遗址之历史、艺术、科学、文化和社会价值保护的实现程度	850	3.32	.032	.922
5. 您认为目前国家考古遗址公园保护工作过程中对公众的开放性程度(如信息公开程度、给公众提供参与机会等)	850	2.94	.033	.968
6. 您认为目前国家考古遗址公园对考古遗址展示的整体性程度	850	3.07	.032	.919
7. 您认为目前国家考古遗址公园对考古遗址展示的真实性程度	850	3.26	.030	.869
8. 您认为目前国家考古遗址公园展示实现"针对不同背景的群体采用易于理解的方式""易于公众理解、可读可视性强"的程度	850	3.05	.031	.918

续表

调研项目	样本数	均值		标准偏差
	统计	统计	标准错误	统计
9. 您认为目前国家考古遗址公园对考古遗址展示所采取形式的多元化程度	850	3.00	.031	.909
10. 您认为目前国家考古遗址公园开展之科学研究工作的丰富性程度	850	3.16	.031	.910
11. 据您所知,目前国家考古遗址公园面向社会开展的文化宣传活动	850	2.65	.033	.957
12. 据您所知,目前国家考古遗址公园面向社会开展的文化普及活动	850	2.63	.033	.959
13. 据您所知,目前国家考古遗址公园面向社会和学校开展的文化遗产领域专业性教育活动	850	2.67	.034	.989
14. 据您所知,目前国家考古遗址公园为公众提供文化休闲活动(当地居民可免费参与的文化活动)的机会	850	2.63	.035	1.007
15. 据您所知,目前国家考古遗址公园开发的文化旅游产品	850	2.71	.034	1.005
16. 您认为目前国家考古遗址公园对当地文化产业发展的带动程度	850	2.97	.034	.977
17. 您认为目前国家考古遗址公园对当地其他产业(如商业、服务业、房地产业、生态农业)的带动程度	850	2.93	.033	.959
18. 您认为目前国家考古遗址公园对当地经济社会发展的整体带动程度	850	2.96	.033	.956

(2)全部调研样本调研数据分析

表16统计结果表明,全部调研样本同样是对国家考古遗址公园功能定位、功能体系实现程度感知不高,18个调研项目之均值大都是在3左右,其中最高者为3.36、最低者仅为2.69。结合前面对全部调研样本来源地的统计分析,上面统计结果可以说明我国各地公众还大都尚未充分体验到国家考古遗址公园的各项功能,本研究提出的公园功能实现机制诸要素还需进一步转化为各地的实际行动。具体来看,全部调研样本的实际感知程度普遍低于第一、二批公园所在地公众,这也与表15统计结果相一致;相对来说公众对公园的

考古遗址价值保护实现程度、考古遗址展示的真实性程度、考古遗址本身保护的实现程度的实际感知要高一些,均值为3.3左右;与所在地公众数据结果一致,全部调研样本对公园的教育功能、旅游功能实现程度的感知中等偏低,均值仅为2.7左右。

全部调研样本中不同群体的实际感知情况,性别方面同样表现为男性感知程度略高于女性,18个调研项目均值之中有17个男性相对要高、1个两者相同;年龄方面各年龄组对18个调研项目的感知程度均值大都小于3.5,其中整体感知程度较高的为65岁以上、18岁以下、18—24岁三个年龄组,亦表现为高年龄组和低年龄组对公园功能定位和功能体系实现程度有相对较高的实际感知;受教育程度方面不同群体对所有调研项目的感知均值都中等,仅有低学历组对部分保护功能(遗址本身保护、遗址价值保护)的实现程度和科学研究的丰富性程度感知均值略高于3.5;职业方面同样是不同群体的实际感知程度整体不高,均值略高于3.5者仅有5项(农民样本3项、学生和其他样本各一项)、最低者仅为2.44(公务员群体对公园文化休闲功能实现程度的实际感知),其中农民样本对18个调研项目的感知程度相对较高而均值达到或接近3.5者有5项,这应该是与我国大部分国家考古遗址公园都处在城郊或乡村有直接关系。

表16　全部调研公众对公园功能定位、功能体系实现程度实际感知情况

调研项目	样本数	均值		标准偏差
	统计	统计	标准错误	统计
1.您认为目前国家考古遗址公园成为当地"公共文化空间(即当地开展文化活动的公共空间)"的程度	1673	3.02	.024	.991
2.您认为目前国家考古遗址公园对考古遗址本身保护的实现程度	1673	3.27	.022	.913
3.您认为目前国家考古遗址公园对考古遗址之周边环境保护的实现程度	1673	3.20	.022	.897

调研项目	样本数	均值		标准偏差
	统计	统计	标准错误	统计
4. 您认为目前国家考古遗址公园对考古遗址之历史、艺术、科学、文化和社会价值保护的实现程度	1673	3.36	.022	.906
5. 您认为目前国家考古遗址公园保护工作过程中对公众的开放性程度（如信息公开程度、给公众提供参与机会等）	1673	3.01	.023	.944
6. 您认为目前国家考古遗址公园对考古遗址展示的整体性程度	1673	3.14	.022	.885
7. 您认为目前国家考古遗址公园对考古遗址展示的真实性程度	1673	3.31	.021	.849
8. 您认为目前国家考古遗址公园展示实现"针对不同背景的群体采用易于理解的方式""易于公众理解、可读可视性强"的程度	1673	3.11	.022	.898
9. 您认为目前国家考古遗址公园对考古遗址展示所采取形式的多元化程度	1673	3.08	.022	.885
10. 您认为目前国家考古遗址公园开展之科学研究工作的丰富性程度	1673	3.20	.022	.894
11. 据您所知,目前国家考古遗址公园面向社会开展的文化宣传活动	1673	2.74	.024	.967
12. 据您所知,目前国家考古遗址公园面向社会开展的文化普及活动	1673	2.70	.024	.972
13. 据您所知,目前国家考古遗址公园面向社会和学校开展的文化遗产领域专业性教育活动	1673	2.74	.024	.991
14. 据您所知,目前国家考古遗址公园为公众提供文化休闲活动(当地居民可免费参与的文化活动)的机会	1673	2.69	.025	1.014
15. 据您所知,目前国家考古遗址公园开发的文化旅游产品	1673	2.78	.024	.996
16. 您认为目前国家考古遗址公园对当地文化产业发展的带动程度	1673	3.03	.023	.958
17. 您认为目前国家考古遗址公园对当地其他产业(如商业、服务业、房地产业、生态农业)的带动程度	1673	2.98	.023	.948
18. 您认为目前国家考古遗址公园对当地经济社会发展的整体带动程度	1673	3.02	.023	.946

表17-1　全部调研公众中不同群体对国家考古遗址公园功能定位、功能体系实现程度实际感知情况（一）

公众群体划分			认为公园成为当地"公共文化空间"的程度	认为目前对考古遗址本身保护的实现程度	认为公园对考古遗址之周边环境保护的实现程度	认为公园对考古遗址之历史、艺术、科学、文化和社会价值保护的实现程度	认为公园保护工作过程中对公众的开放性程度	认为公园对考古遗址展示的整体性程度	认为公园对考古遗址展示的真实性程度	认为公园展示"易于公众理解、可读、可视性强"的程度	认为目前公园对考古遗址展示所采取的多元形式的程度
			均值	均值	均值	均值	均值	均值	均值	均值	均值
性别	男		3.14	3.38	3.28	3.42	3.09	3.19	3.35	3.16	3.13
	女		2.90	3.18	3.13	3.30	2.92	3.10	3.27	3.06	3.03
年龄	18岁以下		3.26	3.56	3.33	3.78	3.44	3.52	3.48	3.63	3.37
	18岁—24岁		3.16	3.36	3.32	3.54	3.25	3.40	3.50	3.39	3.36
	25岁—34岁		2.90	3.16	3.09	3.22	2.84	3.02	3.24	2.96	2.94
	35岁—44岁		2.95	3.22	3.16	3.26	2.94	3.02	3.20	2.98	2.93
	45岁—54岁		3.01	3.33	3.18	3.35	2.85	3.04	3.25	3.00	3.02
	55岁—64岁		3.06	3.34	3.16	3.26	2.93	2.94	3.09	2.97	2.87
	65岁以上		3.64	3.64	3.73	4.00	3.55	3.36	3.36	3.45	3.27
受教育程度	高中、中专及以下		3.41	3.61	3.49	3.64	3.31	3.40	3.47	3.42	3.35
	大学专科或本科		3.10	3.29	3.24	3.41	3.11	3.23	3.39	3.24	3.21
	硕士		2.76	3.12	3.04	3.21	2.71	2.96	3.15	2.85	2.85
	博士		2.86	3.19	3.08	3.21	2.88	2.93	3.16	2.86	2.81

续表

公众群体划分			认为公园当地成为"文化空间"化的程度	认为目前对考古遗址本身保护的实现程度	认为公园对考古遗址之周边环境保护的实现程度	认为公园对考古遗址之历史、艺术、科学、文化和社会价值保护的实现程度	认为公园工作保护过程中对公众的开放性程度	认为公园对考古遗址展示的整体性程度	认为公园对考古遗址展示的真实性程度	认为公园展示于公众"易理解、可读、可视性强"的程度	认为目前公园对考古遗址所采取的展示形式的多元化程度
职业	公务员	均值	2.90	3.14	3.12	3.26	3.02	2.98	3.18	3.00	2.92
	事业单位人员	均值	2.84	3.19	3.08	3.19	2.82	2.94	3.17	2.89	2.86
	企业人员	均值	3.14	3.29	3.27	3.33	2.92	3.12	3.24	3.12	3.09
	个体或自由职业者	均值	3.26	3.33	3.15	3.35	3.05	3.25	3.41	3.11	3.20
	农民	均值	3.50	3.55	3.27	3.68	3.45	3.32	3.45	3.32	3.36
	学生	均值	3.06	3.30	3.25	3.52	3.19	3.36	3.47	3.33	3.27
	其他	均值	3.30	3.55	3.51	3.69	3.34	3.36	3.52	3.43	3.38

说明：本表数据依据 SPSS25.0 数据统计分析结果整合而成，为简化表格未将系统导出数据中原有的 N（样本数）和标准偏差信息列入。

表17-2　全部调研公众中不同群体对国家考古遗址公园功能定位、功能体系实现程度实际感知情况（二）

公众群体划分			认为公园开展科学研究工作的丰富性程度	公园面向社会开展的文化宣传活动	公园面向社会开展的文化普及活动	公园面向社会和学校开展的文化遗产专业领域性教育活动	公园为公众提供文化休闲活动的机会	公园开发的文化旅游产品	公园对当地文化产业发展的带动程度	公园对当地其他产业的带动程度	公园对当地社会经济发展的整体带动程度
性别	男	均值	3.25	2.84	2.79	2.82	2.81	2.81	3.04	3.00	3.02
	女	均值	3.15	2.64	2.62	2.66	2.58	2.76	3.02	2.96	3.02
年龄	18岁以下	均值	3.67	3.26	3.22	3.07	3.33	3.37	3.48	3.41	3.41
	18岁—24岁	均值	3.46	2.96	2.97	2.99	3.00	3.14	3.31	3.26	3.35
	25岁—34岁	均值	3.00	2.58	2.55	2.63	2.51	2.69	2.99	2.90	2.94
	35岁—44岁	均值	3.10	2.59	2.55	2.59	2.51	2.53	2.82	2.77	2.76
	45岁—54岁	均值	3.13	2.75	2.61	2.69	2.62	2.64	2.90	2.90	2.92
	55岁—64岁	均值	3.03	2.63	2.63	2.54	2.59	2.63	2.88	2.84	2.88
	65岁以上	均值	3.73	3.36	3.45	3.27	3.36	3.18	3.09	3.45	3.45
受教育程度	高中、中专及以下	均值	3.57	3.14	3.10	3.07	2.99	3.20	3.35	3.37	3.40
	大学专科或本科	均值	3.28	2.81	2.79	2.84	2.78	2.92	3.16	3.13	3.20
	硕士	均值	2.96	2.48	2.46	2.47	2.42	2.49	2.76	2.66	2.68
	博士	均值	3.00	2.56	2.50	2.57	2.57	2.49	2.78	2.71	2.66

续表

公众群体划分			认为公园开展科学研究工作的丰富性的程度	公园面向社会开展的文化宣传活动	公园面向社会开展的文化普及活动	公园面向社会和学校开展的文化遗产专业领域教育性活动	公园为公众提供文化休闲活动的机会	公园开发的文化旅游产品	公园对当地文化产业发展的带动程度	公园对当地产业其他的带动程度	公园对当地社会经济发展的整体带动程度
职业	公务员	均值	3.02	2.54	2.46	2.66	2.44	2.54	2.82	2.80	2.80
	事业单位人员	均值	3.00	2.57	2.52	2.57	2.54	2.52	2.80	2.74	2.74
	企业人员	均值	3.19	2.73	2.63	2.73	2.59	2.74	3.06	3.10	3.10
	个体或自由职业者	均值	3.20	2.81	2.92	2.99	2.66	3.04	3.11	3.05	3.13
	农民	均值	3.45	3.14	2.95	3.05	3.09	3.23	3.09	3.36	3.14
	学生	均值	3.40	2.86	2.89	2.88	2.89	3.07	3.28	3.18	3.28
	其他	均值	3.49	3.07	3.00	2.94	2.98	3.03	3.29	3.21	3.28

说明:本表数据依据 SPSS25.0 数据练统计分析结果整合而成,为简化表格未将系统导出数据中原有的 N(样本数)和标准差信息列入。

4. 问卷开放性问题调研结果分析

问卷最后设计的开放式问题为"您对我国国家考古遗址公园建设还有其他建议吗？若有，您的建议是_____"。针对该问题共有 219 位公众进行了回答，剔除 13 位用"意义重大""加油""努力""加快建设"等表达对公园建设的肯定与支持、3 位说明自己对公园建设不了解或不懂、4 位回答内容与本次调研项目无关、2 位用"劳民伤财""不骗人"表示不认可公园建设，其中 199 位公众的回答为有实质性内容的有效建议。对这些建议的文本进行词频分析，与本文前面所分析的国家考古遗址公园功能定位相关的词语主要有"免费"7 次、"门票"（降低或免门票）5 次、"商业"（不能或避免商业化）8 次、"公开"5 次；与功能体系相关的词语主要有"保护"67 次、"展示"18 次、"研究"9 次、"教育"15 次、"休闲"5 次、"旅游"8 次、"产业"5 次、"带动"8 次、"发展"15 次。可见，公众对本开放式问题的回答同样也表现出对国家考古遗址公园功能实现的关注，也比封闭式问题更直接地表达了公众对公园功能定位、功能体系的认知、感知，并提出了不少具有可操作性的建议。

基于功能定位层面，公众对国家考古遗址公园的公共性认识已经比较明确，这与前面问卷数据所揭示的公众对公园"公共文化空间"定位之高赞同程度（全部样本个人认知均值为 3.78）也相互印证。公众提出"既然是公园，要对全社会开放""应进一步提高考古遗址公园对公众的开放程度""多加开展对公众的活动""让国家考古遗址公园走进民众、融入民众""让普通市民更多地了解国家文化遗址"等相关认识，强调公园"要关注当地居民和社区的利益追求，不能成为旅游区"，应"注重保护，勿过度商业开发"，"不要在功能上、环境氛围营造上过度商业化"，注意"去商业化"。199 位公众的建议之中，强烈地体现出了对公园建设要为公众服务的呼吁，从词频统计来看，与公众相关的词语出现了 38 次之多（其中"民众"8 次、"公众"15 次、"大众"9 次、"群众"2 次、"市民"2 次、"居民"1 次）。基于上述认识，公众更明确地要求"国家公

275

园,不能收费",应对社会特别是当地居民和学生免费开放。在这方面,有公众提出了比较务实的观点,提出公园对公众的开放应"分区管理",建议"根据遗址性质,设置不同等级的公众开放程度"。同时,还有公众提到了国家考古遗址公园定位的高度问题,建议公园建设应"顶层设计,高点定位","在建设规划之初突出该公园是国家级的,是展示一个国家历史文化的古代重要遗存,即具有至高性",强调公园应"保护好国家文化","真正发挥增强大众文化自信,提升中国整体文化软实力的作用"。

基于功能体系层面,本次研究提出的9项功能也都得到了公众的关注,这同样与前面问卷数据所反映的公众对这些功能的重要性认知情况互相支持。基于前面的词频分析,我们很明显的看出公众对公园功能的关注程度依次为保护、展示、教育、发展、研究、旅游、产业带动功能、休闲。而且公众对这些功能在公园功能体系中的地位也已经有较为客观、理性的认识,有公众明确提出"遗址等研究、保护、展示是核心,在此基础上再考虑公园的功能""以遗址保护、文化传承为主,公众参与、经济带动为辅",建议公园"在充分有力保护的前提下,着重保护和研究,同时兼顾参观教育和展示功能"和"分区管理,核心区只用作科学研究、遗产展示等用途,边缘区可开辟为文化产业区域"。具体来看,首先公众对公园的保护功能最为关注,67位公众虽采用不同表述方式,但都很明确的认识到保护遗址是公园的最基本功能。公众认为公园"确保文物安全始终是第一要务"和"保护措施要坚持做到位",建议公园应"立足保护"、以"保护为主","要注重对考古遗迹的保护工作""加大遗址保护力度",同时还有公众提出公园"保护理念需要更新"。但是,公众也认识到了保护并不排斥利用,认为"开发与保护并行""开发与保护同样重要",希望公园"可以做到在保护好遗址的前提下能实现对其的文化开发利用""在满足社会文化需求的同时能更好地保护好文化遗址"。其次,公众对公园展示功能的体验最为直接,提出的建议也非常务实。公众认为公园展示尚需进一步完善,有公众感觉自己已参观过的公园"遗址展示得很有限""远没有展示出遗址的价值"。公众从展示内容方面提出了"完善考古展示""科学准确全面客观展示考古工作,梳理好考古与文物、历史研究等学科的关系,避免误导观众"等建议;从展示方式方面认为公园要"避免千篇一律的展示模式",实现"展现方式的多样化和现代化",并提出了"针对人群多样性来采取不同的方案""采取更为通俗易懂的方式""寓教于乐,深入浅出,喜闻乐见""利用新技术创新展示方式""多建一些 3D 模拟遗址公园""加强遗址的线上宣传及展示"等具体建议。同时,公众对公园的教育功能高度关注,认为公园"要对全社会开放,突出教育功能",甚至有人直言"保护为主,教育为本"。对 199 位公众建议文本的进一步词频分析,我们会发现除"教育"本身出现 15 次之外,另有与教育功能相关词汇共 52 次("学生"6 次、"学校"4 次、"中小学"3 次、"研学"3 次、文化"宣传"23 次、文化"普及"9 次、"科普"4 次),足见公众对教育功能的重视程度(这也正印证了前面问卷数据分析的结果,全部样本"公众教育"重要性均值为 4.29,在 9 项功能之中仅次于保护功能)。关于该功能,公众认为公园教育功能需要进一步完善优化,并有多人分别从"加大公众宣传教育的力度""进行相应的宣传和文化普及""多开展对学生的宣传教育活动"等方面提出了"应积极加强同大中小学合作教育""更多组织中小学和大专院校学生和社会团体参观,遗址公园与学校共建研学基地""把公园纳入学校研学课程教材"和"加强专业教育活动"等具有可操作性的建议。更进一步来看,公众非常关注公园对当地发展的现实作用,认识到公园要加强"共享发展"和"充分发挥对周边村镇的经济发展的带动作用",并从旅游、带动文化产业等角度提出了如下一些建议:"立足保护,联动旅游","实现与旅游业的结合","加强文化资源转化为旅游产品";重视对文化产业的带动,"让考古遗址公园和文创产业相结合";"促进整体产业发展","打造经济功能区"。而且还有公众较为客观地强调公园在推动当地发展方面"不以经济利益为目的,而应以资源保护为第一目的",公园不能成为旅游区也"不要让旅游影响了保护",提出了"经济带动为辅"原则。此外,研究功能方面公众认为对遗址等的研究是公园研究工作的核心,建议"加强研究工作,深入发掘价值内涵,使观众常去常新""要加大研究阐释这一遗址所蕴含的历史文化信息";休闲功能方面公众认为公园应"发挥其文化中心和休闲娱乐中心的地位和价值",在保护和展示基础上提倡"休闲娱乐文化",但同时有公众提醒"并不是所有遗址都适合大众文化休闲的"。除关于公园功能的上述认识,7位公众(实际上其所在地均有国家正式立项建设的国家考古遗址公园)表示自己或周边其他人"很多人根本不知道公园建设这回事",1位公众认为圆明园遗址公园的展示"跟以前几乎没有任何区别"而没有看到国家考古遗址公园建设的效果,15位公众建议公园应加强宣传工作,亦可见公众对国家考古遗址公园的熟悉程度还偏低。

(三) 调研结论与相关建议

基于上述对调研数据的多角度统计分析,可以很明显的发现我国国家考古遗址公园功能实现程度还较低,离公众的期望还有很大的差距。尤其是基于第一、二批正式建设24家国家考古遗址公园所在地调研数据更值得关注,因为这些公园建设时间虽已有10余年,但公众对各项功能实现程度的感知均值尚没有一项达到高值(3.5)。这直接说明当前我国各公园建设远未实现其建设之初提出的使文化遗产保护成果惠及公众和推动所在地经济社会协同发展的总体目标。目前,我国不仅国家层面建设国家考古遗址公园,很多省市也已启动省级考古遗址公园评定工作。本次调研数据统计分析所发现的问题,既能够为我国国家考古遗址公园进一步建设找到了问题和探索了改进方向,又可为其他级别考古遗址公园建设提供了理念借鉴和路径引导。

1.国家考古遗址公园的公共文化空间定位得到公众的高程度认可(全部样本个人认知均值为3.78),但其实际实现程度还不高(全部样本公众感知均值为3.02)。

这种情况很直接的表明目前各国家考古遗址公园实际建设过程中"公共

性"体现还不够,一方面公园开展的文化活动还未广泛吸引当地公众参与而转化为所在地的公共文化活动,另一方面当地也还没有充分的机会将公园接纳为公共文化活动的场所。调研数据对此也有验证,公众对直接体现公园公共性的文化休闲、文化普及、文化宣传的实际感知程度中等偏低,均值是18个调研项目中最低的三个(分别为2.69、2.70、2.74)。同时,这种情况也为公众个人认知情况调研数据所证明,公众对公园建设的了解程度属于中等偏低(所在地样本均值为2.57、全部样本均值为2.62)。可见公园建设实践的确还没有很好的体现考古遗址的公共资源属性和国家考古遗址公园的公共产品性质,公共性理念和相关实际行动亟待加强。各地进一步实践中,应该进一步把《国家考古遗址公园发展报告》提出的"成为所在地公共文化服务供给的新亮点"和"成为城市文化地标和市民休闲活动场所"目标转化为行动指南,以维护公众基本文化权益为出发点,自觉承担社会服务功能,主动将更多的公园文化活动转化为面向公众的公共文化活动,并加大宣传力度主动吸引公众参加,积极融入当地社会生活。[1]

2. 国家考古遗址公园的综合性功能系亦得到公众高度认可,课题研究提出的9项功能都为公众所高度重视。

公众对这九项功能的重要性程度认知均值均为高值(最低者为3.71),按照均值由高到低依次为保护、教育、展示、研究、区域发展、文化产业、文化旅游、文化休闲和带动其他产业发展。整体来看,公众认知的重要性程度结果与本研究前面界定的功能体系基本对应。其既体现出了保护、教育、展示、研究在国家考古遗址公园功能体系中的基础性地位,也反映了对公园相关拓展性功能的认同。进一步来看,在拓展性功能中公众更加关注国家考古遗址公园建设对当地经济社会发展的总体推动,更期望通过公园建设来改变当地落后

---

[1]　国家文物局:《国家考古遗址公园发展报告》,http://www.gov.cn/fuwu/2018-10/12/content_5329798.htm,2018年10月16日。

状态或给当地发展注入新活力而提高人民生活水平和加快当地社会全面发展。当然,公众对九项功能的重要性程度认知,还给各地公园建设实践提供了一个重要启示,那就是在公园各项功能实现可以有层次性、有阶段性,基础性功能是首先要尽可能最早、最大程度实现者,拓展性功能可以根据公园发展阶段、所处区位条件或者其他支撑条件的可行性等情况而分阶段、分地情来逐步实现。但是,基于前面提到的"公共性"体现不足问题,各公园无论当前着重于哪种或哪些功能都必须要通过适当的形式让公众知晓、了解、感知、认可以及参与。目前,国内部分地方以保护为借口、以高端性为理由将国家考古遗址公园封闭起来不对外开放,甚至不允许外人进入,是完全不符合公园功能定位也不符合公园功能实现之要求的,是其保护理念"人本化""开放性"缺失的体现。实际上调研数据也已经揭示了该问题的存在,全部样本公众对"国家考古遗址公园保护工作过程中对公众的开放性程度"实际感知不高,均值仅为 3.01。

3. 国家考古遗址公园各项功能实现程度均较低,构建合理的功能实现机制以更有效的发挥自身各项功能已是迫切任务。

前面的调研数据统计分析已经发现,公众对国家考古遗址公园各项功能实现程度的感知都不高,均值均处于中等。具体来看,公众实际感知的各项功能实现程度依次为保护、研究、展示、文化产业、区域发展、带动其他产业、旅游、教育、文化休闲。与公众对各项功能重要性程度认知情况相对照来看(表18),公众认知程度排序在前的四项基础性功能中保护、展示、研究功能实现程度相对要高一些,但其中的教育功能实现程度相对要低(与教育功能相关的 3 个调研项目,全部样本均值分别为 2.74、2.70 和 2.74)。因此,各国家考古遗址公园要更加关注教育功能的实现,更多地开展社会教育和学校教育形式的文化宣传、文化普及和更加积极地参与文化遗产相关的专业教育。

　　进一步来看,本研究针对国家考古遗址公园的保护和展示两项最基本功能所进行的更进一步调研,也对两项功能实现的具体问题进行了探索。首先,目前国家考古遗址公园保护对象的整体性已经得到体现,公众对目前公园所进行的考古遗址本体、周边环境、考古遗址价值保护功能均有一定程度的实际感知,其感知的实现程度虽不高但在18个调研项目之中均值(全部样本分别为3.27、3.20、3.36)还属于相对较高者;公园保护理念开放性低,保护工作过程中对公众的开放性不够,公众对公园信息公开程度、参与机会等实际感知均值仅为3.01(全部样本)。其次,目前国家考古遗址公园展示的真实性和整体性得到公众的实际感知,其中公众对展示真实性实现程度的感知(全部样本均值为3.31)还属于18个调研项目中较高者,但公众感知的实现程度还不属于高值;展示内容的可解读性也属于中等(全部样本均值为3.11),展示方式还较为单一(全部样本均值为3.08),公园还没能够做到"针对不同背景的群体采用易于理解的方式"和"易于公众理解、可读可视性强"的要求。可见,目前公园虽然已经十分重视保护和展示功能,但是从公众实际感知角度来看还需要继续坚持确保保护和展示工作的整体性、真实性,进一步提升保护理念,改变保护工作的封闭式操作模式而在决策、规划等重要环节注重吸纳公众以适当的方式参与;进一步加强展示内容的可认知性、可解读性、可理解性,在目前已经较为普遍的遗址博物馆、遗址本体直接展示基础上,借鉴现有研究成果已经提出的历史景观再现、讲故事式展示、模拟展示、情景化展示、活态展示等展示方式,依托线上和线下多种媒介来构建本研究前面已分析之涵盖人员讲解、多媒体演示、场景复原、情景模拟、活态表演、参与体验、虚拟仿真等多元化形式的综合性展示体系。

表 18　全部调研公众对公园功能定位、功能体系的
个人认知和实际感知情况对照表

个人认知情况 调研项目	样本数	个人认知 均值	实际感知 均值	实际感知情况调研项目
1. 您是否赞同将国家考古遗址公园定位为"公共文化空间"	1673	3.78	3.02	1. 您认为目前国家考古遗址公园成为当地"公共文化空间"的程度
2. 您认为国家考古遗址公园"遗产保护"功能的重要性程度	1673	4.36	3.27	2. 您认为目前国家考古遗址公园对考古遗址本身保护的实现程度
			3.20	3. 您认为目前国家考古遗址公园对考古遗址之周边环境保护的实现程度
			3.36	4. 您认为目前国家考古遗址公园对考古遗址之历史、艺术、科学、文化和社会价值保护的实现程度
			3.01	5. 您认为目前国家考古遗址公园保护工作过程中对公众的开放性程度
3. 您认为国家考古遗址公园"遗产展示"功能的重要性程度	1673	4.28	3.14	6. 您认为目前国家考古遗址公园对考古遗址展示的整体性程度
			3.31	7. 您认为目前国家考古遗址公园对考古遗址展示的真实性程度
			3.11	8. 您认为目前国家考古遗址公园展示实现"针对不同背景的群体采用易于理解的方式""易于公众理解、可读可视性强"的程度
			3.08	9. 您认为目前国家考古遗址公园对考古遗址展示所采取形式的多元化程度
4. 您认为国家考古遗址公园"科学研究"功能的重要性程度	1673	4.22	3.20	10. 您认为目前国家考古遗址公园开展之科学研究工作的丰富性程度

个人认知情况调研项目	样本数	个人认知均值	实际感知均值	实际感知情况调研项目
5. 您认为国家考古遗址公园"公众教育"功能的重要性程度	1673	4.29	2.74	11. 据您所知,目前国家考古遗址公园面向社会开展的文化宣传活动
			2.70	12. 据您所知,目前国家考古遗址公园面向社会开展的文化普及活动
			2.74	13. 据您所知,目前国家考古遗址公园面向社会和学校开展的文化遗产领域专业性教育活动
6. 您认为国家考古遗址公园"文化休闲"功能的重要性程度	1673	3.75	2.69	14. 据您所知,目前国家考古遗址公园为公众提供文化休闲活动的机会
7. 您认为国家考古遗址公园"文化旅游"功能的重要性程度	1673	3.94	2.78	15. 据您所知,目前国家考古遗址公园开发的文化旅游产品
8. 您认为国家考古遗址公园"带动当地文化产业发展"功能的重要性程度	1673	4.00	3.03	16. 您认为目前国家考古遗址公园对当地文化产业发展的带动程度
9. 您认为国家考古遗址公园"带动当地其他产业发展"功能的重要性程度	1673	3.71	2.98	17. 您认为目前国家考古遗址公园对当地其他产业的带动程度
10. 您认为国家考古遗址公园"推动区域发展"功能的重要性程度	1673	4.11	3.02	18. 您认为目前国家考古遗址公园对当地经济社会发展的整体带动程度

4. 国家考古遗址公园功能定位和功能体系的公众个人认知和实际感知在不同群体中均存在差异性,形成满足差异化文化需求的多元化文化产品体系已是现实需求。

表9、表12、表14-1和14-2、表17-1和17-2已经反映出不同群体在个人认知和实际感知情况的差异,不同群体之间的差异性在认知或感知程度整

体层面差异和具体调研项目层面均有体现。这也正说明课题研究前面"基于文化遗产保护利用的协同性机制"中提出的产品创新和市场创新,的确已成为当前各国家考古遗址公园应该重视的问题。面向需求水平差异化的多元化利益相关者,科学进行目标市场的细分化,开发多层次的文化产品及相关其他类型产品是各公园真正满足公众需求、实现自身公共性价值追求的关键所在。这就要求国家考古遗址公园要改变目前较为普遍的管理者主导思维,强化服务社会意识,主动了解和关注公众需求而在做好保护工作基础上逐步实现前文所述的产品载体扩充、产品领域拓展、产品层次优化、产品形式丰富、产品时空延伸,从而依托遗址本体、遗址周边环境、遗址价值,基于历史、艺术、科学、社会、文化、政治、生活、生态等,开发静态展示、动态展示、虚拟展示、场景模拟、活动参与、情境体验等多种形式的文化产品,建立包括文化认知、文化学习、文化观光、文化旅游、文化创意等在内的综合性特色文化产品体系。

5. 调研数据统计和开放性问题分析都表明目前公众对国家考古遗址公园的了解程度还偏低,建立健全公众参与机制已是关键工作。

公众对国家考古遗址公园的了解程度还过低,尤其是在第一、二批正式建设公园所在地仅为 2.57 的公众了解程度均值与当地至少近 10 年的建设实践还很不匹配。这就要求各公园在建设过程中必须重视如何真正走进公众生活,如何让公众能够关注、了解、理解、认可和支持自身运营管理问题。对于这个问题,调研中多位公众建议的"加大宣传力度"是解决途径之一。这对各公园来说也不难去操作,但从公众接收信息角度则不一定会真正有效。因为在宣传这种信息传递模式中,作为信息接受者的公众是被动者,其对信息关注的主动性、理解的准确性、接受的全面性也都不确定,因此其接收信息的时效和质量都难以保障。更全面和更深层次来看,解决该问题的根本途径是建立健全公众参与机制,让公众能够以主人身份有机会以适当的形式参与到公园规划建设、运营管理之中,同时还要注重让公众能够以客人身份有机会去消费公园所生产的相关文化产品,从而保证公园建设运营与公众(特别是当地居民)生活能够更充分地产生关联。当然,公众参与并不意味着公园建设过程中"人人都参与"和"事事都参与",其基本原则是"有序参与"和"有效参与"。①国家考古遗址公园建设中的公众参与机制针对的是公园相关的公共事务(基于前面多次强调的考古遗址之公共资源属性和自身之公共产品性质,国家考古遗址公园规划建设、运营管理过程中的相关事务都应具备公共性),面向的是以公众为主体的公园多元化利益相关者,追求的是尽可能公开、公平地实现依托公园的相关公共利益。借鉴其他领域已有研究,该公众参与机制应是一个涉及参与主体界定、参与客体确定、参与层次划分、参与方式选择、参与过程组织、参与结果评价的综合性机制,要实现的是让需要参与的人以合适的参与层次和参与方式来有效地参与适当的公共事务,并有效地组织参与过程和科学地评价参与结果。②

---

① 王京传:《旅游目的地治理中的公众参与机制研究》,科学出版社 2016 年版,第 117—118 页。

② 王京传:《旅游目的地治理中的公众参与机制研究》,科学出版社 2016 年版,第 84 页。

结　　语

从新中国成立初期的重点文物保护单位建设，到 20 世纪 80 年代初期遗址公园探索，再到 21 世纪初期考古遗址公园、国家考古遗址公园概念提出和建设实践，我国日益明确了以发展为导向的考古遗址保护利用新理念，探索了考古遗址保护与当地经济社会发展协调发展的新模式。特别是我国十余年的国家考古遗址公园建设实践，进一步推动了大遗址保护由行业战略上升为国家战略，同时也为我国面向文化遗产保护地建设文化遗产类国家公园进行了初步探索。更重要的是，国家考古遗址公园推动我国文化遗产管理实现了由重视文物保护转向为综合管理，由实行封闭管理调整为开放管理，由关注局部要素（其中的具有重要价值部分）扩大为整体构成，由面向单一本体扩展为多元化信息（遗产所承载的历史、科学、艺术、文化、社会、生产、生活等多维度信息），由基于历史文化价值扩充为全部价值（遗产的历史、科学、艺术、文化和社会价值），由追求社会效益上升为综合效益（经济、社会、文化等效益），由提供静态性文化产品丰富为多元化产品，由依靠政府单一主体发展为社会共建共享，从而既体现出我国基于国情地情对特色文化遗产保护利用之路的思想探索和模式优化，又体现出我国基于全球视野对国际文化遗产管理的理念引导和路径创新。

十余年来，我国关于国家考古遗址公园建设的顶层设计已形成了一定的体系,已经为各地实践提供了较为明确的思路指引和路径指南。具体到国家考古遗址公园功能定位和功能体系问题,我国现有相关文化遗产管理法律法规以及关于公园建设的直接制度设计等已经提供了总体思路,但是这并不意味着我国已经形成了相应之完善的理论体系和清晰的实践框架。具体来看,理论构建层面,我国对国家考古遗址公园的"公共文化空间"定位和综合性功能体系界定还较为概念化、抽象化,而不够具体和全面,也尚未构建起系统化的公园综合性功能实现机制;实践路径层面,除少数国家考古遗址公园外大都对自身功能定位的认识大都存在指向偏离、站位不高之缺陷,对功能体系的认识虽重视保护和展示功能,但是保护和展示的理念、方式还需优化,同时对其他功能的认识还不到位,也更未对这些功能的实现方式进行明确和全面的规划设计。另外,各国家考古遗址公园大都重视旅游功能,但其中一些公园建设中存在的封闭式旅游景区模式不符合考古遗址的公共资源属性和公园自身的公共产品性质。本研究面向公众的问卷调研结果也验证了上述问题的存在,并发现了各公园在功能实现方面存在的其他一些问题,主要体现在如下几个方面:公众对国家考古公园的了解程度低,公园需通过建立健全公众参与机制和为公众提供更多使用机会来密切自身与公众的联系;公众更看重公园的保护、教育、研究、文化产业、区域发展功能,公众对这些功能重要性程度认知之值都高于4.0,但是公众实际感知的这些功能实现程度均偏低(全部样本统计的均值最高者为3.36、最低者仅为2.69);不同群体对公园各项功能的重要性认知存在不同,其实际感知的公园功能实现程度也存在一定的差异,可见各公园还需要进一步进行目标市场细分,开发多元化文化产品;公众对开放性问题的回答表明当前我国公众对公园建设的公共性期望较高,基于综合效益探索公共价值实现途径是当前公园建设迫切需要解决的问题。

进一步来看,目前各国家考古遗址公园功能实现方面存在之上述问题还反映出一个更深层次的问题:目前实践中各公园之具体功能定位、功能体系与国家制度设计、既定发展规划、公众认知与诉求之间不同程度地存在脱节。如前文所述目前我国国家考古遗址公园的概念内涵、总体定位、社会属性、发展理念已经较为明确；各公园制定的由当地政府通过和上报省市、国家主管部门的自身建设规划，也只有既符合国家制度要求的公共性与规范性又具有地方特色性与创新性方可获得批准。具体实践中各公园之所以会对国家制度、自身规划落实不全面、不到位，甚至现实目标发生明显偏离而较为普遍地出现上述"脱节"问题，其原因是现行的属地建设、属地管理方式下地方政府会更重视短期目标和当前利益，更期望公园能够立竿见影地对当地发展产生效益，导致各地要么急功近利地基于某一种或少数几种功能而过度推进公园建设，要么消极应付不去推进公园建设。这种情况在行政级别越低的政府层面表现越为突出，而我国国家考古遗址公园的大多数是位于城郊或乡村，是由县（市）级政府承担建设与管理的。目前，我国县（市）级政府承担建设的国家考古遗址公园管理机构，很多是当地文物局内设的下属机构，行政级别低、资源调动能力弱、决策权力小。这导致这些公园的管理仅仅是听命行事性质之服从于当地政府及其各职能门决策，发展方向只能是没有自主权而被动附属于当地经济社会发展的当前目标，公园管理者与上级业务主管部门之间更是因行政级别限制而无法建立及时、有效的沟通机制。由此可见，"脱节"问题出现的根源和破解的关键应是公园管理体制问题。这就要求我国要从国家层面进一步优化国家考古遗址公园管理体制。基于考古遗址的特殊资源属性和公园的"国家站位""全国性示范意义"要求，公园建设与管理中省级及以上政府应变监督、监管角色为直接参与者，短期内应着力建立国务院文物行政部门、省级文化与旅游或文物行政部门、属地政府三方共同为主体的多层级协同行政管理机制。需要强调的是，在这个三方协同管理机制中，属地应以当地政府层面整体参与而非仅由其下属的文化与旅游或者文物部门参与，以解决目前公园建设过程中存在的部门协调不畅、资源调动困难、决策影响力弱、行动目标局限等现实问题。长远来看，如本研究前面已经提出的，把国家考古遗址公园等提升为文化遗产类国家公园，纳入我国的国家公园体系，由国家公园管理局为主体进行统一管理,将既是我国文化遗产保护利用模式优化和完善的真正实现,又是国家更直接承担重要文化遗产保护地管理责任的具体体现。同时,从国家考古遗址公园自身来说,针对功能定位、功能体系与公众认识和诉求脱节问题,也还需要进一步优化治理体系,完善公众参与机制,构建利益相关者共建共享的治理机制。

最后,还要说明的是,本书还在研究资料使用和调研样本选取等方面存在一定不足,需通过后续研究进一步充实和完善。首先,研究资料方面各公园申报文本、规划文本、运营管理数据等资料使用需加强。课题组曾多方努力向相关主管部门请求提供相关材料,但最终因多种原因未能如愿以偿,因而无法依托这些官方资料对课题相关问题进行研究。考虑到这些官方资料具有较高的权威性,其是反映公园规划建设和运营管理情况的重要资料,课题组还应进一步沟通、获取以将它们应用于课题后续研究之中。其次,调研样本方面其中的公园所在地公众样本选取需完善。原计划是于 2020 年 2 月中旬至 3 月底之间在第一、二批 24 家国家考古遗址公园的周边社区进行现场调研,这一是因为周边社区居民是国家考古遗址公园最直接的利益相关者,二是以保证调研对象对国家考古遗址公园有较为直接的认知和感知。但是因新冠肺炎疫情发生,无法外出开展调研活动,而只能改为在线调研。这就使调研对象仅能控制公园所在城市这样一个行政区划范围,无法保证他们都属于公园周边社区/村,而且那些无法使用网络设备的群体也无法使之参与调研。后续研究还应该采用现场调研方式,提高样本的代表性,以真正了解最直接利益相关者对国家考古遗址公园功能的认知与感知,从而使课题研究结论能够与当地经济社会发展需要更有效地实现对接。

附　录　课题问卷调研资料

1　国家考古遗址公园功能定位、功能体系及其实现程度调研问卷

尊敬的受访对象：

您好！首先非常感谢您参与我们的调研活动。本次调研的目的是了解您对国家考古遗址公园功能定位、功能体系的认知情况，以及您对其实现自身功能程度的感知情况。本次调研结果仅用于课题组的学术研究，对您的个人信息我们会严格保密。

一、您的基本情况

1. 您的性别是：

A.男　　　　B.女

2. 您的年龄是：

A.18 岁以下　　　　B.18 岁—24 岁　　　　C.25 岁—34 岁

D.35 岁—44 岁　　　　E.45 岁—54 岁　　　　F.55 岁—64 岁

G.65 岁以上

3. 您的受教育程度是：

A.高中、中专及以下　　　　　　　　B.大学专科或本科

C.硕士　　　　　　　　　　　　　　D.博士

4.您的职业是：

A.公务员　　　　　　B.事业单位人员　　　　C.企业人员

D.个体或自由职业者　　　　　　　　E.农民

F.学生　　　　　　　G.其他

二、您对国家考古遗址公园功能定位、功能体系的个人认知情况

1.您对我国正在进行的国家考古遗址公园建设情况了解程度：

A.很低　　　B.低　　　　C.一般　　　　D.高　　　　E.很高

2.您是否赞同将国家考古遗址公园定位为"公共文化空间（即当地开展文化活动的公共空间）"：

A.很不赞同　　B.不赞同　　C.一般　　　　D.赞同　　　E.很赞同

3.您认为国家考古遗址公园"遗产保护"功能的重要性程度：

A.很不重要　　B.不重要　　C.一般　　　　D.重要　　　E.很重要

4.您认为国家考古遗址公园"遗产展示"功能的重要性程度：

A.很不重要　　B.不重要　　C.一般　　　　D.重要　　　E.很重要

5.您认为国家考古遗址公园"科学研究"功能的重要性程度：

A.很不重要　　B.不重要　　C.一般　　　　D.重要　　　E.很重要

6.您认为国家考古遗址公园"公众教育"功能的重要性程度：

A.很不重要　　B.不重要　　C.一般　　　　D.重要　　　E.很重要

7.您认为国家考古遗址公园"文化休闲"功能的重要性程度：

A.很不重要　　B.不重要　　C.一般　　　　D.重要　　　E.很重要

8.您认为国家考古遗址公园"文化旅游"功能的重要性程度：

A.很不重要　　B.不重要　　C.一般　　　　D.重要　　　E.很重要

9. 您认为国家考古遗址公园"带动当地文化产业发展"功能的重要性程度：

A.很不重要　　B.不重要　　C.一般　　　D.重要　　E.很重要

10. 您认为国家考古遗址公园"带动当地其他产业发展（如商业、服务业、房地产业、生态农业）"功能的重要性程度：

A.很不重要　　B.不重要　　C.一般　　　D.重要　　E.很重要

11. 您认为国家考古遗址公园"推动区域发展（如文化传承、文化发展、经济发展、精神凝聚、公民素质提高、社会进步）"功能的重要性程度：

A.很不重要　　B.不重要　　C.一般　　　D.重要　　E.很重要

三、您对国家考古遗址公园功能定位、功能体系实现程度的实际感知情况

1. 您认为目前国家考古遗址公园成为当地"公共文化空间（即当地开展文化活动的公共空间）"的程度：

A.很低　　　B.低　　　C.一般　　　D.高　　　E.很高

2. 您认为目前国家考古遗址公园对考古遗址本身保护的实现程度：

A.很低　　　B.低　　　C.一般　　　D.高　　　E.很高

3. 您认为目前国家考古遗址公园对考古遗址之周边环境保护的实现程度：

A.很低　　　B.低　　　C.一般　　　D.高　　　E.很高

4. 您认为目前国家考古遗址公园对考古遗址之历史、艺术、科学、文化和社会价值保护的实现程度：

A.很低　　　B.低　　　C.一般　　　D.高　　　E.很高

5. 您认为目前国家考古遗址公园保护工作过程中对公众的开放性程度（如信息公开程度、给公众提供参与机会等）：

A.很低　　　B.低　　　C.一般　　　D.高　　　E.很高

6.您认为目前国家考古遗址公园对考古遗址展示的整体性程度：

A.很低　　　　B.低　　　　C.一般　　　　D.高　　　　E.很高

7.您认为目前国家考古遗址公园对考古遗址展示的真实性程度：

A.很低　　　　B.低　　　　C.一般　　　　D.高　　　　E.很高

8.您认为目前国家考古遗址公园展示实现"针对不同背景的群体采用易于理解的方式"、"易于公众理解、可读可视性强"的程度：

A.很低　　　　B.低　　　　C.一般　　　　D.高　　　　E.很高

9.您认为目前国家考古遗址公园对考古遗址展示所采取形式的多元化程度：

A.很低　　　　B.低　　　　C.一般　　　　D.高　　　　E.很高

10.您认为目前国家考古遗址公园开展之科学研究工作的丰富性程度：

A.很低　　　　B.低　　　　C.一般　　　　D.高　　　　E.很高

11.据您所知,目前国家考古遗址公园面向社会开展的文化宣传活动：

A.很少　　　　B.少　　　　C.一般　　　　D.多　　　　E.很多

12.据您所知,目前国家考古遗址公园面向社会开展的文化普及活动：

A.很少　　　　B.少　　　　C.一般　　　　D.多　　　　E.很多

13.据您所知,目前国家考古遗址公园面向社会和学校开展的文化遗产领域专业性教育活动：

A.很少　　　　B.少　　　　C.一般　　　　D.多　　　　E.很多

14.据您所知,目前国家考古遗址公园为公众提供文化休闲活动(当地居民可免费参与的文化活动)的机会：

A.很少　　　　B.少　　　　C.一般　　　　D.多　　　　E.很多

15.据您所知,目前国家考古遗址公园开发的文化旅游产品：

A.很少　　　　B.少　　　　C.一般　　　　D.多　　　　E.很多

16.您认为目前国家考古遗址公园对当地文化产业发展的带动程度：

A.很低　　　　B.低　　　　C.一般　　　　D.高　　　　E.很高

17.您认为目前国家考古遗址公园对当地其他产业(如商业、服务业、房地产业、生态农业)的带动程度:

A.很低　　　　B.低　　　　C.一般　　　　D.高　　　　E.很高

18.您认为目前国家考古遗址公园对当地经济社会发展的整体带动程度:

A.很低　　　　B.低　　　　C.一般　　　　D.高　　　　E.很高

最后,您对我国国家考古遗址公园建设还有其他建议吗? 若有,您的建议是:

2　公众对调研问卷开放式问题回答统计

序号	公众对国家考古遗址公园建设的其他建议
1	顶层设计,高点定位,因地制宜,整体推进。
2	加强文化资源转化为旅游产品。
3	提高文化内涵,服务老百姓,造福后代。
4	应加强民众参与感,吸引民众参与。
5	积极宣传,把考古遗址公园与地方休闲区相结合,既普及了文化知识,又扩大了市民活动区域。
6	实现与旅游业的结合。
7	教育功能可以进一步完善优化。
8	应进一步提高考古遗址公园对公众的开放程度。
9	多宣传科普。
10	突出特色,提升标准,打造精品。
11	加大宣传,让社会公众能有更多的了解!
12	多开发文化产品和加强文化宣传。
13	多加开展对公众的活动。
14	国家考古遗址公园的建设,应该有一个统一、整体的计划,充分发挥其对周边村镇的经济发展的带动作用;并积极宣传其所蕴含的历史以及文化底蕴,开发相关周边文化产品;同时要注重环境保护工作的进行,不能因公园的建设而破坏原本良好的生态环境,使遗址公园真正成为拉动经济、文化、生态一体化建设的有力推动。

续表

序号	公众对国家考古遗址公园建设的其他建议
15	加强保护管理和共享发展。
16	在开发保护考古遗址公园的基础上,加大公众宣传教育的力度。尽可能开放给大众去参观学习,同时应配备统一文化背景讲解员。
17	更大程度地面相大众开放,用更简洁的语言让非专业者理解,并且能够让专业人士了解得更深。做到每个层次、每个专业、每个年龄段都有所收获。
18	希望加大一定的宣传力度。
19	引入市场资本。
20	保护历史文化,减少拍照。
21	开发与保护同样重要。
22	充分调动和发挥公园的联动作用。
23	遗址等研究、保护、展示是核心,在此基础上再考虑公园的功能。
24	对于考古遗址公园建设,希望可以做到在保护好遗址的前提下实现对其的文化开发利用。
25	考古遗址公园的开放度应该加大,最大限度降低进入公园的门票价格,或者免费入园,从而激发游客的游园热情。同时,公园应尽量保持原生态,避免商业化,减少园内商店和摊贩。
26	建设时可以参考其他地方的成功案例。
27	应该区分对待,不应该这种大跃进式的、不科学的、抄袭式的发展。
28	多向公众宣传它的各种影响。
29	以圆明园为例,国家考古遗址展示得很有限!跟以前几乎没有任何区别。而且国家考古遗址公园和普通遗址公园有啥区别?完全没有看出来。
30	公园建设要带动经济发展。
31	在保护和科研的基础上,用各种途径让公众参与到当中,尤其是培养青少年的兴趣。
32	注重保护。
33	加强研究工作,深入发掘价值内涵,使观众常去常新。
34	不要太过商业化。
35	参考不同层面人的意见,借鉴国外经验。
36	保护措施要坚持做到位。
37	把国家的传统文化发扬光大。
38	加大对民众的宣传,多元化呈现。
39	增加对公众的开放度和知识的普及度。
40	在满足社会文化需求的同时能更好地保护好文化遗址。

续表

序号	公众对国家考古遗址公园建设的其他建议
41	公众参与度太小。提供免费参观、讲解及服务。针对中小学生多开展爱我家乡普及活动。
42	保护为主,教育为本。
43	立足保护,联动旅游。
44	保护好国家文化。
45	免费。
46	保护归保护,宣传是需要的,但不要让旅游影响了保护。
47	用专业人士。
48	加大保护与开发,多向少年儿童宣传。
49	系统性、公开化不够。
50	开设保护博物馆。
51	发展喜闻乐见的大众文化,保护好。
52	做好重点保护的同时增加其公开化,做好其文化价值的宣传推广,提高全民参与化。
53	多宣传。
54	根据遗址性质,设置不同等级的公众开放程度,并不是所有遗址都适合大众文化休闲的。
55	注意卫生,保护环境。
56	保护开发,让人民群众参与进去,提高群众认知。
57	多开放同时加大保护力度。
58	加强遗址公园的建设和保护,让它们好的展现给世人看到。
59	希望老百姓多了解真的历史。
60	考古专业人才参与和指导。
61	修旧如旧。
62	加大宣传。
63	更广阔地向大众开放。
64	国家公园,不能收费。
65	多向公众开放,注意合理展示遗址。
66	在保留原来的基础上重建,加大宣传和对学生的教育。
67	重视其文化价值以及对于文化产业的带动。
68	为人民提供娱乐场所。

序号	公众对国家考古遗址公园建设的其他建议
69	考古遗址公园具有小众化、高度专业化特点，上述问题没有考虑和重视，是典型的主观主义思维方式！
70	加大宣传力度和普及力度。
71	科学保护、合理利用、适度开发、展现价值。
72	可以在遗址公园附近，开一些农家乐，带动一下旅游经济。
73	希望国家重视，多建设考古遗址公园。
74	让公众有更多机会了解。
75	难以协调，想法很好，任重道远。
76	降低门票价格。
77	在建设国家考古遗址公园的同时要注重对考古遗迹的保护工作。
78	应该做一些时代情景模拟，让大众身临其境去理解，发自内心的认为考古公园的重要性，还要融入现代文化、现代知识。
79	急需加强地方政府的认识程度，并有各行业专家、协会参与。
80	积极保护，重点开发，研发相关产品，使更多的人了解考古遗址公园。
81	真正以崇敬客观的心，以文化角度保护，经济为文化服务！
82	加大宣传力度。
83	宣传，投入。
84	国家加大扶持力度，考古遗址公园多元化创新发展，让历史通过更现代的方式进行呈现，文旅加强融合。
85	既然是国家考古遗址公园，就要在建设规划之初突出该公园是国家级的，是展示一个国家历史文化的古代重要遗存，即具有至高性，要加大研究阐释这一遗址所蕴含的历史文化信息；既然是公园，要对全社会开放，突出教育功能！
86	增加数量，有效保护好遗产。
87	一、确定国家考古遗址公园的法定地位，进一步明确细化其与国保单位、大遗址等概念之间的关系，确保其在各项相关工作中有体现并具可操作性，并指导各个考古遗址公园健全完善管理架构和管理制度；二、细化落实相关省市区各级文物部门对国家考古遗址公园的职责，制定并执行年度工作计划；三、加强国家考古遗址公园的运营评估及结果运用，重点是督导保护利用规划的实施和运营发展的指导，尤其是督促地方政府重视该项工作；四、国家到地方各个层次加强组织考古遗址公园规划建设运营相关领域的业务培训和学习交流，相互借鉴，开拓视野；五是引导培养考古遗址公园所需的专业和跨界人才。
88	政府重视，专家专一，民众参与。
89	希望能寓教于乐，深入浅出，喜闻乐见。利用新技术创新展示方式，比如动画版的清明上河图。

续表

序号	公众对国家考古遗址公园建设的其他建议
90	在大力展示及保护文化遗物的同时,提倡讲经济文化、人文文化、休闲娱乐文化、商业文化等,同时合理完美地附带于国家历史文化文物中。做到真正地让所有人民不但要认识了解到历史文化,同时生活工作等一系列也得到完美更好。
91	更多元化、创新性提高国家考古遗址公园建设利用水平。
92	当前重建设,轻后期管理、运营和维护,这种状况应当改变。从历史文化的角度宣传力度不够,应该更多组织中小学和大专院校学生和社会团体参观,遗址公园与学校共建研学基地,对社会免费开放。
93	首先要遵守国家文物保护的基本原则。其次,加强前期论证,和国内外相关机构加强合作,在充分论证、模拟、调研的基础上逐步开展建设,避免重复开发、过度开发。
94	更多开放,公众能够参与。
95	充分考察当地经济条件、基建基础状况,不要盲目上马。
96	希望越做越好。
97	完全保持遗址的原真性虽然还很难达成,但是大家还是很想了解其背后的文化,并且希望与现代潮流结合,能提高大家的兴趣,不会那么枯燥。
98	国家考古公园建设,要进行相应的宣传和文化普及。如中央电视台的《国家宝藏》节目,让历史走进大家的平常生活。目前我身边的绝大多数人群,选择旅游时并不考虑国家考古遗址公园,我认为有必要进行普及。
99	扩大新媒体宣传,将公园搬到线上。
100	在注重保护的前提下,可以增大可观赏范围。
101	公司管理,公司运营;政府监管,不需要政府运营,不然只能亏损。
102	适度。
103	提高保护系统,防止游客破坏。
104	安全,保护。
105	重传承!
106	让国家考古遗址公园走进民众、融入民众。
107	希望考古能多做一些宣传,让更多人了解考古。
108	加大公众参与性。
109	保护好。
110	希望此项目能够带动家乡经济发展,使家乡越来越好!
111	希望国家多建一些3D模拟遗址公园,有身临其境的感受。
112	加强保护和理性展示。

续表

序号	公众对国家考古遗址公园建设的其他建议
113	保护好就可以了。
114	实行中国人免费参观。
115	多一些宣传,多搞一些文化活动,让孩子从小就有意识,多跟学校联合搞活动。
116	建议展览解说融入动画等元素,益于激发小朋友的兴趣。
117	门票太贵,普通人望而却步,宣传不到位,甚至很多朝阳都不知道。
118	多多宣传,文化旅游相结合,多向学生大众开放!
119	加强推出及宣传考古文化重要性,让后辈牢记历史。
120	在不破坏生态环境的前提下,可以进行。
121	我希望古文物能得到最大限度的保护,至于能不能建遗址公园是次要的,现阶段国民素质参差不齐,保护古迹是重中之重。
122	建议加强财政投入,积极开发拓展考古遗址多元化发展。
123	免费!才能带动普通人群参加活动的愿望。
124	可多开展学校参观教育。
125	对遗址的保护还应加大力度!
126	这方面的宣传没有跟上。
127	加大宣传力度。
128	把古迹带入生活,才能使我们更加了解自己的历史文化,才能真正认识我们自己的民族。
129	建议每周免费开放一次现有的场馆。
130	多开展对学生的宣传教育活动。
131	应该保护好考古遗迹。
132	应积极加强同大中小学合作教育,提高学生从小对文物的保护和认知。
133	可以与周边景区联动打造经济功能区,让考古遗址公园和文创产业相结合。
134	可以多让百姓参观考古遗迹。
135	少收门票哈,门票费现在太贵了。
136	建议多开展相关知识的普及。
137	让普通市民更多地了解国家文化遗址。
138	要注重保护与传承,规范相关规定。
139	结合研学,跟第三方组织合作,扩大国际和文化影响力。
140	加强民间论证,突出特色和多元化,勿匆匆上马,千篇一律。
141	不能过于商业化。

续表

序号	公众对国家考古遗址公园建设的其他建议
142	从国家到地方及时立法。
143	很多人根本不知道公园建设这回事。
144	加强管理,扩大开放。
145	作为文化事业发展,不要作为当地产业发展的借口。
146	保护的前提下,融合高科技,创新项目,提高参与性、体验性。
147	应关注保护教育问题、财政投入问题。
148	加大遗址保护力度,杜绝盲目开发利用。
149	国家考古遗址公园须以遗址本体保护和考古研究成果为基础。
150	海纳百川,集思广益,保护为主,合理利用!
151	完善考古展示,面向社会开放,宣传遗址公园保护遗址的重要意义。
152	希望公园能真正发挥增强大众文化自信、提升中国整体文化软实力的作用!
153	保护理念需要更新。
154	宣传普及更重要。
155	加大投入,做好教育、休闲、文旅功能前期可行性研究。
156	参观过几个,各有问题,保护得好的参观的人少,比如殷墟;人比较多的但是远没有展示出遗址的价值,比如上林湖;良渚虽然各方面做得相对较好,但是各方面的投入别的遗址公园很难复制。
157	国家考古遗址公园建设标准应该提升,做到少而精。避免千篇一律的展示模式,能够科学准确全面客观展示考古工作,梳理好考古与文物、历史研究等学科的关系,避免误导观众。应该采取更为通俗易懂的方式展示,不要只是展示成果,做到科普。
158	高校宣传和了解参与度可以适当提升,尤其是与文化的经济功能相关的专业。
159	先科普,后推广。
160	1.要挖掘国家考古遗址公园的文化内涵,加强科普式展示;2.加强国家考古遗址公园的教育功能,把国家考古遗址公园纳入学校研学课程教材;3.把参观国家遗址公园作为当地居民和游客了解当地地域特色文化的必要活动。
161	公开信息,大众普及。
162	以保护为前提,合理开发利用。
163	区域文化定位要精准,综合度要高。
164	突出民族特色,展现方式的多样化和现代化!
165	要公开公正公平透明,分区管理,核心区只用作科学研究、遗产展示等用途。边缘区可开辟为文化产业区域,民营官督,公开招标。
166	统筹规划,系统发展。

续表

序号	公众对国家考古遗址公园建设的其他建议
167	加强保护,合理利用,积极宣传。
168	加强相关机制的改革,促进整体产业发展。
169	一定要保证真实性。
170	有些遗址里的图文并不准确。
171	文人呼吁,政府搭台,社会投资!
172	应该进行好的顶层设计。
173	保持底线,鼓励创新。
174	多元化发展。
175	考古遗址公园建设注重保护的同时,更重要的是针对人群多样性来采取不同的方案,让大家学习到关于遗址公园的历史文化价值。
176	可以扩大开放程度,让民众有更高的知情度。
177	开发与保护并行。
178	保护宣传文化传承,公园建设不要沦为谋取利益的商业化建设。
179	保护性开发为主。
180	比如,期待能看到圆明园的复原效果图,通过古今对比,在教育引导公众学习近代史的过程中,可能更容易产生共鸣。
181	加大宣传力量,多多建设考古遗址公园。
182	以遗址保护、文化传承为主,公众参与、经济带动为辅。
183	多建立公益性公园。
184	继续加强国家考古遗址公园建设,发挥其文化中心和休闲娱乐中心的地位和价值。
185	加强考古展示和专业教育活动与方式。
186	持续做好基础建设和社教活动。
187	加强管理,自主权落地。
188	注重保护,勿过度商业开发。
189	别一味固守,历史是用来教育多数民众的,否则就失去价值了。
190	宣传、研究并重。
191	既要保护展示好遗址,又要带动经济发展是个难题。
192	对于城区外的遗址公园,目前没有遇到,觉得可以原样呈现,如圆明园。如为城区内的遗址公园,可以融入当地景观规划中。
193	在充分有力保护的前提下,着重保护和研究,同时兼顾参观教育和展示功能,不宜作为旅游景点大规模迎接游客。

续表

序号	公众对国家考古遗址公园建设的其他建议
194	1.确保文物安全始终是第一要务;2.应充分考虑遗址公园范围内后续考古发掘的可能性,提前做好考古勘探及预案;3.加强遗址的线上宣传及展示。
195	增强参与性。
196	不以经济利益为目的,而应以资源保护为第一目的,开发只是保护宣传的一个手段。
197	去商业化。
198	不要在功能上、环境氛围营造上过度商业化。
199	开展历史环境保护,在此基础上对外开放。

后　记

　　本人对国家考古遗址公园的关注,起因于工作单位所在地曲阜获批第二批国家考古遗址公园。曲阜自西周初年成为鲁国都城,也成为西周礼乐制度在中国东方传承发展的中心。正是基于这些丰厚的历史积淀,鲁国故城成为我国第一批国家重点文物保护单位,曲阜成为我国第一批国家历史文化名城。鲁国故城入选国家考古遗址公园,是新时期曲阜所承担的一项"国字号"文化工程,对曲阜本身以及其他类似的文化资源特别富集地区具有非常特别的意义。如何建设好国家考古遗址公园,真正使之成为"具有科研、教育、游憩等功能,在考古遗址保护和展示方面具有全国性示范意义的特定公共空间",成为当地政府部门和相关研究机构的重要课题。在当前高校强调"社会服务"功能的驱动下,本人开始考察国内考古遗址公园现状、梳理国外考古公园建设资料和研究文献,从而逐步深入地思考国家考古遗址公园功能问题。

　　2016 年 7 月至 2017 年 1 月,在美国加州大学洛杉矶分校访学期间,本人对美国国家历史公园建设进行了系统梳理,并基于美国国家公园体系经验而形成了推进我国文化遗产类国家公园建设的理念和思路。在上述思考基础上,本课题研究的关注点逐渐集中到两个方面:一是国家考古遗址公园应该具有哪些功能及它们目前得以实现的程度,二是文化遗产类国家公园应该如何被纳入我国国家公园体制建设。

针对上面两个问题,本研究特别注重社会应用价值,重视将学术研究成果转化为实践操作指南,使之能够直接用于解决当前我国国家考古遗址公园建设中的矛盾与困境,推动考古遗址保护与利用协同机制的建立。近年来,本人在国内外具有重要影响的报纸、期刊先后发表《国家考古遗址公园与讲好中国故事》《文明的魔方:文化遗产类国家公园》《美国国家历史公园建设及对中国的启示》《新中国文化遗产管理制度的发展演变》《国家考古遗址公园:文物保护模式的创新》《文化遗产类国家公园建设:美国实践和中国探索》《中国特色文化遗产管理思想的新实践》《国家考古遗址公园功能定位的三重向度》等学术论文。其中,《新中国文化遗产管理制度的发展演变》刊发于《光明日报·理论·国家社科基金》"项目成果"栏目,被光明网、全国哲学社会科学工作办公室网站、人民网强国论坛、人民日报海外网、中国社会科学网、中国文明网、搜狐网等全文转载;《中国特色文化遗产管理思想的新实践》和《国家考古遗址公园功能定位的三重向度》被澎湃新闻·澎湃号·政务全文转发;《国家考古遗址公园与讲好中国故事》被中国社会科学网全文转发,并以《学者助力国家考古遗址公园建设》为题进行评论。同时,课题研究还重视团队建设,以本人为带头人的"儒家文化遗产保护利用研究团队"入选 2019 年山东省高等学校青年创新团队;注重学术交流,举办"文化遗产类国家公园建设:国际经验与中国路径"学术工作坊(2019 年 12 月 21 日—22 日),来自北京大学等高校以及中国社会科学院、山东省文物考古研究院等行业机构的 60 余位学者参会,《中国社会科学报》(2020 年 1 月 8 日)以"探索考古遗址公园建设的中国路径"为题刊发会议新闻。

在本书得以出版之际,感谢北京大学孙华教授为本书作序,感谢各位同仁对课题问卷调研的热心支持,感谢曲阜师范大学社会科学处、历史文化学院领导和同事对课题研究的关心和帮助,感谢我的家人对我课题研究过程中节假日和休息时间连续加班的"容忍"和理解。

本书是"十三五"山东省一流学科和"十四五"山东省高水平学科"曲阜师

范大学中国史"学科建设成果,由该学科省拨建设经费资助出版。同时,本书也是山东省高等学校青年创新团队(编号 2019RWD005)建设的阶段性成果,感谢团队成员两年多来为团队建设所做的努力和贡献。

王京传

2022 年 4 月 16 日

于曲阜师范大学文史楼

责任编辑：柴晨清
封面设计：石笑梦
版式设计：胡欣欣

图书在版编目（CIP）数据

国家考古遗址公园功能及其实现机制研究/王京传 著. —北京:人民出版社，
　2023.8
ISBN 978－7－01－024943－8

Ⅰ.①国…　Ⅱ.①王…　Ⅲ.①文化遗址-国家公园-建设-研究-中国
Ⅳ.①K878

中国版本图书馆 CIP 数据核字（2022）第 144921 号

国家考古遗址公园功能及其实现机制研究
GUOJIA KAOGU YIZHI GONGYUAN GONGNENG JIQI SHIXIAN JIZHI YANJIU

王京传　著

人 民 出 版 社 出版发行
（100706　北京市东城区隆福寺街 99 号）

北京九州迅驰传媒文化有限公司印刷　新华书店经销

2023 年 8 月第 1 版　2023 年 8 月北京第 1 次印刷
开本:710 毫米×1000 毫米 1/16　印张:20.25
字数:285 千字

ISBN 978－7－01－024943－8　定价:79.00 元

邮购地址 100706　北京市东城区隆福寺街 99 号
人民东方图书销售中心　电话（010）65250042　65289539